JN139275

実録・銀行

トップバンカーが見た興亡の60年史

Maeda Hiroyuki
前田裕之

THE BANKS:
a Banking Forerunner Looks into 60 Years of the Rises and Falls

Discover
ディスカヴァー

はじめに

ニクソン・ショック、石油ショック、中南米の債務危機、日本のバブル崩壊、アジア通貨危機、リーマン・ショック、ギリシャの債務危機……。近年、世界を揺るがした経済危機を並べてみると、いずれも「金融」に関わる危機であることが分かる。

体の中を循環する血液に例えられる金融は、経済という体が正常に動くのに欠かせない存在である。経済危機が発生するときはたいていの場合、金融も正常に機能していない。経済危機が起きると金融の機能が麻痺するのか、金融の機能が滞るから経済危機が起きるのかは証明が難しいが、両方が同時に起きると危機は増幅する。

日本に焦点を絞ると、経済危機はそれほど頻繁に起きているわけではない。バブル経済が崩壊したのは1990年代前半である。90年代後半の金融危機を経たあと、物価が下がり続け、経済全体が収縮するデフレーションに突入した。

デフレは日本経済の活力を奪い、失われた20年とか30年と呼ばれる低迷期に入った半面、危機と呼べるほどの混乱は見られなくなった。2008年に発生したリーマン・ショックは欧米から日本にも波及したが、金融への影響は欧米ほど大きくはなかった。2011年に発生した東日本大震災は日本経済に打撃を与えたものの、経済全体を揺るがしたわけではない。その後、経済全体に影響するような危機は現在に至るまで発生していない。

経済を支える裏方ともいえる金融は、大部分の期間、しっかりと機能してきたと言うこともできるが、「金融」あるいはその中心をなす「銀行」という言葉を聞いて、「よくやっている」と評価する声はあまり聞こえてこない。

日本でバブル経済が崩壊したとき、真っ先にやり玉に挙がったのは銀行である。「銀行が不動産を担保とする過剰な融資に走ったからバブルが膨張し、やがて破裂したのだ。銀行はバブル崩壊の戦犯だ」という論調が強まり、銀行バッシングが起きた。

リーマン・ショックのときも、「欧米の証券会社や銀行が、サブプライムローン（信用力が低い人向けの住宅ローン）を証券化した金融商品を世界中で転売したために危機が伝播した。悪いのは金融機関であり、高額な報酬を手にしている金融機関の経営者は許しがたい」という非難の声が渦巻いた。

こうした不満の声は、一握りの富裕層が世界の富を独占する格差問題への関心を呼び覚まし、米国のウォール街占拠（2011年）、フランスの経済学者、トマ・ピケティ氏の著書『21世紀の資本』（英語版は2014年発刊）ブームを経て現在に至っている。

金融機関がバブルの膨張や、サブプライムローン・ブームを主導したのは確かだが、その裏にいる借り手の存在にあまり目が向かないのはなぜだろうか。

日本でバブルが膨張したのは、土地や株式の値上がりを当て込んで銀行から多額の資金を借り入れた個人や企業の存在があったからであり、借り手の側にも大きな責任がある。

ただ、銀行と借り手との関係は、もちろん取引ごとに違いはあるにせよ、資金を提供する銀行の側は「強者」であり、借り手は「弱者」であるととらえられるので、何か問題が起きると強者の側に批判の矛先が向きがちなのだ。

「金融資本主義」(Financial Capitalism) という言葉を聞いて、読者は何を連想するだろうか。冒頭でも説明したように、経済とりわけ資本主義の経済は金融の機能なくしては成り立たないはずである。にもかかわらず、「資本主義」に「金融」がくっつくと、極めてマイナスのイメージが強い言葉となる。

資本主義社会が「金融」という強者が主導する形で回り始めると、リーマン・ショックのような事態を引き起こしかねない。資本主義社会は、製造業のように地に足が着いた産業が中心になるべきであり、金融が中心であってはならないというニュアンスがある。

グローバルという言葉を上乗せし、「グローバル金融資本主義」(Global Financial Capitalism) とすると、さらにイメージが悪くなる。金融機関が国境を越えてグローバルに活動し、資本主義社会を主導するのは望ましくないというメッセージが、暗に込められているようだ。

現実の経済は、まさにグローバル金融資本主義そのものが支配する世界である。グローバルに活動する金融機関の存在なくして世界経済は回らない。

金融機関だけではない。グローバルに活動する企業の存在なくしては、世界経済は成り立たないのが実情であり、批判するだけでは、現実は変わらない。それでは、私たちはグローバル金融資本主義にどのように向き合えばよいのだろうか。

その方法を探るために、グローバル金融資本主義が世界を覆うようになった経緯をたどってみたらどうだろうか。

そこで本書では、一人の人間にスポットを当てる。その名は橋本徹《はしもととおる》。日本の3メガバンクの一つ、みずほ銀行の前身である富士銀行の頭取や、日本政策投資銀行の社長を務め、日本の金融界を代表する経営者の一人だ。

橋本氏が銀行員になったのは、日本が高度成長期に入った1950年代である。以来、60年間にわたって激動する金融の世界に身を置き、荒波にぶつかってきた。最後はトップに上り詰めるが、経歴の中心は国際部門であり、まさに金融のグローバル化が加速する真っただ中で金融マンとしての人生を歩んできた。

橋本氏の足跡は、金融の国際化の歴史そのものであり、橋本氏が経験した様々な試練は、邦銀が抱える構造問題が根っこにあるものばかりだ。そこで本書では、橋本氏の足跡をたどりながらグローバル金融資本主義の源流を探り、現在に至るまでの変遷を追う。

英国の現地法人の設立、米国の大手ノンバンク買収、中南米の債務危機への対応、国内支店で起きた不正融資事件、住宅金融専門会社（住専）問題の処理、みずほグループの誕生など、金融史に残る数々の出来事に対峙する姿を、できる限り客観的に記述した。

折に触れて、金融をめぐる時代背景を説明し、橋本氏がどこに立っているのかを把握できるように構成した。また、国際部門を中心に歩んできたにもかかわらず、金融資本主義には批判的な橋本氏の内面にも光を当て、自らの思想、信条とどのように折り合いをつけながら金融マン人生を送ってきたのかに迫った。

内面の葛藤を抱えながらも、金融マン人生を全うしてきた橋本氏の生き方は、グローバル金融資本主義に疑問を感じたとしても、その中で生きていかざるを得ない現代人にとって大いに参考になるのではないだろうか。なお、文中の敬称は略した。

実録・銀行 トップバンカーが見た 興亡の60年史 目次

はじめに……1

第1章 手探りの国際化——終戦から内需主導の高度成長へ

1. フルブライト留学と米国の実像……18

日本経済の再建には、貿易振興以外に道はなし／夜間勤務が続く「外国部」／銀行界では異質の「自由闊達」な行風／狭き門の「フルブライト留学制度」に合格／豊かな米国に忍び寄る影

2. カムカムおじさんと宣教師から学んだ英語……38

日本に勝った米国の言語、英語に興味／「カムカムおじさん」の英語番組のファンに／英語とキリスト教が縁で結婚／東大合格は「神様のおかげ」／法律より英語に熱心だった東大時代／米国旅行中、シカゴのキャバレーで無一文に……／海外支店開設、信

用力のシンボルに／ロンドンに続き、ニューヨークに進出／世界最大の銀行・バンカメの「合理性」を知る

3．サンフランシスコか、ロサンゼルスか……67
組合活動で聞いた行員たちの生の声／外需より内需の貢献が大きかった日本の高度成長／激しい預金獲得競争に世間から批判も／米国の拠点開設、橋本にとって初の大仕事／直接投資が急増、変わる企業の資金需要／海外進出の壁となった大蔵省の「店舗行政」／国内支店が閉鎖された理由

4．シティバンクの思惑……85
30代前半で、重要ポスト「MOF担」の補佐に／シティバンクが望んだコンサル合弁事業／アジアでも提携、国際投資銀行を設立

第2章 オイルダラー争奪戦
――石油ショックで成長に急ブレーキ

1．第一勧銀に奪われたトップの座……98

広がる週休2日制、人材の確保を狙う企業／第一勧業銀行が誕生、預金量1位の座を明け渡す／「ニクソン・ショック」、固定相場制から変動相場制へ

2. 産声を上げたロンドン証券現法 …… 108
ロンドンに赴任し、合弁会社の社長に／世界経済が激震の中、合弁会社が船出／大蔵省の規制下で海外拠点を拡充／証券界の反対受け、証券業務がストップ／大蔵省、「3局合意」で急きょ門戸を開放／ようやく軌道に乗ったロンドンの証券ビジネス

3. 支店にやってきたナポレオン …… 125
わずか9カ月で終わった支店勤務／肩書きは「スペシャル・アシスタント・トゥ・ザ・プレジデント」／「ナポレオン」の海外出張に随行／実力会長が君臨、狂い始めた歯車

4. ヘラー社買収、暗号は「ホリデー」 …… 136
ユーロ市場の不安、そして第2次石油ショックへ／米国戦略の練り直しのため、国際企画部に赴任／買収の最有力候補に躍り出たヘラー社／暗号は「ホリデー」、秘密裏に進むビッグプロジェクト／またしても足かせとなった「大蔵省認可」／過去最大、4億2500万ドルで買収成立／「ホリデー」は終わったが、消えない悩み／人生の節目で橋本を支え続けたイエスの教え／ついに、ヘラー社買収が完了／ブレイク社長が社員に送った手紙／苦難乗り越え、ヘラー社を再建

第3章

つかの間の「オーバープレゼンス」——バブル急膨張でモラル喪失

1. 収益ナンバーワンの呪縛 …… 186

富士銀行、「第2世紀」のスタート／収益力を強化、経常利益、営業利益、当期利益でトップに／日本の景気は回復、苦境に陥る主要国／メキシコが破産、米国の銀行が相次いで経営難に／プラザ合意により、急速に円高・ドル安に

2. 焦げ付いた途上国融資 …… 199

途上国向け不良債権、買い取り会社で処理／国際部門のエース、常務取締役に昇進／最大のライバル、住友銀行にならって組織改革を断行／バブルが発生・膨張した背景／明らかに行き過ぎた、個人ローンの強化

3. ウォルフェンソンとボルカーの助言 …… 214

BIS規制の狙いは邦銀の牽制／合弁により、M&Aの専門会社を設立／収益のために、何をしてもいいのか／他行との競争が過熱するも、首位にはなれず／数は絞りつつも、相次いで海外拠点を設立

4．頭取就任と赤坂支店事件……229
思いがけず舞い込んだ、頭取就任の打診／大手銀行で最も若い頭取が誕生／頭取就任早々、「赤坂支店事件」に見舞われる／「収益ナンバーワン」路線を撤回、体質改善を経営目標に／蔵相秘書も関与、混乱が広がる／参考人として、衆参両院に招致される事態に／バブルの責任認めた元頭取

5．行員誘拐事件、犯人からの電話……256
誘拐犯、最初の標的は頭取だった／なぜ富士銀行の行員が狙われたのか／傷ついたイメージを回復するため、広報戦略に注力／頭取には、いいことも悪いこともある

第4章 縮小に追い込まれた国際業務
──バブル崩壊で不良債権が急増

1．石田梅岩の教え……270
創業者、安田善次郎の顧客重視の精神に戻る／眠れる審査機能を呼び覚ます／梅岩の問答集に学ぶ商人道／重い空気を変えるため、役員が全支店を訪問／過去最

大の経済対策でも、小さい効果

2. 険しいサウンドバンキングへの道 …… 292

「ユニバーサルバンク」に込められた意図／不良債権はどこまで膨らむのか／本支店一体で、不良債権の処理に取り組む／修正を迫られた「6年計画」／大企業との距離開く銀行、中小・個人取引に照準／リテールマーケットは、新たな柱となったか／海外戦略、頼みの綱は欧米からアジアへ／海外でプロジェクトファイナンスの主幹事目指す

3. 2信組が開けたパンドラの箱 …… 316

中小から大手へ、経営難に陥る金融機関が急増／2つの信用組合が破綻、受け皿銀行設立へ／2信組の「救済」に公的資金を投じる意味／倒産処理をためらった2信組

4. 住専問題に明け暮れる …… 325

全銀協の会長に就任／迫り来る、厄介な「住専」問題／貸し手責任か、母体行責任か、公的資金の投入か／大和銀行ニューヨーク支店事件、大蔵省・銀行界に追い打ち／ようやく決まった住専の処理策／政界に広がる、銀行の経営責任を問う声／橋本の頭取辞任は、「引責辞任」ではなかった／頭取辞任の会見前日、橋本の思いは／そして、住専処理法が成立

第5章

海外市場で再起を期す

――危機の連鎖で金融再編が加速

1. 山一と安田信託のくびき……363

金融ビッグバンがあおった市場主義／消費税増税後、戦後最悪の景気後退へ／アジア通貨危機は、突然やってきた／日本では、準大手の三洋証券、北海道拓殖銀行が破綻／山一証券も自主廃業に追い込まれる／「安田」の看板掲げる安田信託を守れ／下がり続ける富士銀行の株価／金融再生法で、長銀と日債銀が国有化／健全化法により、総額7・5兆円の公的資金を銀行に注入／第一勧銀との戦略的連携、経営統合の呼び水に

2. みずほ誕生の真相……388

復活果たした米銀、秘訣は大型再編と総合金融化／トップ主導で進んだ興銀、第一勧銀との統合／3行統合、それぞれの思惑／合併寸前での破談を経験した富士銀行／大手銀行4大グループ化の先鞭をつけた3行統合／訪米中に、同時多発テロが発生／みずほの船出を襲った、システム障害

3. ドイツ証券流ダイバーシティ …… 411
橋本、ドイツ証券東京支店会長に就任／証券トップセールス、銀行で築いた人脈生かす／アドバイザリー・ボードのメンバーへ、相次ぐ就任要請／財団の評議員、大学の理事長としても活躍／会長退任直前に、リーマン・ショックが発生

4. 政投銀の存在意義は …… 424
2011年、政投銀の社長に就任／「官から民へ」のスローガンのもと、特殊法人の整理・合理化が進行／政投銀の完全民営化、さらなる延期へ／「公的な色彩のある株式会社銀行」のスタンスを貫く／投資銀行業務では、巨大案件も手がける／社長在任中に、新機軸を次々に打ち出した橋本／役職員に求める3つの精神とは／橋本が影響を受けた陽明学者・山田方谷／今なお大きな示唆をもたらす、方谷の藩政改革／政投銀社長を退任、後任は生え抜き役員／橋本の60年間は、日本の金融の国際化の歴史そのものだった／「銀行とは、定期的にトラブルに巻き込まれるもの」／フィンテック、マイナス金利に直面する銀行、生き残る道は？

あとがき …… 474

第1章

手探りの国際化

――終戦から内需主導の高度成長へ

1945~1970年の重要な出来事

1945年 8月 第2次世界大戦が終結
1945年 10月 連合国軍最高司令官総司令部（GHQ）が発足
1946年 2月 金融緊急措置令・日本銀行券預入令を公布（預金封鎖・新円に切り替え）
1948年 10月 大手銀行、財閥色がある行名を変更（安田銀行→富士銀行、三菱銀行→千代田銀行、住友銀行→大阪銀行、野村銀行→大和銀行、第一銀行は帝国銀行から分離発足）
1949年 4月 1ドル=360円の単一為替レートを設定
1949年 12月 外国為替及び外国貿易管理法を公布・施行、輸出業務を民間に移行（輸入は1950年1月から）
1951年 9月 対日平和条約（サンフランシスコ平和条約）・日米安全保障条約調印
1952年 4月 対日平和条約（サンフランシスコ平和条約）・日米安全保障条約発効、GHQが解散
1952年 8月 日本、国際通貨基金（IMF）に加盟
1952年 12月 大阪銀行、住友銀行に行名復帰（千代田銀行は1953年7月、三菱銀行に復帰。帝国銀行は1954年1月、三井銀行に復帰）
1954年 4月 外国為替銀行法を公布・施行
1955年 9月 日本、関税および貿易に関する一般協定（GATT）に加盟
1956年 7月 政府が56年度経済白書を発表、「もはや戦後ではない」と述べる
1956年 12月 日本、国際連合に加盟
1963年 7月 ケネディ米大統領、金利平衡税の導入などドル防衛策を発表
1964年 10月 東京五輪開催
1965年 2月 ベトナム戦争開始
1965年 5月 日銀、山一証券に特別融資
1967年 7月 第1次資本取引の自由化（1973年5月にかけ5次にわたる自由化を実施）
1969年 10月 IMF、特別引出権（SDR）創設を決定
1970年 3~9月 日本万国博覧会、大阪で開催

解説

第2次世界大戦で大打撃を受けた日本経済は、戦前の水準まで戻す復興期（1945～1954年）を経て、年率10％前後の経済成長を続ける高度成長期（1955～1970年）へ。米国は世界経済の覇権を確立し、日本にとって様々な要素が有利に働いた。

復興期のうちの7年間は米国の占領下にあり、供給力の回復を目指す日本政府が財政支出を増やすと、激しいインフレが発生した。1949年に占領軍経済顧問として来日したジョゼフ・ドッジによる均衡予算「ドッジ・ライン」でようやくインフレは終息し、1949年には1ドル360円の為替レートを設定して貿易取引を正常な形に戻していく。

戦後の混乱期は10年で終わり、高度成長期に入る。民間企業の設備投資が急増し、「投資が投資を呼ぶ」好循環が生まれた。「三種の神器」（白黒テレビ、洗濯機、冷蔵庫）や「3C」（自動車、クーラー、カラーテレビ）といった耐久消費財が急速に普及し、生活の風景が急変する。技術革新が進んで日本製品の品質が向上し、輸出も拡大した。大手商社をはじめとする日本企業の海外進出も活発になった。

邦銀は、海外に進出した日系企業をサポートする業務を手掛けるようになったが、全体から見ると比重は小さかった。高度成長期にさしかかったときに富士銀行に入った橋本は、海外支店の開設などに携わり、国際業務の基礎を吸収する。

1．フルブライト留学と米国の実像

「おい、富士銀行に来る気はないか」。

大学4年の秋、母の知人である山本正明（後に沖電気工業社長）が突然、声をかけてきた。

外交官試験に失敗し、別の就職先を探そうとしていた矢先だった。

学生仲間の中に、外交官を志す人が何人かいた。司法試験や公務員試験には全く関心がなく、公務員になるなら外交官がよいと思った。そこで外交官試験を受けたが、勉強不足、準備不足がたたった。

留年して再受験する選択肢もあったが、4人兄弟の長男であり、早く親に負担をかけないようにしたい。外交官試験も冷やかしで受けたところがあり、それほどの執着はなかった。商社でも受けようかと思っていたところだった。

東京大学に合格したころ、母が東京に一人だけ知人がいると紹介したのが、富士銀行に勤める山本であった。山本の自宅にはしょっちゅう通い、富士銀行の名前は知っていたが、就職は全く考えていなかった。

「銀行はあまり考えていなかったんですけど」と答えると、「実はな、今、常務取締役の岩佐《いわさ》凱實《よしざね》という人がいて、これからは銀行も国際業務に力を入れなければいけない、英語ができて国際業務に関心があるような学生がいたら採用したいと言っている」。

「それじゃあ、富士銀行を受けましょうか」と、10月1日に面接試験を受けに行った。副頭取の金子鋭《かねことし》がトップとして応対した。開口一番、「君は成績が悪いね」「そうですか」といったやり取りのあと、「だけど、聞くところによると英語がよくできるそうだけど、どうやって勉強したんだ?」「実は、高校時代にスウェーデン人の宣教師のお手伝いをしていました」「じゃあ何だ、君のは、スウェーデンなまりの英語だな」と意地悪な質問が続いた。

ああ不合格だなと思い、じゃあほかを受けようと思って帰ったら、夕方に採用通知の電報が届いた。後から聞くと、金子にいじめられた学生は入行していたようだ。こうして入行が決まったが、翌年（1957年）4月の入行時に、金子は富士銀行初代頭取の迫静二《さこせいじ》の後を受け頭取に、岩佐は副頭取（後に頭取）に就任する。

橋本が大学卒業までに、どのように英語力を高めてきたのかは後に説明する。ここで話題になっている銀行の国際業務とは、外国為替、輸出入の資金決済に関わる業務である。

輸出入を増やしていた日系企業のサポート役で、銀行自身が海外市場に打って出るわけではなかった。輸入信用状（ＬＣ）の発行業務などが中心であり、輸入ＬＣを開くには、海外の銀行とコルレス契約を結ばなければならない。銀行の国際部門は、海外の銀行と契約を結び、レールを敷く地味な仕事を担っていた。

日本経済の再建には、貿易振興以外に道はなし

少し歴史をさかのぼろう。終戦後の１９４５年９月、連合国軍最高司令官総司令部（ＧＨＱ）は「降伏後における米国の初期の対日方針」を打ち出し、平和目的のために必要な原料などの輸入と、輸入の支払いを賄うのに必要な商品の輸出を許可するが、輸出入、外国為替、金融取引の統制を維持し、すべてをＧＨＱの管理下に置くと宣言した。日本の銀行は、外国為替業務をストップせざるを得なかった。

しかし、富士銀行内では、日本経済を再建するには貿易の振興以外に道はないとの見通しを立て、やがて外国為替業務の拡充が必要になるとみて対策を検討していた。

後に頭取となる金子鋭は１９４５年10月、取締役業務部長の就任あいさつでこう語った。

「日本の経済は戦争で破壊されたうえ、資源も何もない。これからは戦前以上に貿易が重要

になる。銀行でいえば外国為替の仕事が重要になってくる。戦前、当行の外国為替は他行に比べて遅れをとっていた。しかし、戦時体制になってからは、どこの銀行でも本当の外国為替はなかった。今や同じスタートラインにあると考えてよい。これからどこがどれだけ勉強し、努力するかが勝負である」

金子の読みは的中する。東西の対立、冷戦を背景に米国は対日政策を転換させ、民間貿易を徐々に自由化したのである。

1947年8月、米政府は制限付きで民間輸出の再開を許可した。それまで輸出の相手は各国政府か政府機関に限定していたが、外国の民間業者との取引を認め、民間業者が来日して商談できるようになる。ただし、商談は仮契約にとどまり、日本側は貿易庁が契約の主体となった。商品の種類や価格の設定にも制限があった。

1947年12月、貿易庁と貿易公団は民間貿易に関わる経理事務の一部を日本の銀行に委託することになり、富士銀行を含む9行が「外国為替取扱銀行」の指定を受ける。委託事務の内容は、外貨表示の輸出荷為替手形の振り出しの代行、信用状の取り次ぎ、信用状と船積み書類の予備点検、円貨代金支払いの取り次ぎであった。

1948年8月、日本の民間業者が外国の業者と直接、契約を結べるようになった。日本の銀行は日本の輸出業者から受け取った船積み書類を照合し、在日外国銀行に持ち込む。外国銀行はこれを買い取り、GHQに外貨代金を払い込む。日銀は払い込み通知書に基づいて国の貿易資金特別会計から支払いを受け、民間銀行は日銀から受け取った代金を業者に支払う仕組みだ。銀行は輸出業者が振り出した手形を担保とする融資を増やしていく。

富士銀行内に「外国部」が発足し、国際業務が本格的にスタートしたのは1948年9月である。従来の本店営業部外国課は、外国為替業務に関する本部機能を備えていたものの、融資のりん議だけは審査部の審査を受けていた。外国部は本部機能と営業機能に審査機能も取り込み、独立色が濃い組織となったのである。

終戦から3年。民間貿易の再開で外国為替業務が急拡大しており、素早く動ける組織が必要になったのだ。外国部の人員は20人超。本店営業部外国課の総勢7人から急増したが、まだまだ小規模だったといえる。

輸出は政府から民間に中心が移ったものの、貿易資金特別会計を通じた円の支払いで決済するため、外貨の売買は発生しない。貿易金融とはいっても、実態は国内金融だった。

戦後の日本が民間輸出を再開した当初、大半を繊維製品が占め、貿易の中心は大阪だった。富士銀行の輸出取引も約8割が大阪での取引であり、行員が書類をリュックサックに詰めて夜行列車で東京に運んで処理していた。1948年1月に2億1000万円だった貿易手形融資の残高は、同年10月に13億7000万円となり、東京銀行に次ぐ2位、輸出荷為替の取扱高も1949年2月時点で全国取扱高の15%を占め、東銀に次ぐ2位となった。

夜間勤務が続く「外国部」

外国部の仕事は急拡大する。スタッフの養成や事務体制の整備が間に合わず、書類の様式作りから始めた。ナショナル・シティバンク・オブ・ニューヨーク（現・シティバンク）から資料をもらい、辞書を引きながら作業を進めた。新入行員が輸出書類のチェックにあたることもあり、書類の山がなかなか片づかず、毎晩夜10時、11時まで仕事をしていた。

1949年2月、一部の商品を除いて輸出契約の承認権限が日本政府に移り、民間貿易が拡大する。3月に外国為替管理委員会が発足、4月には1ドル360円の対ドル為替レートがスタートした。

11月、富士銀行を含む11行が外国為替銀行の指定を受けた。富士銀行では外国為替取扱店として新たに31店舗が認可され、取扱店は計43店舗となった。従来は、在日外国銀行への取り次ぎが主な業務であったが、外国為替銀行は外貨を売買できるようになる。

外貨はそれまで外国銀行を通じてGHQに集中していたが、外国為替銀行を通じて委員会に集中する方式となった。

１９４９年12月、外国為替及び外国貿易管理法が施行となり、同月から輸出、１９５０年1月から輸入が民間に移る。１９５０年4月、外為銀行は在日3行、在米3行との間でコルレス契約を結べるようになった。

富士銀行の相手は、在日ではナショナル・シティバンク・オブ・ニューヨーク、バンク・オブ・アメリカ・ナショナル・トラスト・アンド・セービングス、チェース・ナショナル・バンク・オブ・ザ・シティ・オブ・ニューヨークの3行、在米ではアーヴィング・トラスト、マニュファクチャラーズ・トラスト、バンク・オブ・マンハッタンの3行だ。

契約を結ぶと、海外の銀行との間で手形の取り立て、輸入信用状の開設、送金が認められる。同年6月にはドルも保有できるようになり、委員会を経由せずに在日外銀にドル勘定を設けて預けることが可能になった。インターバンク（銀行間）取引や資金操作などの外国為替・資金業務を拡大する素地が整ったのである。

１９５２年4月のサンフランシスコ平和条約の発効で、米国による資産差し押さえの危険がなくなり、同年6月、日本の銀行は海外のコルレス銀行に外貨勘定を持てるようになった。

銀行界では異質の「自由闊達」な行風

橋本の銀行員生活に入ろう。最初の配属先は東京・新宿支店である。大卒の配属は1人だけで、ほかに高卒の男性1人、女性4人が同期生だった。

そろばんを使った収支の計算、お札や硬貨の勘定、定期預金の窓口係、集金が主な仕事だ。硬貨を専用のマスに置いて数え、そろばんで利息の計算をした。普通預金の入金と引き出しがあると、その元帳を引っ張り出してきて利息を計算し、ペンで記録する。

ボストンバッグを下げて青果店、書店、映画館に集金に行った。渉外や融資の仕事は任されず、銀行の基本業務をこなす毎日であった。

新宿支店は極めて多忙で、大みそかの日にも、その日のうちには帰宅できなかったほどだ。基礎を吸収しようという意識は強く、苦痛は感じなかった。支店全体の雰囲気も良いと感じた。

富士銀行の行風は「自由闊達《じゆうかったつ》」。上司にもいろいろな意見を言いやすかった。

「戦後は、経営陣が入れかわって戦前に勇敢に意見をはいたためにむしろ敬遠されていた人が経営者になった。そして自分の意見を堂々と述べることを歓迎した。他の銀行の人からみると下剋上にみえたらしい。そういう自由闊達の気風こそが、富士銀行が発展した最大の原因」（佐々木邦彦）、「若い行員においては進んで上司の意見をたたき、信ずる所を述べ、同僚互いに融和切磋し合い、青年独自の自発的な活動力を新しい時代に発揮されたい」（迫静二）、「新入行員の歓迎会に出席して、君達なぜ富士銀行に来たかと聞くと、8割までの人が、富士銀行の自由闊達な気風にひかれたという。それはどういうことかというと、就職の段階でいろいろな銀行を訪問していろいろな人と話をしたが、富士銀行が一番自由で明るい気風が感じられたのだという。僕らはなかにいるから気がつかないが、やはりそういう気風が受け継がれているんだと思う。組織が大きくなると風通しが悪くなりがちだが、役員室自らも開かれた役員室にして、この良い伝統は守っていきたいと思う」（荒木義朗《あらきよしお》）。

歴代の経営陣はこの気風を歓迎した。

終戦直後、支店長の一人は「役員室はみんな若返り、このあいだまでわれわれと仲間だった人たちが役員になったのですから、支店長会議での役員と支店長のやりとりも、実に自由で活発なものでした。お互いに腹をわって意見をたたかわすものだから、時にはけんか腰になり、金子専務がなだめにはいるという具合でした。支店長会議がこんなふうでしたから、自然、支店にもこういった自由な空気が反映し、上下のわけへだてなく自由に意見をたたかわすという気風ができていきました」と語っている。こうした行風は、銀行界では異質だった。「富士銀行」という行名を維持する決断も、銀行界では独自の行動だった。サンフランシスコ平和条約の発効に伴い、旧財閥の商号の使用が解禁となった。

大阪銀行は住友銀行に、千代田銀行は三菱銀行にといった具合に旧商号に相次ぎ復帰した。頭取の迫はこう語っている。

「我々の周囲を振り返ってみますと、産業界におきましては一部旧財閥系譜会社の統合機運も感ぜられ、また反面、旧財閥系銀行はこれらの諸会社の強化拡大に努力している点も見受けられるのであります。

このように財界の一角には戦前の財閥的な姿に還るが如き動きもあるやに伝えられていますが、当行としてはかかる行き方をとることは毛頭考えていないのであります。企業の大小を問わず、産業界に広く門戸を開いた『皆様の銀行』であることを目標としているのであります。

これと同時に当行の長い伝統である大衆的で親しまれる銀行という特色は、今後ますます発揮していきたいのであります。当行は今申しのべましたような趣旨から、旧称安田銀行に復帰することは全然考慮していないのであります」

富士銀行という行名に変更したのは、1947年、GHQが社名、商標で財閥色のあるものは改めよとする指令を出したためだ。安田銀行も対象となり、行名変更を検討する。

国民、富士、共立、日本商業が候補になり、大衆的な銀行である特色を反映できる「国民銀行」が有力となった。しかし、政府系金融機関の庶民金庫と英文名が同じピープルズバンクとなるために認められないことが分かり、都内の支店にアンケート調査をすると、富士が圧倒的に多かった。1948年4月、富士銀行に変更した。

戦前の安田銀行の時に比べて取引先が増え、多くの取引先は安田銀行に戻らないほうがよいと訴えていた。行員の間でも、自分たちが選んだ行名を元に戻したくないとの声が強く、安田という行名とは決別したのである。

「自由闊達な行風で庶民的な銀行」と聞くと、収益の水準はあまり高くないイメージがわくかもしれない。だが、富士銀行は資金量と収益が銀行界でトップであり、首脳陣は常々、「最大最優の銀行」と自称していた。1951年3月末の預金残高は、他行に先がけて1000億円を突破した。以来、預金トップの座を守り続けたのである。

銀行の再編が始まる前の資金不足の時代であり、銀行は貸出先をいくらでも見つけることができた。例えば、三井物産はメーンバンクの三井銀行からだけでは十分な資金を調達できず、富士銀行を「並行メーン」の銀行としていた。資金量がトップの銀行に頼ったのである。

支店の数が多く、資金量がトップであれば、その資金を貸し出しに回せば安定した利ザヤを得られ、収益も自動的にトップになる構造だった。貸出金利と預金金利の水準は監督官庁の大蔵省によって規制され、銀行は利ザヤを確保できたのだ。

だから、銀行の本部は支店に預金集めの目標を課し、貸し出しの原資を確保しようとした。預金を多く集めた支店が表彰された。

狭き門の「フルブライト留学制度」に合格

入行2年目に入り、他の店に配属された同期生の中には、支店の融資担当や、本店の調査部に配属になる人が出てくる。橋本は自分だけが単純作業を続けているのはなぜだろう、いつまでやらされるのだろうと少し焦りを感じた。銀行は早朝から勤務が始まり、帰宅まで激務が続くので疲弊してしまう行員も多いが、疲れがたまることはなかった。

結婚は1958年5月3日。若くして結婚する行員は多く、橋本より早く結婚した同期生も1人いた。生活は安定し、毎朝、東京・弁天町にある合気道の総本部道場で1時間稽古をし、シャワーを浴びてから銀行に出社した。その影響か、お札を数えているときに居眠りをしてしまう。すると、後ろから先輩に怒鳴られた。

そうこうするうちに、本店人事部から連絡があった。留学試験を受けないかとの話だ。フルブライト留学制度の試験に合格すると、米国から奨学金が出て、米国の大学で勉強ができる。その場合は、有給休職扱いで留学をさせてくれる。

銀行には独自の留学制度はなかった。為替管理が厳しく、日本からお金を持っていくこともできない。フルブライト留学制度を活用できれば道は開けるが、狭き門であった。銀行全体で1年に30人くらいが受験し、合格するのは1人か2人。1958年の試験に合格したのは橋本だけであった。

ちなみに翌1959年、銀行独自の留学制度が発足した。フルブライト試験を受験する行員はいなくなり、銀行内では最後のフルブライターとなった。

この留学制度の生みの親は、ジェームズ・ウィリアム・フルブライトである。米アーカンソー大学長を経て1942年、アーカンソー州から連邦議会の下院議員に初当選した。安全保障機構、平和維持機構の創設を唱え、後に国際連合となる組織に米国が参加するよう提案するフルブライト決議案を1943年に提出し、可決。これで知名度が上がり、1944年、上院議員に当選する。人材交流による相互理解が悲惨な戦争の勃発を防げるとの信念を持ち、１９４５年9月に米国と世界各国との教育交流の計画（フルブライト法）を議会に提出した。

翌年8月に批准され、フルブライト交流事業が立ち上がる。日本は米国の占領下にあったため、当初は、米国が占領地に援助資金を出す「ガリオア・プログラム」を活用して交流事業を推進した。１９４９年から１９５１年までの間に、同プログラムのもとで約１０００人の日本人が米国へ留学した。

１９５１年、日本は連合国との間でサンフランシスコ平和条約に調印。同年、日米政府は相互の人材交流に関する覚書を交わし、占領が終了した１９５２年から日本でもフルブライト交流事業が始まった。同年から２０１７年までの間に、フルブライト・プログラムで米国へ留学した日本人は約７５００人に達している。

橋本は入行後も、宣教師の説教の通訳を続けていた。入行1年目のとき全国実業団英語弁論大会があり、挑戦して3位に入った。英語との接点を持ち続けていたのだ。週に1度は若手行員が集まって経済の勉強会も開いていた。

１９５９年6月、日本航空のプロペラ機に乗り、ハワイのホノルル経由でサンフランシスコへ。最初に向かったのはコロラド大学である。デンバーから車で1時間ほど行ったところにあるボールダーに立地していた。

フルブライト留学のため、羽田空港を出発（1959年6月）

経済学を学ぶ外国人のためのオリエンテーションコースがあり、エコノミクス・インスティテュートという名前だ。期間は2カ月で、その中に日本人が5人ほどいた。渡米前に勉強する内容を聞かれたので、財政政策と答えたが、勉強したのは経済学の基礎である。

学生は寮に泊まり、朝から晩まで一緒で仲良くなった。インドネシア人が3人いて、その中の1人、アドリアヌス・モイは後にインドネシアの中央銀行総裁になった。

豊かな米国に忍び寄る影

コロラド大学でのオリエンテーションが終わり、カンザス大学に移った。なるべく米国らしい、日本人があまりいないところへ行きたいという希望が通ったのである。キャンパスは丘の上にあり、米国を一望のもとで見渡せる。

9月に入学し、経済学を勉強した。成績が悪いと退学させられるので、最初の半年はよく勉強したが、残り半年は米国人の学生との付き合いに力を入れ、ビアドリンキングパーティにもよく参加した。留学に出発するとき、外国営業部長から「1年間の留学だから学位を取ろうと思うな。机の上だけでなく、米国を見てこい」と言われていたのだ。

米国はやはり豊かな国であった。初めてバドワイザーを飲み、ピザやホットドッグやビフテキを食べた。やはりフルブライト留学生として1958年に米ハーバード大学に留学した作家の小田実《おだまこと》は『なんでも見てやろう』で、米国の豊かさに驚いた経験をつづっている。

アメリカの社会を見るとき、ひとは三段階を通過すると思う。第一段階、無邪気なおどろき。金持だなあ、すばらしいなあ、というやつ。第二段階。なんだ、こんなものは日本にだってある、イバルナヨという式のイバリ反省期。それから第三段階に入ると、この社会は眼に見えないところに途方もなく金をかけた、底知れないほど豊かな社会であることが判ってくる。

ヨーロッパでも日本でも、あるいはその他のところでも、すばらしい建物は建つ。外観とか肝心の内部の構造とか、すべてアメリカのものに劣らない。どこに差異があるかというと、ほんのなんでもない、どうでもよいことにおいてなのである。トイレットに出かける。そこに「湯」と「水」の栓がある。「湯」のほうをひねってみる。ヨーロッパ、日本、その他のところでは、お湯がまるっきり出ない場合が往々にしてあるが、今、お湯が出たとする。が、この場合でも、すぐ熱いお湯がとび出してくるというのではないだろう。はじめ水が出て、そいつがのろのろと次第にお湯に変ずる。それがアメリカでなら、最初から、手をつけられないくらいのが、文字どおり、ほとばしり出てくる。（中略）

とてつもない豊かな社会にいる気が、アメリカにしばらくいると実感として来る。そのなかに生きているアメリカ人もまた、むろんのこと豊かであり、彼らがもしその豊かさを重圧として感じないなら、つまり「アメリカの匂い」をそのままなんの不満もなく受け入れるなら、とてつもなく幸運な国民であると言える。（参考文献１）

小田は米国の豊かさを礼賛する一方で、忍び寄る影の存在にも触れている。小田の言う「アメリカの匂い」とは、「誰もが同じものを食べ、同じ服を着、同じ住居に住み、同じふうに考え、同じふうに語り、同じふうに行動する」画一主義を指す。

その姿は、20世紀文明が行きついた、袋小路にまで行きついて出口を探している一つの極限の形であり、豊かさの中に大きな空洞が生まれていると指摘している。

「アメリカの匂い」をスーパー・マーケットから追放しようとしたら、なかの商品を全面的に入れかえなければならない。カンヅメを捨て、冷凍食品を捨て、代りに生まのトマトを入れ、まだピクピク動いている魚をカウンターの上におかなければならないだろう。それが不可能だとしたら、いや、たしかに、それは社会のしくみがそうしあがっている以上、というよりはわれわれの二十世紀の文明のしくみがそうでき上がっている以上は、不可能であろう。だとしたら、とりうる態度は二つしかない。その匂いに自分を合わせるか、つまり「画一主義」のまえに屈服するか、それとも、その匂いから逃げ出すか。

アメリカで私が感じたのは、これからあとでくり返し述べることだが、決して西洋文化の圧力ではなかった。私が感じたのは、すくなくとも重圧として身に受けとめたのは、それは、文明、われわれの二十世紀文明というものの重みだった。二十世紀文明が行きついた、あるいはもっと率直に言って、袋小路にまで行きついて出口を探している一つの極限のかたち、私は、アメリカでそれを何よりも感じた。

たぶん、それが私のいう「アメリカの匂い」の本質なのであろう。そして、残念なことに、まだ出口は見つかっていないのだ。いや、もっと残念なことに、その出口は永遠に見いだし得ないかのように見える。アメリカで現代の絵を観、音楽を聴き、バレエを観るたびに、私は、アメリカの芸術というものは、多かれ少なかれビート的なところがあるな、と思った。出口なし、という感じだった。何かを求めて必死になっている。それは胸に響いてきたが、出口はないのだ。努力はしたがって内へ内へと入り込んで行く。そトリビアリズム——それも途方もなく大きなトリビアリズムが、そこにくる。それは完成は完成ではあろう。しかし、一歩視点をかえてみれば、それはまた、なんとむなしい完成であることか。（2）

小田とほぼ同世代でもあり、『なんでも見てやろう』という姿勢は同じだった。そして、小田が米国の光と影の両面に目を向けたように、カンザス大学では米国の弱さ、もろさも体感する。

その一つは、一緒に学んでいた米国人の学生たちの学力である。母国語だからもちろん英語力はあるが、学力はそれほど高くはなく、互角に張り合えるという自信を持った。

また、現在は豊かさを享受している米国経済は決して安泰ではないことも学んだ。国際金融が専門の教授は、「これからおそらく、ドルは大変だろうと思う。貿易赤字が進んでいるので、現在のようにドルと金をペッグした状態（金本位制）はいつまで続くのか」との懸念を語っていた。この懸念は1971年のニクソン・ショックで現実になる。

その前触れといえるのが、米国が1964年に導入した「金利平衡税」である。米国の金利は英国その他各国より低く、米国で資金を調達して他国へ持ち出す動きが広がっていた。海外に流出したドルとの交換で米国の金保有量が減り、ドルと金を交換できる金本位制が持続可能ではなくなってきた。そこで、米国と他国の金利をならし、米国の資本市場での外債発行を抑えようとしたのである。

米国人が特定の国の株式や期間3年以上の外国証券を取得、あるいは銀行などが1年以上の対外貸付債権を取得すると、その総額に対し期間に応じた累進税を課したのである。

2. カムカムおじさんと宣教師から学んだ英語

ここで、時計の針を逆回転させよう。橋本の人間形成で重要な役割を果たしたのは、英語とキリスト教だ。両者は橋本の精神の奥深くに入り込み、人生の様々な場面で大きな作用を及ぼしてきた。先へ進む前に、橋本と2つの要素とのかかわりをみておこう。

日本に勝った米国の言語、英語に興味

終戦を迎えたのは小学校5年生のときである。それまでは軍国主義一色で、遊びといえば戦争ごっこ。将来は軍人になるつもりだった。

神の国といわれていた日本を負かした米国とは、どんな国なのだろう。進駐軍がやってきたが、前評判とは違って規律がよくとれている。米国を見てみたいという気持ちが沸き上がり、そのためには英語も必要だろうと考え、英語に興味を持った。

ちょうどそのころ、父の姉夫婦が米国から帰国し、橋本がいた岡山県高梁町《たかはし》（現・高梁市）の実家に転がり込んできた。義理のおじは岡山に駐留していた米軍のもとに通い、米軍を相手にコック長をしていた。

もともとは法律を学ぼうとして留学していたのだが、お金のために料理屋でアルバイトをしているうちに料理が好きになり、料理人になったのだという。年のころは50歳くらいで、流《りゅう》暢《ちょう》な英語を話した。仕事が終わると、スペアリブを持ち帰って食べさせてくれた。

英語の手ほどきを最初に受けた相手は、このおじだ。「君はペンの発音が間違っている。鼻に抜けちゃっているけどね、ペンというのは舌の先を上あごにつけ、極端にいうと『ペンネ』と発音するつもりくらいでいい」。最初の発音指導であった。

おじは、暇なときは英語の本を読んでいた。何を読んでいるのかと質問すると、米国の作家、E・S・ガードナーの探偵小説『ペリー・メイスン』シリーズを読んでいるのだという。何が書いてあるのかは分からなかったが、英語を勉強すると、こんな面白そうな探偵小説も読めるようになるのか、と期待が膨らんだ。

「カムカムおじさん」の英語番組のファンに

勉強の手段はNHKラジオであった。中学生になると、NHK国際放送のチーフアナウンサー、平川唯一《ひらかわただいち》の午後6時からの15分間のラジオ番組「英語会話」を、毎日聞くようになった。平川は農家の生まれで、16歳のとき米国へ渡り、現地で英語を勉強した。ハリウッドで映画の脇役を務めたこともある。そのせいか、15分番組は家族の日常会話を題材にした、1つのストーリーになっていた。

平川は、戦後の日本を明るくしようという意識を持って番組づくりに取り組んでいた。童謡の「証城寺《しょうじょうじ》の狸囃子《たぬきばやし》」の曲に合わせて番組のテーマ曲「カム　カム　エヴリバディ」を作詞して国民的な愛唱歌となり、自身は「カムカムおじさん」として人気者になった。平川唯一の次男、平川洌《ひらかわきよし》は自著『カム　カム　エヴリバディ』で父の人生を追いかけている。

敗戦から被占領という体験は、わが国民にとってかつてないことであった。二十年九月五日、総理の施政演説の中で敗戦の真相が明らかにされたが、それは全国民に大きな衝撃を与えた。それまで、一切の情報は遮断されてきたと言ってよい。

敗戦の事実を受け入れた心理は、人によってさまざまであろう。激しい憤りと屈辱を感じた者があり、安堵感から目の前が明るくなったと言う人もいる。どのように判断していいかわからず、魂が抜けたようだったと回顧する人も少なくない。

次に、これから日本はどうなるのか、どのように生きていけばいいのかという不安が人々を覆った。〝鬼畜米英〟が進駐してくるのである。特にアメリカ兵は残酷で貪欲《どんよく》な者と思われ、例外なく恐怖心を抱いていた。鹿児島県鹿屋では米軍上陸の報に市街地から人気がなくなったというし、神奈川県ではいったん婦女子の強制疎開を指令したほどである。

しかし、その大方は杞憂《きゆう》に終わった。概して開放的な態度や民主的な諸政策、食糧の放出などを見て、憎悪と恐怖はたちまち親愛に変わっていった。連合国最高司令官マッカーサー元帥はその象徴として、日本国民の尊敬を集める神格的存在になっていったのである。

二十年から二十一年にかけての食糧不足は、一千万人規模の餓死者が出ても不思議はないと言われたほどであるが、これに対して進駐軍からさまざまな物資が放出された。二十一年一月二十六日、小麦粉（メリケン粉）一千トンがマニラから東京の港に到着し、GHQは「英語会話」の始まった月から輸入食糧の配給を開始した。二十一年四月末の放送でも、メリケン粉の放出に関連して配給が題材に取り上げられている（テキスト第五号）。

Father：What' s the matter with mother? Isn't she home?（お母さんはどうした。いないのかい）

Mariko：No. She has gone to get the ration.（ええ、配給物を取りにいってらっしゃるの）

Father：Where?（どこへ）

Mariko：Down at the grocery store.（下の食料雑貨店なの）

Father：What is it? Dried herrings again?（何だ、干しニシンか、また）

Mariko：No. It's white bread, I think.（違うのよ。白いパンらしいんですの）

Father：What!　White bread, did you say?（何、白いパンだって）

Mariko：Yes. It's made of the flour that came from the General Headquarters, I hear.（そう。マッカーサー司令部から来た粉で作ったんですって）

Father：That's a good news, Mariko.（それは素晴らしいニュースだね）

Mariko：It is, isn't it?（ほんとですわねえ）

Father：I wonder where the flour came from.（その粉はどこから来たのかな）

Mariko : From the Philippines, I think.（フィリピンからだと思ったわ）
Father : How do you know?（よく知っているねえ）
Mariko : I've read it in the paper.（だって新聞にそう書いてあったんですもの）
Father : Well, the paper does tell the truth now-a-days, doesn't it?（ウーン、新聞もこのごろは本当のことを言うようになったね）（中略）

巷に失業者のあふれていた当時、英語は強い武器でもあった。新聞の求人広告にも、進駐軍要員として「英語堪能《たんのう》なる者」を必須の条件に加えている。動機は異なっても、英語が話せるようになりたいという気持ちは、国民の中に広範にあったのである。(3)

作家の石原慎太郎は、同書に序文を寄せている。

当時日本は有史以来初めて、外国との戦争で領土まで犯されて破れた衝撃のもたらす有形無形の混乱の中にあった。日本を占領している米軍の最高司令官マッカーサーが過去の日本の文化的成熟もよく知らずに、日本人は年齢でいえば十二歳程度などと滑稽僭越にも断じてみせれば、我々はただただ頭を垂れてそれを聞くしかなかった。いずれにせよ我々は好むと好まざるとに関わらずアメリカという異文化の影響に晒され、下手を

すれば精神的な植民化をも受けかねぬ時代にあった。（中略）

そんな意識の状況下で、我々は質的にも量的にも全く異なるアメリカ文化を、戦後ほぼ一方的に受け入れさせられてきた。そして英語はその摂取のための絶対必要条件でもあった。人々は周章狼狽しながらもむさぼるように、タブーとまでされていたかつての敵国語の収得に争い努めたものだ。

しかしそうした戦後の国家的ともいえる作業を手助けした教師の一人として、他の誰よりも明るく、日本人には珍しくウイットに富み、そしてこの伝記を読んで初めて知らされる、アメリカでの長き滞在の中の苦労に培われた日本人としての気骨をも供えたカムカム小父さんを持ったということは、社会全体にとっていかに僥倖であったことか。

（4）

ビデオやテープもなく、番組を聞いて丸暗記せよと言われていた。平川は渡米して英語を学んだ自身の経験から、「人間は家族の言葉を聞いて話せるようになるのだから、単語の発音やスペルを覚えるのではなく、英文を口まねすればよい」と考えていた。

橋本は高校1年のとき、平川に手紙を書く。「番組をいつも聞いています。あなたの生まれ故郷は岡山県高梁町だと聞いていますが、もしそうなら1度、私たちの高等学校を訪問して

1945年8月、厚木基地に立ち寄ったマッカーサー
（The Granger Collection/amanaimages）

くれませんか」という内容だ。すると平川は、夫婦で来てくれたのである。

せっかくの機会なので、英語部のメンバーでシェイクスピアの英語劇をやることになった。演題は「ベニスの商人」。橋本に割り当てられたのは悪徳商人、シャイロックの役であった。裁判の場面を演じたが、あまりの悪役ぶりに演じていて嫌になったほどだった。

銀行員になるとき、このときのことを思い出し、「シャイロックのような悪徳金貸しにはなりたくないな」と心の中でつぶやいた。

終戦直後から始まった英語ブームはやがて下火になる。１９４６年2月に放送が始まったＮＨＫラジオの「英語会話」は、１９５１年2月に終了。平川は１９５１年12月、ラジオ東京に舞台を移して「カムカム英語」を再開するが、聴取率は低迷する。さらに日本文化放送、7局ネットワークへと移った後、１９５５年7月、放送は打ち切りとなった。

１９５２年、サンフランシスコ平和条約の発効で占領が終わり、日本は自立を求められていた。赤ちゃんのように口真似で英語を学ぼうとする平川流の英語教育は、役割を終えたのであろう。次の英語ブームが起きたのは、１９６４年の東京オリンピック開催の前である。

英語とキリスト教が縁で結婚

英語ブームは去っても橋本の英語熱は冷めず、英語との深い付き合いは続く。

高1のとき、米国生まれの日系2世が高校に入ってきた。彼とはできるだけ英語で話すようにした。18歳になると、日本と米国の国籍のどちらを選ぶのかを迫られた彼は米国籍を選んだ。すると、朝鮮戦争に徴兵されてしまう。日本語が得意なので情報部に配属になり、やがて無事に帰ってきた。

高2のとき、岡山大学のＥＳＳ（=English Speaking Society）が主催し、岡山県、広島県、香川県の高校生の英語弁論大会を開いた。橋本はこの大会で優勝し、岡山市の操山高校から出場してきた女子学生が3位に入った。のちに橋本と結婚する池田春子である。

大会では集合写真に一緒に写っただけだったが、翌年の夏、春子が属していた岡山市の岡山教会と高梁教会の青年部が高梁で合同修養会を開いた。修養会には橋本の弟が参加していて、去年の弁論大会で3位に入った女の子が来ているよと教えてくれた。

橋本はもともと彼女に関心があったので、出かけていったのである。そこから二人の付き合いが始まった。橋本は東京大学、春子は地元のノートルダム清心女子大学に進学し、大学時代は手紙を書き、夏休みに会える程度だったが、橋本が銀行に入った翌年の23歳のとき、2人は結婚した。英語とキリスト教が取り持った縁といえる。

キリスト教との出会いも幼少期である。クリスチャンの母に連れられて地元の高梁基督教会というプロテスタントの教会に通っていた。父は曹洞宗の檀家で、夫婦で宗教が異なったが、仲良く共存していた。

高梁町にキリスト教が初めて伝えられたのは1879年。米国人の宣教師と日本人が最初の伝道集会を開いた。1880年には新島襄《にいじまじょう》が高梁を訪問した記録が残っている。高梁教会の設立は1882年。当初は激しい迫害を受け、教会に投げ込まれた石が会堂に残っている。

母は、高梁教会の影響下にある順正女学校から京都府立女子専門学校に進学し、在学中に洗礼を受けた。卒業後は順正女学校で教鞭をとり、高梁教会の会員にもなった熱心なクリスチャンであった。

母と一緒の教会通いでもあり、子どものときは、教会は遊ぶ場所ととらえていたが、中学生になると聖書を少し読み始め、キリスト教を信じるようになる。高校時代には英語の勉強もかねて、教会に来ていたスウェーデン人の宣教師の手伝いをした。

宣教師はジープに乗って近隣の村や町に伝道に行く。その通訳をやりましょうと手を挙げて、宣教師と一緒に回った。それほど英語が上達していたわけではなく、通訳をしながら英語を勉強するのが狙いだったが、耳学問でイエスの教えも吸収した。

キリスト教の基本は、「人間は生まれながらにして罪深い存在である」という自己認識にある。宣教師の話を聞いていると、自分は罪深いと感じるようになった。

キリスト教における罪とは何か。「色情を抱いて女を見るのはすでに姦淫したるなり」という教えがあり、「色情を抱かずに女を見ることはできないな。私も罪びとだな」と思った。「人をねたむ」のも罪である。学校の試験では1番になることが多かったのだが、2番になるとくやしい。これは、自分本位な感情であると自覚した。

東大合格は「神様のおかげ」

高梁基督教会で洗礼を受けたのは、高校卒業時の1953年3月。上京する直前である。洗礼を受けるとなると、ただキリスト教について知っているだけではすまない。それなりの覚悟がいる。

高3の夏休みに、流行性肝炎という肝臓の病気にかかったのが、洗礼を受けようと思った理由の一つであった。闘病中は何も食べられず、飲めず、始終吐き気がした。死を意識せざるを得なかった。

肝臓の薬などなく、シジミの貝をゆでた汁か、アスナロの木の葉を煎じたものを飲み、あとは安静にしていた。そうするしか、治す方法はないと言われていたからだ。すると1カ月後に完治した。これはやはり、神様が治してくれたのだろうなと思った。

病気の原因は想像ができた。高3の夏休みのとき、大手新聞社が主催する全国高校生キャンプ大会があり、参加を求められた。

場所は長野県の戸隠村だ。全国の都道府県から高校生が2人ずつ集まった。教育委員会が健康優良児を選んで派遣したのだ。橋本は声がかかれば積極的に応じる性格であり、喜んで参加した。

キャンプを張って飯盒《はんごう》でコメを炊き、洗うときは周囲の川から汲んできた水を使った。不衛生な状態であり、そこで誰かから伝染されたのであろう。キャンプから戻り、遊びはこれくらいにしようと心に決め、受験勉強を始めたとたんに発病した。

図書館からの帰り道に、急に目の前が暗くなってきたなと思ったら、ばったり倒れてしまい、意識がなくなった。助けてくれた人がいて、気づいたときには家で寝ていた。

東大を受験するときにも、大きな風邪を引いてしまう。年に1度しかない受験でもあり、あきらめなかった。父親が東京までついてきてくれた。急行に乗るような贅沢はできない。夜行の鈍行列車で10時間以上かけて上京した。

すでに東京に移住していたおじの家に泊まった。それで試験を受けに行ったのだが、受験の日になると急に熱が下がった。風邪を引いていたので、試験に落ちても仕方がないという心境だった。あがったりせずに自然体で受験ができたためか、数学や英語に手ごたえを感じた。合格の知らせを受けたときは、やはり神様のおかげだと思った。

同じく大学進学で故郷を離れる友人3、4人とともに洗礼を受けることにした。洗礼を受けるためには「告白」が必要だ。「自分は罪びとであり、イエス・キリストは自分の罪をあがなうために十字架にかかったのだ」という認識が信仰の基本となる。

プロテスタント教会の洗礼は、牧師が水に手を浸し、その水を頭の上にかけるだけだ。体全体を水槽の中に倒すバプテスト派に比べると略式である。

法律より英語に熱心だった東大時代

大学1、2年生のときは東京・駒場のキャンパスに通い、その近くに住んでいた宣教師のもとを毎週、訪問した。東京・本郷のキャンパスに通った3、4年生のときは、やはりキャンパスのそばにあった福音ルーテル教会の宣教師と親しくなった。

彼は学生に英語と聖書を教えるセンターを作りたいとの意向を持っており、手伝うことにした。説教の通訳も務め、在学中に「本郷学生センター」が発足した。現在も存続する組織である。

大学ではESSに入り、従来以上に熱心に英語に取り組んだ。法学部に進学したのだが、法律にはあまり関心がわかない。法哲学、欧州政治史や近代経済学は面白く感じたが、民法や刑事訴訟法はつまらなかった。法律は、最低限の勉強しかしなかった。

１年のとき、第14回の日米学生会議に参加した。参加するための試験があり、先輩の勧めで受けたら合格した。米国人も含め、１００人ほどの会議だ。外貨の持ち出し制限があって米国には行けず、日本で開催した。

日本側はすべて学生だが、米国側には軍人や宣教師やビジネスマンもいる。参加した分科会は社会問題を扱い、青少年の非行をテーマに議論した。会議自体は１週間程度で終わったが、東京に自宅のある人のもとに集まったりして交流を深めた。

同会議には長い歴史がある。満州事変のあと、日米関係がおかしくなったとき、日本人の学生４人が「日米の学生同士で話し合って日米関係が悪くなるのを止めなければいけない」と考え、渡米していろいろな大学を回り、学生会議の開催を呼びかけたのだ。結構な人数が集まり、１９３４年に第１回の会議を開いた。

日米で交互に開催し、40年まで続いた。戦時中は中断していたが、戦後の47年に8回目として復活する。日米会話学院が支援する国際教育振興会が主催し、現在も続いている。学生の手作りが特徴で、日米8人ずつの実行委員会が翌年のテーマや場所を協議するのだ。

ＥＳＳでは、ＴＩＡＦ（東大、国際基督教大学、青山学院大学、東京外語大学）という名の組織を作り、英語劇を実演することにした。

新しい組織を作って新たなプロジェクトに取り組む——。銀行員になった後、たびたび経験するのだが、学生時代にもその萌芽が見られた。

舞台をカンザス大学に戻そう。留学中は、大学の近くにある教会にも通い始めた。ある日、通っている教会とは別の教会の幹部から、「日本人が信じている仏教について皆の前で話をしてほしい」と頼まれた。

日本人だから仏教に詳しいだろうと考えての依頼だったが、仏教についてほとんど知らず、頭を抱える。そこで、浄土真宗の開祖、親鸞《しんらん》の言葉をもとに弟子の唯円が編纂した『歎異抄《たんにしょう》』を日本から取り寄せて勉強した。

弥陀《みだ》の誓願《せいぐわん》不思議《ふしぎ》にたすけられまいらせて、往生《わうじやう》をばとぐるなりと信《しん》じて、念仏《ねんぶつ》まうさんとおもひたつこゝろのをこるとき、すなはち摂取不捨《せつしゆふしや》の利益《りやく》にあづけしめたまふなり。弥陀《みだ》の本願《ほんぐわん》には、老少善悪《ろうせうぜんまく》のひとをえらばれず、たゞ信心《しんじん》を要《えう》とすとしるべし。そのゆへは、罪悪深重《ざいあくじんぢゆう》、煩悩熾盛《ぼんなうしじやう》の衆生《しゆじやう》をたすけんがための願《ぐわん》にてまします。しかれば本《ほん》願《ぐわん》を信《しん》ぜんには、他《た》の善《ぜん》も要《えう》にあらず、念仏《ねんぶつ》にまさるべき善《ぜん》なきゆへに。悪《あく》をもおそるべからず、弥陀の本願をさまたぐるほどの悪なきがゆへにと、云々《うんぬん》。（第1章）（5）

同書の校注に当たった仏教学者・浄土真宗大谷派の僧侶、金子大栄は親鸞の教義を以下のように解説している。

親鸞においては、その真実の道理として心にうけいれるべきことを「本願を信ず」といい、その道理を事実として身につけてゆくことを「念仏をまうす」というのである。（中略）

しかるにその悲願を人間にかけるものは如来《にょらい》といわれ、弥陀《みだ》と呼ばれる。弥陀（阿弥《あみ》陀《だ》・阿弥陀仏）とは命と光との量《はか》りないものである。これに対して衆生は身にも命にも量《はか》りあり、智にも徳にも限りあるものである。したがって、その有限者である衆生の知識では、無限者のあり方を規定することができない。それは真如（人智を超絶した真理）から、我らの上に現われ来るものというほかないものである。故に、それを如来という。阿弥陀とは即ちその如来の徳である。これによって、不安と苦悩とにある我らにかけられた大悲の願は如来の本願といわれ、また弥陀の本願といわれるのである。（中略）

よって「弥陀の本願には老少善悪の人をえらばれず、たゞ信心を要とすと知るべし」（第一章）と教えられた。そこには一切の衆生に対する慈悲の平等たることが窺《うかが》われる。老・少・善・悪の別によって、異《こと》なることのない願心である。いかなる衆生をも一子《ひとりご》のように慈愛せられるのである。そしてまたそこには老少善悪の人々は、その業縁のつながり（生活の関係）において苦悩を免《まぬか》れることのできないものであることを大悲しての願心であることが窺われる。まことに老人が救われないならば少年も救われないであろう。悪人が救われないで善人のみ救われることはできない。そこに人間の業縁のつながりがあるのである。（中略）

その本願による不安と苦悩のないところを浄土という。したがって如来の本願とは、衆生を浄土にあらしめたいということである。この意味において浄土とは本願の世界といってよいであろう。それで浄土は大慈悲を根とすとも説かれ、また本願の荘厳《しやうごん》するところとも教えられた。そしてその浄土は人間生活の依るところとなり、帰するところとなるのである。そこは不安と苦悩とのない寂静無為《じゃくじょうむい》の所であり、自他の差別を超《こ》えたる一《いち》如《にょ》平等の世界である。したがってこの浄土を帰依所《きえしょ》とする者には、おのずからなる人間生活の道が開けるであろう。本願にたすけられるとは、その浄土にあらしめられることである。それが本願を説く教を浄土真宗という所以《ゆえん》である。（6）

親鸞の他力本願の教えは、キリスト教に非常によく似ているのに驚いた。修行をして悟りを開いていく自力本願の教えとは遠いが、他力本願は性悪説を説くキリスト教に相通じるものがあると感じた。

キリスト教では、「人間は生まれながらにして罪深い存在である」との認識が基本である。それでも人間が救われるのは、人間の代わりに十字架で血を流したイエス・キリストを信じるからだ。信仰によってのみ救われ、心に平安がもたらされるという教えだ。

親鸞がいう「絶対他力」も同様な認識が前提だ。親鸞は、「善人なをもて往生をとぐ、いはんや悪人をや」と語り、「悪人は自分が罪深いことを自覚しているから、救われる望みがない。それでも、阿弥陀様に帰依するということを念ずるだけで救われる」という教えを説いている。

イエスの教えとよく似ていると説明すると、教会で話を聞いていた人たちも「そうだ、よく似ているね」と同意した。ただし、キリスト教ではイエス・キリストは歴史の中で実在した人物とされるが、阿弥陀様は人間を救うために自分はいるのだというが、実在はしていない。そこが両者の違いだった。

後日談になるが、その後も、様々な宗教や哲学・思想に関心を持ち、勉強を続ける。そこで気づいたのは、異なる宗教であっても共通点は多く、どんな宗教でも徳目はほとんど同じだという事実である。

両親を敬え、うそを言うな、盗みをしてはいけない、人を殺してはいけないといった教えはほぼ同じなのである。それなのに、異なる宗教の信者の間で争いが絶えないのはなぜか。共通点が多いのだから、対話を通じて妥協点を探ることはできるはずだとの思いを深めていく。

米国旅行中、シカゴのキャバレーで無一文に……

時計の針を一時的に先に進めよう。帰国してしばらくすると、次第に教会から足が遠のいてしまう。入行してから留学するまでは、大学の頃に通っていた教会にときどき顔を出していたが、帰国後はその習慣もなくなっていく。平日の激務による疲れがたまり、日曜日はゆっくり寝たり、家族サービスに時間を使ったりした。

聖書はよく読み、キリスト教に関する著作にも目を通していたが、熱心なクリスチャンとはいえなくなった自分に気づいても、あえて修正はしなかった。それでも、イエスの教えが意識から消えることはなく、行動原理に影響を及ぼした。

1960年6月、カンザス大学での勉強が終わるころ、ワシントンで開かれるセミナーへの参加を要請される。フォーリン・スチューデント・サービス・カウンシル（FSSC）という団体が主催し、各国から1人ずつの代表を招待していた。

セミナーの課題は、現代の米国政治。ちょうど共和党のリチャード・ニクソンと民主党のジョン・F・ケネディが大統領選挙の最中であり、セミナー期間中に共和党と民主党本部の見学に行く。ケネディと握手する機会もあり、オーラを感じた。

セミナーの後、銀行のニューヨーク支店に立ち寄る。支店の仕事を手伝うという話も出たが、断った。ここでも、「米国をよく見てこい」という外国営業部長の言葉を思い出した。7月からは、サンフランシスコにあるバンク・オブ・アメリカ（バンカメ）本店での研修が決まっており、その前に米国の大手バス会社、グレイハウンド社のバスで旅行をすることにした。ハーバード大学、マサチューセッツ工科大学、ナイアガラの滝を見てシカゴへ。そこでキャバレーに顔を出したらぼられてしまい、お金がほとんどなくなった。いったんカンザス大学に戻って木賃宿に泊まり、留学中に通っていた教会の牧師に、「サンフランシスコに出発します」とあいさつに行く。

宿泊先を伝えると「うちへ来い」と声をかけてくれ、泊めてくれた。無一文であることが分かると、日持ちがするようにハムを入れないチーズサンドイッチを作って持たせてくれた。

カンザスから汽車に乗り、サンドイッチを食べながら2昼夜、ほぼ40時間をかけてサンフランシスコへ向かった。バスには若者、汽車にはお金に余裕がある高齢者の乗客が多かった。

海外支店開設、信用力のシンボルに

ニューヨーク支店には立ち寄っただけで終わった。先に進む前に、海外拠点の草創期を振り返っておこう。

戦前は、中国・大連出張所のほかに海外拠点がなかった富士銀行にとって、海外拠点の設置は悲願だった。すでに終戦直後には海外支店を開設する計画を立てていた。

1949年末から外国為替銀行の業務が始まり、1950年、大蔵省に「将来、海外支店設置の際は、当行はニューヨーク、ロンドンにおける支店設置を第一目標と致したい」との要望書を出した。

1951年9月のサンフランシスコ平和条約の調印を機に、貿易商社や海運業者が相次いで海外に進出するようになった。政府は日本の商社と外国の商社との間に立ってあっせんの労を取り、貿易によって日本経済の自立を促進するため、為替銀行の海外進出が必要だとの認識を持つ。

1952年4月、為替銀行に海外駐在員の派遣を認める方針を決めた。

その内容は、以下の通りである。

①駐在員を派遣する銀行の数はとりあえず全為替銀行に及ぼすことなく、きわめて少数に限定する、②駐在員の数は1行1カ所につき、1人もしくは2人とする、③派遣地域はロンドンおよびニューヨークとし、情勢によりその他地域についても考慮する、④派遣員の性質はテンポラリー・ビジターとすることなく常駐とする、⑤派遣銀行と派遣地域については、為替取引の現状、特に取引先の分布、状況、将来発展の見込み、過去の実績等を勘案して決定する。

大蔵省が銀行の一挙手一投足を厳しく縛っていた実態がよく分かる。また、海外展開といっても、あくまでも日本の商社のサポート役であり、極めて小規模な展開にとどまっていたことも読み取れる。

同年4月、大蔵省は富士銀行を含む5行に海外駐在員の派遣を認可した。東京銀行はロンドンとニューヨーク、富士銀行と帝国銀行（後の三井銀行）はロンドン、千代田銀行（後の三菱銀行）と大阪銀行（後の住友銀行）はニューヨークとなった。

駐在員2人を派遣し、同年8月、ロンドン駐在員事務所を開設した。日英政府は邦銀の支店開設についての調整も始め、同年8月、駐在員事務所の支店昇格の内認可があった。ただちに支店開設の準備を始め、英5大銀行の一角であり、コルレス契約の相手先でもあったミッドランド銀行と提携した。同行の助言と指導を受け、10月、ロンドン支店が開業した。日本人行員5人と現地行員数人の陣容であった。

発足時の業務は預金、貸し出しなど英国での国内業務に限られ、英ポンド以外の通貨は取り扱えなかった。11月の支店長会議で外国部長は、ロンドン支店についてこう語っている。

「ロンドン支店は英ポンド建てなら業務内容は一応万般にわたるとはいえ、現状における日本および英国間の貿易量に照して、その顧客相手の現業は言うに足りず、結局主たる仕事は将来における当行英ポンド資金の現地における操作ということになり、証券投資とか資金借り入れなど経理関係業務に限られ、それも英ポンド保有や政府外貨の預託でも実現しない限り、さしあたってはわずかにとどまるわけで、ロンドン支店プロパーの採算が成り立つのはなかなか困難が予想されます。

ただし、もっぱらロンドン支店設置を契機として当行の国際信用が徐々に高まり、また当行が東南アジアに将来支店進出を行うときはこれと関連一体化してその意義は有形無形に大きなものが見いだされると考えられます」

ロンドン支店は、国際的な信用力のシンボルとしての存在であり、利益を出せる拠点ではなかったのである。

ロンドンに続き、ニューヨークに進出

その後、支店の業務は少しずつ拡大していく。1953年3月、政府保有の英ポンドの預託が始まり、5月からは日本の手持ちのポンド不足を補う狙いから、外銀の信用供与によるポンド建て期限付き輸入手形（ポンド・ユーザンス）の利用が始まり、取り扱いが急増した。

1954年3月、東京、富士、三井の3行のロンドン支店は、外国為替公認銀行ならびに証券寄託公認機関に指定され、外為業務を始めた。英ポンド以外の指定通貨を取り扱えるようになり、イングランド銀行の代理人として為替管理法の認可事務を代行した。

同年11月の支店長会議で、外国部長はロンドン支店の役割の拡大について説明している。

「英ポンド・ユーザンス制度はほとんどフルに利用されることとなり、将来にわたる為替金融の一部門あるいはロンドン・マネー・マーケットの利用の具体化として強くクローズアッ

プされると同時にこれによりロンドン支店の存在価値もますます重きを加えて参りました。ロンドン支店は発足当時、狭隘《きょうあい》なる場所において営業いたしておりましたが、さる9月20日に各国銀行にひけをとらぬほどの位置とスペースを持つ新営業所に移転を完了いたしました。

ときあたかもこのポンド・ユーザンス制度の本格化したときに当たりまして同店の業務量も著しく増加し、ロンドン支店引き受けの形式による支店ユーザンス制度あるいはリファイナンス制度の利用により当行全体といたしまして、支店を持たない他行に比し採算的に優位にたちうると同時に、ロンドン支店の業績も相当な改善を示しうることになった次第であります」

ロンドン支店の設置準備と並行して、ニューヨークへの進出を大蔵省に要望した。1952年末、ロンドンに支店を認められた銀行にはニューヨーク、ニューヨークに支店を認められた銀行はロンドンへ、テンポラリー・ビジターの派遣が認められた。

1953年には、ニューヨークに駐在員事務所を開設したのである。ドル・ユーザンスがスタートし、ポンド・ユーザンスとともに、輸入金融のウエイトが輸入貿易手形などの円金融から外貨金融に移行する傾向が強まり、ニューヨークとロンドンの重要性が増していく。

ニューヨークも、支店への昇格が期待されていた。ところが、１９５４年４月、外国為替銀行法が成立し、８月に東京銀行が外国為替専門銀行になると、海外店舗の拡充は、東京銀行を優先する方針が鮮明になった。

ニューヨークの支店昇格はなかなか実現せず、ドル建ての為替取引はコルレス契約を結んでいる米銀を通じて実行していた。支店昇格が実現したのは、１９５６年９月である。支店開設に当たり、ニューヨーク州法に基づくブランチとするか、エージェンシーとするかという選択があった。

ブランチは一般預金の受け入れが可能だが、貸し出しは１社に対して銀行の自己資本の１割以下との制約がある。一方、エージェンシーは預金の受け入れに制約があるが、貸し出しの制約はない。外国為替業務には両者ともに制約がない。

日本の銀行に対しては、日系の商社を中心に借り入れ需要が大きかったため、エージェンシーを選択した。取引がある多くの有力企業が米国に進出しており、ニューヨーク支店は開業直後から多忙を極めた。

世界最大の銀行・バンカメの「合理性」を知る

再び、舞台に戻ろう。研修先のバンカメは世界最大の銀行であった。富士銀行とはコルレス契約を結んでいて、サンフランシスコの銀行の中では最も親しくしていた。

富士銀行にも、サンフランシスコには駐在員事務所の前身であるオフィスがあった。そのオフィスは、バンカメ本店のビルにテナントとして入っていた。

オフィスの代表は、元海軍将校の木村又造。豪快だが親切な人だ。路上でもたついている自動車があると、日本語で「バカヤロー」と怒鳴る。一方で、「君は学生で金に困っているようだから、毎日午後5時になったら俺のオフィスに来い。それまでに新聞記事を床にばらまいておくから、それを整理してスクラップせよ。それが終わったら、俺の家で飯を食おう」と声をかけてくれた。

毎晩、木村の家で御馳走になった。バンカメは研修生にも毎月300ドルを支給したので、急にお金に余裕が生まれた。

橋本がバンカメで習ったのは、基礎的な銀行実務である。指導役は課長代理クラスの人で、現金の勘定、計算、輸入ＬＣの作り方などを教わった。

印象に残っている出来事が一つある。１日の営業時間が終わると、計算係が作った書類と現金の残高を突き合わせるのだが、例えば計算では現金が1万ドルあるはずなのに、実際には９９９９ドルしかない場合、小さな誤差であれば資金不足の金額を記録して終わりにしていた。

新宿支店で出納係をしていたとき、1円でも合わないと、原因を突き止めて完全に合うまで残業するのが当たり前だった。日本と比べるとずいぶんおおざっぱだなという感想と、よく考えてみれば合理的だなという感想を同時に持った。帰国後に提出したレポートにも、この出来事を書いた。

バンカメの創業時の話も耳にした。バンカメの創業者はＡ・Ｐ・ジャニーニである。イタリアからの移民で、米国でお金を借りにくいイタリア人のための銀行を作らなければならないと考えた。

最初は「バンク・オブ・イタリー」という名前で始め、後に「バンク・オブ・アメリカ」に衣替えしたのである。戦前にサンフランシスコで大きな地震があったとき、ジャニーニは資金を店舗に積み上げ、預金者に一定額ずつ払い出した。それで人気が出て預金者が増えた。信用を築くことが銀行にとって大切だというエピソードとして語り継がれていた。

3. サンフランシスコか、ロサンゼルスか

１９６０年10月、帰国すると本店外国営業部に配属になった。顧客とやり取りをするのではなく、事務の担当だった。輸入ＬＣを作る仕事だ。

ロンドン支店に最初に駐在し、帰国後に課長代理を務めていた楠川徹《くすかわとおる》（後に副頭取）が上司。若手行員を集めて毎週、勉強会を開き、「楠川ゼミ」と呼ばれていた。英エコノミスト誌の記事をコピーして配り、事前に読んでくるようにと若手を指導していた。

半年後、外国部業務2課に異動する。同部の中には審査課、業務1課、2課があり、1課は国際業務の企画、2課はコルレス契約が担当であった。世界の主要な都市にある銀行でも、なお富士銀行がコルレス契約を結んでいない銀行は多々あった。

世界地図を広げて場所を確認しながら候補を探し、アプローチを続けた。ファクスやテレックスもないころで、交渉する相手とは暗号のフォームを交換し、レターでやり取りをした。国際電話は費用が高いので、かける機会はほとんどなかった。

先方に送るレターを作成すると、まず課長代理に見せる。その後、課長、部長とわたっていくのだが、その間に修正が入って最後は真っ赤になった。レターは手書きで、女性のタイピストが最後にタイプを打ってくれた。学生の頃に使っていた英語では、ビジネスの文書としては通用しなかったのである。コルレス契約はレールを敷く地味な作業ではあったが、大切な仕事ではあり、不満はなかった。

組合活動で聞いた行員たちの生の声

1965年、調査役となった。初めての役付きである。その直後に従業員組合の専従執行委員となった。

それまでも組合活動はわりと好きで、支部委員を務めたこともある。親しい間柄だった執行委員長から声をかけられたのだ。担当は市中銀行従業員組合連合会（市銀連）の中央執行委員で、1年間出向した。そこには、加盟している単組の専従委員が1人ずつ来ていた。

国際業務を担う人材として採用され、海外留学も経験して期待通りのコースを歩んできたのだが、どちらかと言うとドメスティックなイメージが強い組合活動にも熱心だったところに、橋本の人間性が表れている。

組合活動を通じて出会うのは、国内の業務に携わる、ごく普通の銀行員たちであり、様々な肉声を聞いた。

市銀連での担当は福利厚生の改善だ。銀行には当宿直という制度があり、平日の夜は宿直、日曜日は当直の当番がいて、男性行員が交代で銀行に詰めていた。もともとはセキュリティが目的であったが、銀行の建物は堅牢になり、常時、人が詰めている意味は薄れていた。

銀行員にとっては、日常生活を左右される大きな負担であり、廃止すべしとの声が強まっていた。廃止に向けた地ならしのため、まず当宿直手当を2倍に引き上げる運動を始めた。コストがかかるようになれば、経営側が嫌がるだろうとの読みである。経営側は要求に応じて当宿直手当の引き上げに同意したが、一気に廃止までは至らなかった。

銀行界以外にも当直と宿直の制度を設けている企業はあったが、1960年代後半になると、警備保障会社による技術開発が進み、社員の当直や宿直をやめて警備保障会社に警備を委託する企業が増えてきた。

都市銀行は1970年以降、委託の試行を始め、富士銀行は1973年度に委託に切り替えた。

市銀連は経営側と対立するのではなく、対等の関係に立って物事を話し合いで解決するというスタンスであった。「御用組合」と悪く言う人もいたが、行員の生の声を吸い上げ、経営側に知らせていくのは大切な役割だと感じた。労働組合はストのための資金を蓄えてはいたが、伝家の宝刀は抜かなかった。

労使の対立が目立たなかったのは、高度成長期という時代背景の影響も大きい。毎年ベアを実施し、給料は右肩上がりであった。市中銀行の初任給にはほとんど差がなく、前向きな意識で組合活動を展開できたのである。

外需より内需の貢献が大きかった日本の高度成長

高度成長期とはいつからいつまでを指すのか。諸説があるが、1955年から70年までの15年間を指す場合が多い。1955年を高度成長期の始まりとするのは、「1956年度経済白書」が1955年の日本経済の状況を、「もはや戦後ではない」と表現したからだ。

この表現の裏づけとなったのは、1955年の生産水準が戦前の生産水準を上回ったというデータだ。戦後10年間は、戦前の水準に追いつくまでの復興期だが、1955年からは新たな段階に入ったのである。

１９５５年は輸出が好調で、景気の上昇が続きながら物価は上昇せず、国際収支は改善した。56年からは設備投資が活発になり、前年度に比べ名目で6割、実質で4割増加した。日本の歴史が始まって以来の好況という意味で、「神武景気」と呼ばれた。国際収支の悪化で一時停滞するが、１９５８年から再び好転する。「岩戸景気」が到来したのである。

１９６０年に池田勇人内閣が発表した「国民所得倍増計画」が高度成長を後押しする。同時に貿易の自由化が加速し、企業の国際競争力をつけるための投資が活発になった。

技術革新の花が開く。合成繊維、石油化学、電子工業などの新産業は新製品の開発競争に入り、鉄鋼、機械などの分野では生産の自動化が進んだ。高度成長期には国内市場が急成長したため、企業は大量生産・大量販売の体制を整えたのである。地方への工場進出や石油コンビナートの建設が進んだのもこのころである。

こうして民間の設備投資は増加の一途をたどり、１９５５年度の９６００億円から、１９６１年度には4兆２０００億円となった。各部門の投資が影響しあい、「投資が投資を呼ぶ」状況になったのである。

「日本の高度成長は外需に依存し、輸出主導で実現した」とみる向きもあるが、誤解である。高度成長の舞台は国内市場が中心であり、国内市場が急拡大するにつれて「規模の利益」が生まれ、輸出競争力も強まっていった。中国が1990年代以降に、外資系企業を誘致して輸出主導で急成長した姿とは大きく異なるのだ。

データで検証してみよう。1956〜72年までの実質成長率は平均で9・3%。国内総生産を構成する項目が、経済成長率の数字にどれだけ貢献したかを示す「寄与度」をみると、この間に寄与度が最も大きかったのは民間消費支出（5・5%）であり、民間設備投資（1・6%）、政府支出（0・6%）と続く。輸出は政府支出と同じ0・6%にとどまり、輸入（マイナス0・8%）を下回っている。

つまり、日本の高度成長は内需主導で実現し、その余勢で輸出も伸びたものの、国内経済の規模に比べるとそれほど大きくなかった。しかも、輸入はそれ以上に増えたので、貿易全体でみると、国内総生産の年間増加率で測る経済成長にとっては、マイナスの要因になっていたのである。

激しい預金獲得競争に世間から批判も

さて、民間企業が設備投資を増やすためには、投資用の資金が必要である。企業は自己資本の蓄積が乏しく、証券市場も発達していなかった。

資金調達の中心は、銀行からの借り入れであった。銀行の側からみれば貸出先はいくらでもあるので、貸し出しの原資となる資金の確保が至上命題となった。

その柱は預金である。銀行は全国の支店網を通じて預金の獲得を競った。それでも、企業の資金需要は預金の増加分を上回り、銀行は貸し出しが預金を上回る「オーバーローン」に悩まされた。

頭取の金子は、1959年の支店長会議でこう語っている。

「オーバーローンの解消はわれわれ市中銀行にとって金融正常化のための大きな課題でありますが、その基本は預金の増強にあるわけであります。

最近、上位各銀行間の競争がとみに激しさを加えております。企業の公正で自由な競争は、経済発展の原動力として大いにこれを伸張せしめるべきであると信ずるのでありますが、金融秩序を乱すがごとき過当競争は厳にこれを戒めるべきであり、あくまでもフェアコンペティションの精神に徹しなければならないと存ずるのであります」

別の機会では、こう話している。

「僕はつねづね競争は大いにやるべしといっている。世間で銀行の競争が問題にされるのは、銀行が量的競争にうき身をやつしていると考えられているからにほかならない。

銀行の競争は本質的に質の競争である。それは単に業務面のサービス競争にとどまるものでなく、経営や財産の保管、利殖についてのいわゆるフィナンシャル・コンサルタントとしての競争だ。そういう面での競争で正面から堂々といって勝つ分には文句はないはずだ」

銀行が激しい預金獲得競争を繰り広げ、それが世間から批判を浴びていることを自ら認めている。世間からの批判をかわすためにも、競争の質を高めるべきだという金子の主張は正論ではある。

しかし、他行との競争に勝たなければ取引先の資金需要に対応できないという状況には変わりはなく、預金量トップの座を守るべく、激しい競争を繰り広げていたのである。

個人所得が着実に増える中、銀行は個人との取引を増やすべく努力した。1961年、富士銀行は「当期の預金増強方針」のトップに個人預金の増強を掲げた。

「個人預金の推移は年々順調な上伸の一途をたどり、景気変動のいかんにかかわらない極めて安定的資金源である点にかんがみ、その吸収強化は銀行として最も重要な課題である。最近の各行間の個人向けサービスの競争や、公社債投信の盛況など、今や個人預金は新しい姿において金融界の脚光をあびつつある現状に照し、この分野における取引の拡充には最大の努力がなされなければならない」

個人の取引基盤を拡大するには、親しみやすく、気軽に来店できる銀行でなければならない。かねて「皆様の富士銀行」として親しみやすさを前面に出してきたが、1960年の創業80周年を機に、気楽に下駄ばきで来店できる銀行のイメージを作ろうと、「カラコロ富士へ」のキャッチフレーズを考案し、ポスターや新聞広告に使い始めた。

当初は、ラジオやテレビを使って広告しようと計画し、第一人者の三木鶏郎《みきとりろう》にコマーシャルソングを依頼した。ところが、銀行の広告宣伝に電波は使えないことになり、完成していたコマーシャルソングはお蔵入りとなった。

「カラコロ富士へ　かあさんと　買物がえりに　よっていく　うちの銀行　富士銀行　富士

富士　富士　富士銀行」。この歌詞の最初の一節を生かし、ポスターや広告にキャッチフレーズとして使うことにしたのである。

米国の拠点開設、橋本にとって初の大仕事

1966年、外国部業務1課へ。そこで与えられた任務は、米国での支店開設だった。米国の支店はニューヨークだけであったが、次は西海岸のどこかに支店を開いたらいいのではないかとの声が高まっていた。そこで、具体的にどこに開けばよいのかを探るのが仕事だった。

2カ月半、西海岸に出張して現地を視察したのである。当時は、「かなりのんびりした雰囲気だった」という。同年夏から、ロサンゼルスに1カ月、サンフランシスコに1カ月、ポートランドとシアトルに合計で半月滞在した。

銀行にとって重要な課題を与えられ、長期の海外出張を託されていることから、銀行内での地歩が固まってきた様子がうかがえる。

銀行員は入行した瞬間から、激しい行内競争にさらされる。入行から5年くらい経つと、徐々に差がつき始め、「1次選抜」の人数が絞られていく。銀行員は2、3年周期で人事異動を繰り返すことが多く、そのたびに上司も部下も交代する。そんな環境の中で、しっかりと

評価される人間だけが生き残っていける過酷なシステムだ。

将来の国際部門を背負う人材として嘱望されて入行したとはいえ、それが通用するのは最初のうちだけだ。難関のフルブライト試験に合格して米国の大学への留学を果たし、期待通りの道を歩み始めたが、支店開設の仕事は、最初の大仕事と言ってもよかった。

渡米する前、行内ではサンフランシスコを推す声が強かった。西海岸における金融センターはサンフランシスコだったからだ。バンク・オブ・アメリカやウエルズファーゴといった有力な銀行も本拠を置いていた。

しかしながら、富士銀行が支店を開設するなら、取引の相手は日系企業の出先であり、米国企業と取引をするわけではない。それなら、日系企業の出先が米国でどんな仕事をしているかを知るのが一番だと考え、進出企業をしらみつぶしに訪問した。ほとんどが輸出入の業務である。

その結果、輸出入全体でみると、サンフランシスコとロサンゼルスはほぼ同額だが、ロサンゼルスのほうが、自動車をはじめとする日本からの輸入が多いことが分かった。

銀行の収益からみると、輸入の比重が大きい。まず、輸入LCを開設すると手数料が入る。LCに基づいて支払いの請求が来た場合、今度は支払い資金の融資ができる。ロサンゼルスのほうがサンフランシスコよりも輸入が多く、こちらがいいのではないかと意見を具申した。

この意見が通り、1969年1月、ロサンゼルスに駐在員事務所を開設し、72年10月、支店に昇格した。

直接投資が急増、変わる企業の資金需要

高度成長期の後半になると、銀行の国際業務を取り巻く環境が変わりつつあった。1960年代から日本の貿易為替の自由化が始まり、1965年になると、国際収支の黒字基調が定着する。

1960年ころまで、日本は「国際収支の天井」と呼ばれる問題を抱えていた。国内景気が拡大して国内の供給が需要に追いつかなくなると、輸入が増える。「1ドル＝360円」の固定相場制のもとで外貨に対する需要が増えると、政府は円を買って外貨を売る介入をしなければならず、外貨準備が枯渇する恐れが生じた。そこで、政府は国内景気の過熱を抑制し、国際収支を改善しようとしたのである。1960年代に入って輸出が拡大し貿易黒字が定着すると、この問題は解消した。

対外投資、海外送金の自由化が進み、1972年5月、23年間続いていた外貨集中制度が

廃止されたのである。その後、国際収支の動向により、資本流出の促進と抑制、資本流入の規制と促進を繰り返すが、為替管理を自由化する流れは続く。

産業構造も変化してきた。日本の産業界は、国境をまたぐ製品の輸出入だけではなく、海外での直接投資にも力を入れ始める。

日本企業の海外への直接投資は、1951年に商社の米国現地法人の設立が認められたときから始まった。それでも1960年代前半までは、米国現地法人の設立、東南アジアの鉱山開発や紡績業の中南米への進出を含めても、年間1億ドル程度にとどまった。1960年代後半になると、直接投資は急増する。

その背景には、いくつかの要因がある。列挙してみよう。高度成長に伴い、日本企業の体質が強くなり、海外進出する余力が出てきた。資源に対する需要が高まる一方で、資源ナショナリズムの動きが広がり、輸入が難しくなってきた。若年労働力が不足する中、海外への立地を求める声が強まった。地価の高騰、公害問題で国内での工場建設が困難になってきた。発展途上国、先進国ともに国内経済を開発するために外資を積極的に誘致し始めた。輸入制限に対応し、輸出先への生産移転が必要になってきた……。

高度成長期も終盤にさしかかり、内需主導の成長モデルだけでは通用しなくなってきたのだ。

日本の銀行による対外融資の始まりは、日本企業の海外支店や現地法人に対する対日輸入資金や運転資金の融資である。１９６０年代後半の時点では、対外融資の大半をこうした目的の短期融資が占めていた。

富士銀行がロサンゼルス支店を開設した狙いも、現地の日系企業への短期資金の提供にあった。

海外進出の壁となった大蔵省の「店舗行政」

１９７０年代に入ると、様相が一段と変わってくる。日本企業の海外での活動は単なる貿易取引だけでなく、現地生産、現地販売、あるいは海外での資源開発といった段階に入り、海外での資金調達がさらに活発になった。

そこで、支店では制約があった中長期金融、支店ではできない証券業務など多様なサービスを提供できる体制が、銀行にとって必要になった。日系企業の動きに合わせ、１９７０年代以降、銀行の海外進出が活発になり、海外支店の開設に加えて現地法人の設立が相次いだのである。

日本の銀行の海外進出の壁になっていたのは大蔵省の規制だ。１９６８年までは海外拠点の新設を厳しく制限していた。外国為替専門銀行の東京銀行を育てるという方針のもとで、一般の外為銀行による海外拠点の設置を抑制していたのである。

日本の貿易額が年々増え、政府が１９６０年に「貿易為替自由化計画大綱」を発表すると、銀行側は規制の撤廃を強く要望する。翌年、上位の外為銀行には1行につき1カ店の支店開設を認めた。

富士銀行はロンドンとニューヨークに布石を打っていたため、欧州かアジアを検討した。いずれは進出が認められそうなアジアではなく、この機会を逃すと進出が難しくなると判断した欧州を優先する。

欧州の中では、日本と経済の関係が深い西ドイツを選んだ。金融の中心地はフランクフルト、商工業の中心はデュッセルドルフであったが、日系企業の進出状況から、将来の日独関係の要となるのは後者だと判断した。

大蔵省の認可を得て、１９６３年、デュッセルドルフ支店を開設した。その後、日系の商社やメーカーが相次ぎ進出し、取引が急増する。１９６９年に開設したロサンゼルス駐在員事務所は4カ所目の海外拠点であり、ここまでは依然、ゆっくりとしたペースであった。

大蔵省は１９６７年から資本の自由化に取り組んだこともあり、１９６９年から主要な外国為替銀行に対して情報収集、人材育成の観点から駐在員事務所の設置を認めるようになった。同時に、外国銀行への出資も可能になったのである。

１９７０年9月、資本自由化の一環として銀行業を自由化し、外資比率が50％までは自動的に認可するようになった。大蔵省は、日本の銀行による海外拠点網の拡大にも積極的な姿勢を示すようになる。

やや脱線するが、「店舗行政」は、大蔵省が銀行経営の根幹を握る行政手法を象徴している。企業が自社の拠点をどこに出そうが、逆に撤退しようが、本来なら自由なはずだ。

現在の日本で考えると、コンビニエンスストアの出店が分かりやすい例だろう。業界他社と激しい売り上げ競争を繰り広げるコンビニは、隙間を見つけては新規に出店し、商圏を広げようとする。

ところが、もくろみ通りに売り上げが伸びないと、あっさりと見切りをつけ、閉店してしまう。気に入っていたコンビニが急に姿を消し、不便な思いをした人は少なくないだろう。

これはコンビニに限らない。国内市場が飽和状態にある日本では、どんな業種であれ、売り上げを伸ばし、利益を確保するのは容易ではない。近隣の住民からどんなに批判されようとも、出店も閉店も基本的には自由なのである。

国内支店が閉鎖された理由

こうした現状からみると、大蔵省の店舗行政は異常な手法のように見えるが、銀行界は当たり前のように受け入れていた。海外拠点より露骨だったのが国内拠点の制限である。

話が少し戻るが、橋本が市銀連に出向していたとき、北海道の根室支店を閉鎖することになった。東京に新たな支店開設を認める見返りに、どこかを閉鎖せよという大蔵省の指導に基づく措置であった。

従業員組合の委員長から、「閉店オルグに行ってくれ」と指令が下った。飛行機で釧路まで行き、そこから汽車で根室まで行こうとしたが、濃霧で釧路に降りられなくなった。やむなく札幌で降り、汽車で根室に向かった。

真冬だったので、雪の壁の中を走っているようだ。閉店の発表があった翌日にその店に出かけ、行員たちの声を聞くのが役目だ。「こんなところに支店があるのだな」と驚いた。行員は男性だけで16人。余暇の過ごし方を尋ねると、映画を見るか、マージャンをするか、酒を飲むくらいしかないという。支店の中には麻雀卓が4台あった。

男性の行員は閉店しても全員、他の店に転勤できる。女性の行員の転勤が認められていない時代であり、現地の地方銀行に引き受けてもらった。地元出身の優秀な女性が多かったので、地元の地銀は歓迎してくれた。

行員たちの悩みごとや要望を聞き、本部に伝えた。閉店は行員たちの人生を大きく変える可能性があるが、店舗行政を担う大蔵省からすると、「1増1減」のバランスを取ったにすぎない。

根室支店の採算がどうなっていたのかは不明だが、東京の支店開設の犠牲になったともいえる。少なくとも、店舗行政がなければ閉店する必要がない店だった。大蔵省のさじ加減一つで、銀行員たちの生活が左右されたのである。

もっとも、銀行員の国内の転勤辞令は予告なしで直前に出るので、男性の行員にとっては、閉店による転勤も通常の転勤と同じだと受け止める人が多く、混乱はなかった。

4．シティバンクの思惑

30代前半で、重要ポスト「ＭＯＦ担」の補佐に

１９６８年夏、橋本は企画部に異動になる。肩書は調査役で、仕事は大蔵省担当（いわゆる「ＭＯＦ担」）の補佐である。主任調査役の下で、大蔵省に日参する毎日となった。

大蔵省に入省した同期生とはずっと付き合いを続けていたので、友人が多かった。保田博《やすだひろし》（後に事務次官）、内海孚《うつみまこと》（後に財務官）、藤田恒郎《ふじたつねお》（後に北海道銀行頭取）らである。入行して10年あまりが過ぎ、30代前半。大蔵省の同期は課長補佐クラスで、すでに銀行行政を動かす力を持っていた。

ＭＯＦ担は大蔵官僚とのパイプ作りが主な仕事だ。特段の用はないが大蔵省に日参し、よ

もやま話をして帰ってくる。何かをお願いするという機会もなく、夜は一緒に飲みに行ったりしていた。もともと酒席は好きであり、連日のように会合をセットした。

あるとき、親しくなった1人に、「酒が好きな人を4、5人選んでください。こちらは自分ともう1人で行きます」と誘うと、実際に連れて来てくれた。酒豪ぞろいなので最後は桶の中に酒を注ぎ、お互いに柄杓《ひしゃく》ですくって飲んだ。だんだんとみな酔いつぶれていき、ホスト役の2人と、大蔵省側は2人だけが残った。

勘定は、当然のことながら銀行が負担した。とにかく仲良くなるというのが銀行の狙いだった。無駄話も多かったが、酒席をともにするうちにお互いの本音が分かり、よい情報交換の機会にはなっていた。

MOF担は過剰接待の温床として、のちに世間から厳しい批判を受けることになる。しかし、大蔵省が銀行の箸の上げ下ろしまで指導すると揶揄され、「護送船団方式」とも呼ばれた行政手法のもとで、大蔵官僚との窓口役となるMOF担は銀行にとって極めて重要なポストであった。

実際に銀行の中では、エリートと目される人材が配属された。MOF担は銀行員にとって将来の出世を約束されるポストの一つでもあったのである。

ただし、ＭＯＦ担の仕事の内容が生産的であったとはいえない。確かに、大蔵省に日参し、宴席をともにすれば、仲良くなれるだろう。露骨にはできないにせよ、銀行側の要望をそれとなく伝えることはできるし、大蔵省がどのような意向を持っているのかを探るチャンスは増えるだろう。

しかし、酔いつぶれるまで飲まなくても意思疎通は可能だ。監督を受ける側の銀行が宴席の費用をすべて負担するのはやはり問題であろう。銀行はいずれもＭＯＦ担を配属し、大蔵省との関係強化を競い合っていたが、不毛な争いだったといえよう。

一例を挙げよう。ある信託銀行に名物ＭＯＦ担がいた。大蔵省のすぐそばにマンションを借り、とにかく毎日顔を出し、約束が入る限り宴席を設定した。大蔵省内でも彼の顔は有名になり、顔を出すと親しく話をする官僚が増えていった。

そんな彼が銀行から受けていた使命は、証券子会社の設立認可である。証券取引法（現・金融商品取引法）には、銀行は証券業務を手掛けてはいけないとの定めがあった。

１９９０年代、米国からの圧力もあり、大蔵省は銀行に証券子会社の設立を認め、緩やかに金融の自由化を進めようとしていた。大きな方針は決まっているのだから、その信託銀行にも、希望すればやがて認可が下りるだろうが、そのＭＯＦ担には「上位の信託銀行より早く認可を得よ」と指令が下っていた。

信託専業の銀行は7行。資金量の順に7行の順位は決まっていたが、名物MOF担の功績で、その信託は業界内の順位が一つ上の信託銀行より早く認可を得られ、銀行内での評価を大いに高めた。

このエピソードからは、銀行間の競争の激しさとむなしさが同時に伝わってくる。名物MOF担は会社の期待通りの結果を出して満足したかもしれないが、その信託銀行にとってどれほどの意味がある出来事だったのかと問われれば、ほとんど意味がないと答えざるを得ない。

シティバンクが望んだコンサル合弁事業

酒席が好きでもあり、MOF担は性に合っているとも感じ始めていたが、長くは続かなかった。新たなプロジェクトが発生したからである。

同年暮れ、米ファースト・ナショナル・シティ・バンク（後のシティバンク、以下ではシティバンクと略す）会長のジョージ・ムーアから頭取の岩佐凱實（1963年5月に就任）に突然、国際電話が入った。「日本では支店で業務をしているが、支店ではできない合弁事業をやりたい。あなたのところとやりたいのだ」という。

2人はとても親密だった。岩佐は米カリフォルニア州と日本との交流組織を立ち上げ、年に1回、会議を開いていた。日本の銀行家の中で最も国際業務に関心がある人物という評判が米国でも立っていた。米フォーチュン誌が「グローバリスト」という特集をしたとき、表紙にも載ったほどだ。

ムーアは年が明けたら担当者をニューヨークに派遣してほしい、ニューヨークでまず会合を開きたいと要請してきたのである。

橋本は外国部の先輩とともに特命を受け、1969年1月、ニューヨークに向かった。ムーアも同席した会合で、先方の担当者に「何に関心があるのか」と尋ねると、20項目を挙げた。リース、経営コンサルティング、投資信託などだ。

「分かった。我々も研究してみるけど、日本でやる事業だから、むしろシティバンクが担当者を東京に駐在させ、一緒に検討しようではないか」。ムーアは非常にアグレッシブなビジネスマンで、「何でもやってやろう」という意欲をみなぎらせていた。

早速、リチャード・フライタークという担当者が来日した。彼は若いころ、シティバンクの東京支店に勤務した経験がある。日本語はほとんどできないが、日本についてよく知っていた。

ともに検討した結果、銀行の周辺業務とはいっても、それほどできることはないという結論に達した。同年2月、銀行内に企画部を中心とする研究チームが発足し、検討作業に入った。作業の結果を両行のメンバーによるプロジェクトチームで練った結果、1970年7月、「富士ナショナル・シティ・コンサルティング」を設立。同年11月、芙蓉総合リースにシティバンクが資本参加したのである。

富士ナショナル・シティ・コンサルティングへの出資比率は富士銀行が50％、シティバンクが50％の1対1だった。企業の経営上の問題について専門的な立場から助言、指導する。日本企業の海外への進出、外国企業の日本への進出にあたっての市場調査やコンサルティングを手掛けた。

コンサルティングが有料というのは、日本の風土にはなじまないとの懸念があったが、有料サービスは徐々に定着した。

芙蓉総合リースの発足は1969年5月。1960年代後半から技術革新のテンポが早まり、コンピューターのように高額でライフサイクルが短い製品が増えてきたため、商社やメーカーの新たな販路拡大策としてリースに注目が集まった。総合商社を核として、グループごとにリース会社を設立する動きが広がった。

同社は丸紅飯田（後の丸紅）を中心とする芙蓉グループ6社の出資を受け、資本金1億円で発足した。シティバンクとの提携により、同行の系列リース会社のノウハウを吸収でき、外資系企業との窓口を広げられると読んだのである。

シティバンクは同社に当初は20％出資し、後に33％に出資を増やした。シティバンク側は50％の出資を望んだが、丸紅飯田の意向もあるからと、出資比率をおさえた。

アジアでも提携、国際投資銀行を設立

富士銀行側は「これで打ち止めです」と伝えていたが、今度は「アジアで何かできないか」と要請してきた。それで1972年4月、両行の合弁で設立したのが、国際投資銀行、アジア・パシフィック・キャピタル・コーポレーション（ＡＰＣＯ）だ。

ＡＰＣＯは大きな反響を巻き起こした。注目を集めた点はいくつかある。

まず、ＡＰＣＯは日本の銀行が単独で世界有数の外銀と提携した初の事例だった。従来は日本の複数の銀行による協調か、多数の外銀の中の一つとして国際投資銀行に参加する形態が主流だった。

２つ目は、中国を含むアジア・太平洋地域の国々を営業範囲とし、融資の対象も、日本の進出企業はもちろん、現地の企業、さらには現地の政府までも含む広範な点だ。

第3は、証券会社を参加させず、証券の発行、引き受けといった証券業務を直接担うところだ。ＡＰＣＯへの出資比率は富士銀行が30％、シティバンクが70％であり、日本の証券取引法や大蔵省の行政指導の制約を受けなかった。

ＡＰＣＯは邦銀がこれまで参加した対象とは質が異なる国際投資銀行だったのである。

ＡＰＣＯの資本金は６００万ドルで、本社はバハマ諸島ナッソー。営業拠点を香港、シンガポールに置き、１９７２年6月から営業を開始した。

資金調達は、ユーロダラーとアジアダラー市場を中心とする預金の受け入れと債券発行。業務内容は中長期金融を軸とし、証券の引受業務を含むマーチャントバンク業務全般を対象にした。

この時期にシティバンクが前のめりとも思わせる姿勢で富士銀行と提携したのはなぜだろうか。

欧米の銀行が国際化に取り組むきっかけとなったのは、米国企業の海外進出とユーロダラー市場の拡大である。１９５８年に発足した欧州経済共同体（ＥＣＣ）は関税同盟でもあり、欧州への輸出減退を懸念した米国企業は相次ぎ、西欧に進出したのである。

米国企業を追いかける形で、米国の銀行も１９６０年ころから海外に進出するようになる。国際収支が悪化した米国は、金利平衡税の導入（１９６４年）、対外投融資のガイドライン決定（65年）、対外投融資の規制実施（68年）といった資本の流出防止策をとり、ドルの防衛に努めたが、決め手にはならない。海外に進出した米国企業は現地で資金を調達する必要が生じ、米銀も海外で活発に活動するようになる。

米国の国際収支の悪化に伴うドルの流出で米国外にドルがだぶつき、ユーロダラー市場の規模は１９６４年末の90億ドルから１９７０年には５７０億ドルに拡大した。米銀はユーロ市場を積極的に活用して資金を調達したのである。

米銀の欧州への進出は、最初は支店の形をとり、１９６３、64年ころから子会社による進出、欧州の銀行との合弁、欧州の銀行への資本参加といった形態が増えた。

１９７０年ころからは、証券の引き受けや販売、コンサルティングをはじめ、企業金融と直結する活動を展開するマーチャントバンクの設立が盛んになる。多国籍で、多くの銀行や証券会社が参加する組織のため、巨額の融資が可能になった。

１９６９年2月、アジア初の多国籍開発投資会社であるアジア民間投資会社（ＰＩＣＡ）が発足した。ＰＩＣＡには日本を含む世界12カ国、１１２の銀行と企業が参加した。当初の資本金は１６８０万ドルで、本社はパナマに置き、東京とシンガポールに営業所を設けた。戦時から平時に戻りつつあるアジア諸国に政治色がない民間資金を供給し、アジアの民間企業の育成に貢献する狙いがあった。

ＰＩＣＡの設立は、欧米の銀行がアジアに目を向けるきっかけとなる。米銀は欧州だけでなく、アジアや中南米諸国にも進出し始めた。業務の内容もリース、ファクタリング、コンサルティング、消費者金融にまで広がる。

世界規模のフルバンキングサービスを展開し、欧州の大手銀行も後を追った。日本の銀行の国際化は欧米の銀行よりやや遅れたが、１９７０年代に入ると急速に進んだ。

シティバンクの攻勢の背景には、こうした流れがあったのだ。

【参考文献】
1. 小田実『何でも見てやろう』（河出書房新社、1969）：65～66
2. 前掲書：44～46
3. 平川洌『カムカム エヴリバディ』（NHK出版、1995）：89～92
4. 前掲書：2～3
5.『歎異抄』（岩波文庫、1931）：40～41
6. 前掲書：12～14

第2章

オイルダラー争奪戦

——石油ショックで成長に急ブレーキ

1971~1984年の重要な出来事

1971年 8月 ニクソン・ショック＝ニクソン米大統領、ドル防衛のための経済緊急対策を発表、金とドルの交換を停止

1971年 10月 第一銀行と日本勧業銀行が合併し、第一勧業銀行が誕生

1971年 12月 スミソニアン協定＝米ドルへの固定レートを変更、1ドル＝360円を308円に切り上げ

1973年 1月 ベトナム和平協定調印

1973年 3月 為替の変動相場制が開始

1973年 10月 第4次中東戦争開始

1973年 10月 第1次石油ショック＝アラブ石油輸出国機構（OAPEC）、原油生産の削減と公示価格の引き上げを決定

1974年 6月 西独、ヘルシュタット銀行の営業停止

1976年 1月 キングストン合意＝金とドルとのレート固定を撤廃

1978年 12月 第2次石油ショック＝石油輸出国機構（OPEC）、原油価格の引き上げを決定

1981年 6月 大蔵省、「銀行行政の自由化、弾力化」を発表（配当、広告、国際業務の規制緩和）

1982年 8月 メキシコが対外債務危機

1984年 2月 第1回「日米円・ドル委員会」開催

1984年 5月 米金融当局と民間銀行、米コンチネンタル・イリノイ銀行への救済措置を発表

1984年 5月 大蔵省、「日米円・ドル委員会報告」と「金融の自由化と円の国際化についての現状と展望」を発表

解説

高度成長期は、ニクソン・ショックと第１次石油ショックという２つのショックを契機に終焉し、日本経済は年率５％程度の安定成長期へと移行する。

１９６０年代後半から日本の国際競争力は高まり、経常収支の黒字が定着した。対照的に米国では経常赤字が続き、ドルに対する信認が揺らぐ。１９７１年、米国は金とドルの交換を停止し、ドルの固定相場制を放棄した（ニクソン・ショック）。

さらに、１９７３年、第４次中東戦争を引き金とする第１次石油ショックは、石油を輸入に依存する日本に大きな影響を与え、物価急騰、景気後退、経常赤字を引き起こす。金融引き締め政策や一部品目の価格統制で物価は落ち着きを取り戻し、１９７５年には景気が回復した。

第１次石油ショックの後、省資源・省エネの経済構造を築き上げた効果もあり、第２次石油ショックの影響は第１次ショックのときほど大きくなかった。国内市場の成長力が弱まる中で、日本企業は輸出を増やすとともに、海外での現地生産、現地販売も拡充する。海外での資金需要が増え、邦銀は海外に進出した日系企業への融資を増やしていく。

一方、欧米の有力な金融機関は石油ショックで産油国に流れ込んだオイルダラーを取り込み、中南米諸国に供給する「リサイクリング」に注力し、邦銀もその流れに乗ろうとした。ただ、日系企業向け融資にせよ、中南米向け融資にせよ、邦銀の融資全体の中では規模が限られていた。

橋本は、ロンドン市場での起債業務や、米国のノンバンクの買収を通じ、国際業務に新風を吹き込む。

1. 第一勧銀に奪われたトップの座

シティバンクとの共同プロジェクトの目処が立った1971年、橋本は国際企画部に異動した。同部に籍を置き、同年4月、従業員組合の委員長に就任したのである。

任期は1年。前任の委員長は同期生で、ある時期に「次の委員長をやらないか」と相談を受け、「やっていいよ」と快諾した。従業員組合執行部の部屋は銀行の建物の中にある。7人の専従がいて、それぞれ担当を持っていた。組織、賃金、福利厚生、労働時間、合理化、「組合通信」の編集と書記だ。

市中銀行従業員組合連合会（市銀連）に出向していたときに閉店への対応を経験したが、この年も国内支店の閉店への対応を迫られた。青森県の弘前支店である。組織部長と2人で支店を訪ね、行員の話に耳を傾けた。

男性は、これまでの閉店と同様に全員転勤する。女性も希望すれば転勤できるように会社側と交渉し、初めて実現した。弘前支店の店舗を譲渡した、地元の相互銀行に移った女性が多かったが、３人は転勤を希望した。

最大の課題は賃上げだ。消費者物価は大幅に上昇していたが、物価上昇の圧力をはね返すように積極的に実質賃金の向上を目指した。

市銀連は総枠14％の共闘基準案を決定した。この案にのっとり、総枠14％の要求書を提出し、５月に実質14％の回答を銀行から引き出した。

広がる週休２日制、人材の確保を狙う企業

１９６０年代後半になると、銀行では事務の機械化や合理化が急ピッチで進む。銀行による時間管理も厳しくなり、労働密度の高まりを訴え、余暇の拡大を求める声が高まっていた。従業員組合は１９６７年から時短闘争に取り組んだが、交渉は進展しなかった。社会全体でも、労働時間の短縮ではなく、休日の増加で時短を実現する流れができてきた。

１９７２年2月、銀行側は、①現在の月１回の土曜日特別休日にさらに平日の特別休日を月１回追加する、②1週当たり1時間44分の実働時間を短縮し、現在の1週40時間58分を、39時間14分とする、③対象者は全従業員、④実施時期は１９７２年４月１日、と回答した。

この回答は、終業時刻の繰り上げを果たそうとする組合要求の趣旨とは異なるため、13回にわたって銀行側とやり合った。

しかし、銀行側は、①大半の企業が5時以降の終業であり、他行もすべて5時以降の終業となっている、②休日増による時短が最近の社会動向である、③銀行の公共的・社会的性格から社会一般の動向を無視できない、④今回の改定により週1時間44分の時短となり、従業員の福祉向上と健康増進には極めて効果が大きい、として態度を変えなかった。

組合としても、社会の動向や銀行の公共性の側面を無視はできず、銀行側の回答には一定のメリットもあると判断し、3月に妥結し、交渉は幕を閉じた。

全体の流れを整理しておこう。高度成長期は労働力が足りず、企業は人材の確保に苦心した。1963年から週休2日制を導入する企業が増えたのは、採用活動を有利にするためだった。

富士銀行は1964年11月から、交代制による月1回の週休2日制を導入した。1970年代に入っても人手不足が続く。1970年以降、中途採用を増やし、71年4月には5時終業体制に移行した。1972年4月から週休2日制を月2回に増やした。

また、1971年4月から連続休暇制度を導入、交代制の週休と有給休暇を組み合わせ、年に1週間連続の休暇を1回、3日連続を1回、取れるようにしたのである。

物価の上昇も激しく、人手不足の影響もあって賃金は大幅に上昇した。1970〜75年の消費者物価の上昇率は7・7、6・1、4・5、11・7、24・5、11・8、大手企業の春闘での賃上げ率は18・4、16・9、15・2、20・0、32・7、13・1である。

給与水準は大幅に上昇した。1970年の大卒男子の初任給は全産業で3万7千円、都市銀行は3万9千円だったが、1975年にはそれぞれ8万4千円、8万5千円に上がっている。

第一勧業銀行が誕生、預金量1位の座を明け渡す

労働組合の活動は従来と大きく変わらなかったが、外の世界に目を向けると銀行を取り巻く環境は大きく変化しつつあった。

1971年は高度成長期が終わり、低成長期に移行し始めた年である。国内では、長く続いた高度成長の副作用で、都市の過密化、社会資本の立ち遅れ、労働力の不足、公害問題が顕著になり、消費者運動も盛んになった。

日本の銀行界にとって大きな出来事もあった。同年3月、第一銀行と勧業銀行が10月に合併し、第一勧業銀行になると発表したのだ。富士銀行は、戦後から続いていた預金量1位の座を明け渡すことになったのである。

同年5月、頭取に就任した佐々木邦彦は就任のあいさつでこう語った。

「今日の時代は、当行をとりまく経営環境が急激に変化する時代であり、昨日まで当然のこととして考えられていたものごとの価値判断が、もはや通用しなくなるといった可能性すらあります。

こうした時代であるからこそ、大切なことは、変化に目を奪われることなく、基本に立ち返り、日々の努力の積み重ねに全力をあげることであります」

佐々木は10月の支店長会議で第一勧業銀行の誕生に触れ、「これまで当行の経営政策の基本に預金第1位の維持ということがあっただけに、今後当行はいかなる道をとるのかということが問題となりましょう。しかし当行の努力の不足で第1位の座をゆずったわけではないのだから、力を落とす必要は全くありません。これまで通り日々の努力を積み重ね、大いに実力をつけ、当行の業績を向上させていくことが大切であります。そうすることが、将来において再びトップバンクの地位を回復する道でもあります」と語った。

そして、同年11月、地域ナンバーワンの目標を打ち出した。全支店がそれぞれの営業圏でサービス、親しみやすさ、業績も含めてナンバーワンを目指す運動である。預金量1位の座を奪われたショック、悔しさは大きく、何とか士気を保とうとしている様子が分かる。

もともと2番手以下の銀行であれば、順位が落ちてもそれほどダメージはなかったかもしれない。預金量トップのプライドが、長く銀行全体のアイデンティティになっていたため、他の項目で1位になろうと努力したのだ。

しかし、その後の軌跡を先取りしていえば、銀行界トップの座にこだわるあまり、バブル期には収益ナンバー1の座を目指して住友銀行（現・三井住友銀行）との間で「FS戦争」と呼ばれる融資競争を繰り広げ、後に大量の不良債権を抱え込んだ。

バブル期の過剰融資の源流をたどると、第一勧銀の誕生時に経営者や行員が感じた悔しさに行き着くのである。

「ニクソン・ショック」、固定相場制から変動相場制へ

国際情勢は国内以上に緊迫していた。背景にあったのは米国の凋落である。米国の地位は1960年代から次第に低下し、国際通貨体制を主導するだけの実力はなくなりつつあった。

1960年代後半からベトナム戦争への介入を強化し、ドルの流出が続く。米国の国際収支は1950年代から赤字に陥り、70年には赤字が107億ドルに拡大した。1971年になっても米政府は景気拡大策を継続し、ドルの信認が急速に低下した。

対照的に日本の国際収支は、重化学工業製品の輸出が好調で、1968年から黒字幅が拡大した。日米の国際収支の格差を背景に、円の切り上げを求める声が世界で強まったのである。

しかし、仮に円が切り上げになれば、日本経済は大きな打撃を受けるとの見方が国内では大勢であり、1ドル＝360円の為替レートの維持が日本政府の命題であった。

1971年5月、欧州で大規模な為替投機が起きた。日本の産業界は、円の切り上げに伴う為替リスクの発生を想定し、輸出前受金を繰り上げて取り入れるなどの対策をとる。日本

1971年8月15日、ニクソン大統領は90日間の物価・賃金の凍結を発表
（Everett Collection/amanaimages）

の国際収支の黒字幅はさらに拡大し、過剰流動性が発生した。

１９７０年夏から71年まで国内景気は低迷しており、政府は景気刺激策を打ち出し、金融も緩和した。その結果、インフレが進行した。

１９７１年8月、ニクソン米大統領は国際収支の悪化を食い止め、ドルを安定させるために緊急対策を発表する。輸入課徴金の実施、対外援助の削減とともに、ドルと金との交換の停止を掲げた。

戦後から続く金ドル本位制は崩壊し、主要国は固定相場制から変動相場制に移行した。いわゆる「ニクソン・ショック」が起きたのである。

橋本はカンザス大学で教授から話を聞いていたため、いつかはこんな事態も起きるだろうと考えてはいたが、まさかこのとき起きるとは想像もしていなかった。外国為替相場が動き出し、国際金融の激動を感じさせた。

１９７２年4月、頭取の佐々木は支店長会議で国際情勢についてコメントしている。

「世界政治、世界経済の多極化は、我々にとって視野の拡大、マーケットの拡大を意味します。同時に、自由競争の原理がよりシビアーに貫徹される世界、創造力、判断力、実行力の差がより色濃く業績に反映される世界に我々が巻き込まれたことを意味します。これまでになく変化の激しい実力競争の時代であると言えます。

最近のわが国の経済力伸長には目覚ましいものがあり、国民総生産は自由主義世界第2位、世界貿易の輸出に占めるシェアも7・7%に達し、貿易収支は西ドイツを凌いで最大の黒字幅を記録するにいたりました。国際的なひろがりでの技術提携、資本提携が活発になるとともに、わが国の企業は発展途上国の経済開発など多角的な活動を世界的スケールで展開しております。

視野が広く、構想は雄大、行動はエネルギッシュであることをいよいよ要請されております。銀行も例外ではありません。これまでのように外国為替取扱高の増強に努めることはもちろんながら、さらに現在の常識を突き破る多角的活動を次々に創造し、これを国際的規模で展開していかなければなりません。

当行は既に、アジア、アフリカ、南米など発展途上国の企業に対する投融資を目的とする投資会社、オーストラリア、大洋州での開発投資を目的とする金融会社、ヨーロッパの企業に中長期資金、金融サービスを提供する投資会社などに資本参加していることはご承知の通りであります。リース業務、経営コンサルティングをおこなう合弁会社も設立しております。

当行は物資、技術、頭脳、資本が交流する日本経済の本格的国際化の潮流に対応し、広大な海外のフロンティアに挑戦するため、創造的で逞しい海外活動に従事していかねばなりません」

2. 産声を上げたロンドン証券現法

１９７２年夏、橋本は委員長の仕事を終え、国際企画部に戻る。国際戦略の企画立案に携わる中で浮上してきたのが、ロンドンでの証券業務であった。

米国が１９６４年に金利平衡税を導入してもドルの流出は止まらず、ロンドンのユーロマーケットが広がっていた。ユーロダラーを調達してユーロダラーを貸す動きが活発になったのである。

ニクソン・ショックもあり、ロンドンが世界の金融センターの地位を確立していく。日本企業もロンドンの債券市場で資金調達をしようと考え、ユーロボンドを発行する兆しが出てきた。

そこで、銀行としては、こうした企業にどのようにサービスを提供するのか。それでは、ロンドンに証券会社を作ろう。ただ、銀行はそれまで証券業務というと国債の引き受けくらいしか経験がない。ノウハウの点で、やはりロンドンの有力なマーチャントバンクと合弁でスタートするのがよかろうと結論づけた。そして、合弁の相手を探すことになった。

ロンドンに赴任し、合弁会社の社長に

一方、ロンドンのマーチャントバンクも、日本のどこかと組みたいとの意向を持っていた。なぜか。日本の銀行が取引をしている企業の主幹事業務を取るためには、日本の銀行と手を組むのがよいと考えたからだ。

富士銀行が選んだのは、クラインワート・ベンソンというロンドンの老舗マーチャントバンクであった。橋本は新会社設立の企画を担っていたが、いよいよ設立の時期になると、「企画を担当してきたお前が行って会社を作れ」という展開になった。

ロンドンへの赴任が決まったとき、イギリス英語を学ばなければならないと思った。英国人の会話のテープを毎晩、聞きながら眠った。米国の英語とはまるで発音が違うと実感する。英国人は米国の英語を軽蔑しているところがある。だから、ちゃんとしたイギリス英語を話さなければならない。例えば、get の過去形の got は、米国では「ガット」と発音するが、英国では「ゴット」である。何とか対応し、イギリス英語を身につけた。

ロンドンに赴任し、1973年7月、同社と富士銀行の折半出資で「富士クラインワート・ベンソン・リミテッド」を設立した。設立の手続きを終えたあと、すぐには仕事がない。フランス・フォンテーヌブローのインシアードという名の経営大学院に3週間、研修に行った。大学院のそばには、1814年、亡命する皇帝ナポレオン・ボナパルトが親衛隊に別れのあいさつをしたとされるフォンテーヌブロー宮殿がある。

橋本は、「アドバンストマネジメントコース」をとった。授業は英語。大学院のリーダーのアンリ・クロード・ドゥ・ベティニィはフランス人だが英語で話す。日本通で著名な人であった。

欧州の企業は日本の企業から学ぶことが多いと盛んに言っていた。日本企業が成功していたからだろう。ソニー、キヤノン、新日本製鉄をはじめ、日本企業が非常に元気で成長していたころである。

研修が終わってからロンドンに戻る。妻と長女、長男も呼び寄せた。オフィスはクラインワート・ベンソンの本社の中の一室を借りた。肩書は、合弁会社のジェネラル・マネジャー(社長)である。富士銀行のロンドン支店長と、相手方の役員が取締役として入り、その下で社長を務める体制であった。

常駐メンバーは、先方から来たジョイント・ジェネラル・マネジャーのニコラス・フィッツハーバート、女性の秘書も加えて総勢3人の小所帯だ。

世界経済が激震の中、合弁会社が船出

さあ、これからだというとき、世界に激震が走った。1973年10月、第4次中東戦争が勃発。

アラブ産油国は石油の供給を制限し、戦争を有利にしようとする。供給不足による値上がり傾向に追随して、公示価格を4倍近く引き上げた。1970年以降の1・5倍の引き上げと合わせると6倍の引き上げである。

石油の値上がりは、世界にインフレをもたらした。各国はインフレ抑制のために金融引き締め政策をとったため、世界経済は戦後最悪の不況に陥った。第1次石油ショックが発生したのである。

日本の景気は1972年に入ると回復基調に転じたが、円切り上げが景気を冷やす恐れがあるとみた政府は引き続き、景気刺激策をとっていた。

1972年7月に誕生した田中角栄内閣が打ち出した「日本列島改造論」は、これに拍車

をかけた。積極財政と金融緩和で国内需要を刺激し、輸出の減少と輸入の増加で国際収支の黒字を縮小し、円の再度の切り上げを防ごうとしたのだ。インフレが急速に進行し、企業の余剰資金は土地や株式に向かった。

転機となったのは１９７３年３月。スミソニアン協定後も米国の貿易赤字が続く中、各国は相次ぎ、変動相場制に移行し、日本も追随した。国内景気の過熱と輸入原材料の値上がりで、日本の国際収支は赤字に転じたのである。１９７３年に入ると、日本は金融引き締め政策に転換した。

石油ショックは、とりわけ日本を大きく揺さぶった。石油をはじめとする輸入原材料や食料が値上がりし、消費者のインフレ心理が増幅して物価が急騰し、「狂乱物価」と呼ばれる状態になった。

景気は１９７３年末から下降局面に入る。74年度の実質経済成長率は、戦後初めてマイナスとなった。

国際金融市場では、日本の銀行の調達金利に上乗せするジャパン・プレミアムが発生した。富士銀行のロンドン支店も、ユーロダラーの資金調達に窮する場面が出てきた。

合弁会社は、世界経済が激震に見舞われる中での船出となった。立ち上がったばかりの会社に顧客が自ら来てくれることはない。

クラインワート・ベンソンのベテラン社員を連れて一緒に日本企業にセールスに回った。起債をする際には、クラインワート・ベンソンを主幹事、合弁会社を副幹事にしてもらえるように依頼した。

石油ショックは発生したが、セールスは続けた。クラインワート・ベンソンにとって有利だったのは、同社がユダヤ系ではなかったことだ。SGウォーバーグ、ラザードといったユダヤ系はアラブボイコットにあってしまう。

ユーロボンドの起債をするためには、発行したボンドを売らなければならない。ボンドの売却先は中東の産油国である。産油国はアンダーライター（引受先）の中から、ユダヤ系をはずすよう求めた。石油ショックで大量のマネーが産油国にたまっていく。産油国の資金力が高まり、発言力も増したのだ。1年くらいはその動きが続く。

日本企業は起債への意欲を強めていた。最初に手掛けたのがキヤノンのユーロダラー転換社債である。1500万ドルと規模は小さかったが、設備資金に回す目的であった。

1974年6月、キヤノンはユーロ市場で起債し、主幹事はクラインワート・ベンソン、合弁会社が副幹事となった。邦銀の現地法人として初めての副幹事である。

しかし、引き受けたボンドの販売には苦労した。中東へ行って売ろうとすると、「すでに主幹事のクラインワート・ベンソンからどっさり買っているから間に合っています」と断られた。副幹事だとなかなか相手にしてもらえない。

合弁会社であっても、ボンドの販売では親会社はライバルとして振る舞った。日本企業への起債の勧誘については協力してくれたが、ボンドの販売は別だった。結局、売れずに富士銀行や、グループの安田生命保険に買ってもらったり、自社で抱え込んだりした。

ボンドの規模も小さく、労多くして見返りが少ないビジネスといえるが、銀行にとっては将来の証券業務の拡大に向けて経験を積む狙いがあったのだろう。起債そのもので収益を稼ぐことまでは考えていなかった。欧米の銀行の後を追ってロンドン市場に乗り込んだものの、邦銀の証券業務はなお勉強の段階だったのである。

その後、クラインワート・ベンソン社と協力して活動を続けても、証券業務のすそ野は広がらないと判断し、1977年8月、社名を富士インターナショナル・ファイナンス・リミテッドに変更し、数回の増資を経て富士銀行の70%出資とした。

大蔵省の規制下で海外拠点を拡充

銀行の海外展開について整理しておこう。

大蔵省は1970年の資本自由化の一環で銀行業を自由化し、外国銀行に日本への門戸を開くと同時に、邦銀の海外拠点の設立にも前向きに対応するようになったとすでに説明した。ところが、1973年の石油ショック、翌74年のユーロ市場の信用不安を背景に、邦銀の海外支店、現地法人の設置を抑制するようになる。

1977年度から79年度までは、邦銀全体として海外拠点の整備は一応済んだと判断し、海外支店と現地法人は3年間に1カ所認める「3年一巡方式」を採用した。駐在員事務所に関しては、情報収集を中心にするという建前のもとで、1年に1行当たり1カ所だけ認めた。

1980年度には規制をやや緩め、「2年一巡方式」に改める。邦銀は欧米銀行との競争下で国際業務を展開しなければならない。日本企業の海外進出が多様かつ広域になっており、邦銀もこれに対応する必要があるという判断だった。

すでに見てきたように、邦銀は高度成長期の後半ころから欧米の銀行との競争や、日本企業の海外進出への対応を迫られており、大蔵省は1970年代には邦銀による海外拠点の開設を歓迎していたはずだった。その後の反動を経て大蔵省がようやくこうした判断を示したのは、むしろ遅すぎたといえる。

富士銀行は大蔵省の規制のもとで、できる限り海外拠点を増やしてきた。1970年から81年にかけてジャカルタ、香港、シンガポール、ロサンゼルス、トロント、サンパウロ、ベイルート、シカゴ、テヘラン、パリ、シドニー、ヒューストン、シアトル、メキシコ、バーレーン、マドリード、マニラに駐在員事務所を設けた。

このうち、ソウル、ロサンゼルス、シンガポール、シカゴ、香港は1979年までに順次、支店に昇格した。

邦銀の海外進出は支店、駐在員事務所のほか、現地法人、合弁銀行の設立、地場銀行への出資の形態をとった。一部は繰り返しになるが、邦銀が多様な形態をとった理由を列挙しよう。

日本企業の海外活動が単なる貿易取引の段階から現地生産、現地販売あるいは海外の資源開発といった段階に進み、海外での資金調達が活発になった。支店ではできない証券業務をはじめ、多様なサービスを提供する必要が出てきた。

欧米の銀行が日本企業との取引を深めるために、日本の銀行との合弁会社の設立を希望した。同時に、日本の銀行も欧米の銀行のノウハウを吸収するには合弁会社が望ましいと考えた。東南アジアの国々のように、現地の金融機関を保護するために外国銀行に支店開設を認めない場合、現地資本との合弁による進出しか選択肢がなかった。地場銀行との提携は、現地で足場を作るのには有効であった……。

証券界の反対受け、証券業務がストップ

キヤノン債の引き受けに成功し、気をよくしていたところ、突然、暗雲が立ち込めた。設立したばかりの、ヒヨコのような証券会社が幹事団に入るとは何事だ、という声が日本の証券界から沸き上がったのである。

頭取の佐々木が、ちょうど全国銀行協会連合会（現・全国銀行協会）の会長を務めていたときであった。衆院予算委員会でも質問を受けた。

証券界は、「富士クラインワート・ベンソンは、たった1年前に設立されたばかりのほとんど実体のない証券会社である。常勤は3人しかいない。ボンドを販売する力もないだろう。そういうところに重要な引き受けシンジケート団の副幹事をやらせるのは問題だ」と主張したのである。

証券界の主張を受け、その後、実際に大蔵省の担当者がロンドンを訪れた。オフィスをのぞき、「確かに人数は少なく、実体がないなあ」と感想を漏らした。

証券取引法65条に基づき、日本では銀行には証券業務は認められていなかった。そんなときに、海外でなら大丈夫であろうと合弁会社を作ったのだが、証券界の反発は大きかった。信用力が弱い会社が引受シ団に入るのはおかしいという証券界の主張は建前に過ぎず、ライバル会社の芽を摘んでしまおうとする動きにほかならなかった。キヤノンのニーズをキャッチし、起債を促したのは純粋な商行為であり、その行為に証券会社がケチをつけるのは本来、筋違いだ。

大蔵省は証券会社の意向を受けて動き出す。キヤノンの起債はすでに始まっているので、ストップはかけられない。これはそのままにするが、例外扱いとし、以後、当分の間、銀行系の証券子会社や証券現地法人には引受シ団に入るのはよいが、幹事団には入らせないというルールを作ったのである。

幹事団に入らないと、ほとんど玉（販売する外債）が回ってこなくなる。回ってくるのは売れない玉ばかりだ。収益にはつながらない。プライマリーマーケットでのビジネスは当分、開店休業になってしまった。それでは、セカンダリーのトレーディング業務で細々と稼ぐしかないと考えたのである。

そこで、まず副社長として神尾知弘（後に富士銀行専務）、さらに植野道雄（後に同専務）、今井直次郎の若手2人を東京から呼び寄せた。

大蔵省、「3局合意」で急きょ門戸を開放

橋本は時間に余裕ができ、シェークスピアの芝居、オペラや音楽会を楽しんだ。朝の始業は午前9時30分で昼休みが2時間。午前と午後にティータイムもある。午後8時にビルが閉鎖されるので、残業しても短時間で終わる。

銀行幹部が日本から電話をしてもなかなか連絡がつかず、怒っていたこともあったようだが、駐在中は気に留めなかった。

1975年夏、夏休みをとって自動車でスコットランドに旅行をした。ロンドンに赴任した年に初めて現地で自動車の運転免許を取った。自動車を持つことなど、それまでは考えもしなかったが、ロンドンでは必需品であり、日産自動車のダットサンを購入した。自動車の運転がすっかり好きになり、以来、毎週末、家族を乗せて1泊旅行に出かけるようになる。

夏休みはふだんよりスケールが大きな旅行を計画した。スコットランドのエディンバラから北へ向かい、ネス湖を見たあとローモンド湖のほとりで宿泊した。

すると、ロンドン支店の副支店長から突然、電話がかかってきた。「おい、早く帰ってこい。新しいルールができたぞ」。新ルールとは、いわゆる「3局合意」である。

大蔵省銀行局、証券局、国際金融局の3局は1975年8月、海外現地法人による、日本企業の外債引受シ団への参加について、上席幹事は証券系の現地法人とすると定めたのである。幹事団の上位には証券系をつける必要があるが、銀行系も幹事団には入れるという合意である。

ボンドを発行するときに出す公告には、発行会社、発行額、引受主幹事、副幹事、引受シ団の名前が並ぶ。2段目に掲載される副幹事のうちトップは証券系、銀行系はその下に名前を載せよというのである。

ユーロボンドを発行すると、たいていは欧米の証券会社が主幹事となり、日系は副幹事である場合が多かった。証券系と銀行系がともに副幹事になるときは、証券系の序列を銀行系より上にせよという指導である。

なぜ、大蔵省は急に態度を変えたのか。新日本製鉄がユーロ債を発行し、日本興業銀行

（現・みずほ銀行）が設立した証券子会社、ＩＢＪインターナショナルが引受シ団の副幹事になる案件が浮上したからである。

銀行系が幹事団に入るのは当分の間、控えるよう指導していた大蔵省は、今回も例外扱いとするわけにはいかない。そこで、3局合意で方針を転換したのだ。

「3局合意」という呼び名は仰々しいが、興銀の要請を受けた大蔵省の内部の局同士が話し合って決めたというだけの話である。大蔵省がいかに細かい点まで日本の銀行界と証券界に介入していたのかをよく示す出来事である。

3局合意後、銀行系証券子会社は海外での引受業務を増やしていくが、3局合意は1993年の金融制度改革まで残り続けた。

ようやく軌道に乗ったロンドンの証券ビジネス

ロンドン支店の副支店長は、3局合意で銀行系が再び幹事団に入れるようになったのだから、早く起債のセールスに行けと指令した。

「分かりました。なるべく早く帰ります」ととっさに返事をしたものの、自動車で出かけていたから直ちには戻れない。そんなにあわてたところで事はうまく運ばない。それからエディンバラへ戻り、フェスティバルを見てから、英国の西へ向かい、ゆっくりとロンドンへ戻ってきた。10日間ほどの日程であった。

オフィスに戻ると、クラインワート・ベンソンの役員を連れて日本へセールスに行った。起債の勧誘である。

日本企業が外債を発行するとき、場所はロンドンマーケットであっても、意思決定をするのは日本の担当部門だった。起債のセールスをするためには日本に戻る必要があり、ロンドン勤務の期間中は頻繁に日本との間を往復し、各社の財務部長や経理部長に面会を求めた。本店営業部と相談し、起債の意欲がありそうな取引先に狙いを定めた。ロンドンと東京との間はもちろん電話でつながるが、電話料金は高額で、主な通信の手段はテレックスである。それだけでは意を尽くせないので、対面で話をするために往復したのだ。

キヤノンの案件もこうして成功し、3局合意後、日本精工、昭和電工、沖電気工業といった企業の起債を引き出し、引受シ団の副幹事となった。ロンドンでの仕事はようやく軌道に乗る。

ロンドンに赴任している間、日本経済は低成長期に入り、銀行経営にも逆風が吹いていた。1975年になると生産や出荷が回復し、景気は底入れするが、高度成長期のような勢いは戻らない。政府は不況対策を打ち出して公共事業や住宅建設を促し、日銀は再び金融を緩和して景気を刺激した。

１９７５年5月、富士銀行では佐々木が会長に就任し、副頭取の松沢卓二《まつざわたくじ》が頭取に就任した。就任のあいさつではこう語った。

「今日、日本経済はかつて経験したことのない様々な問題、例えばインフレと不況、成長と安定、公益と私益など、相反する諸問題の錯綜する混迷の中にあり、銀行も戦後もっとも厳しく、変化の激しい時代に直面しているといえましょう。

低成長経済下の利ザヤ縮小の中で、経営の効率化をいかに進めていくか、個人、企業、公共という3つの取引部門をいかにバランスよく調和させていくか、さらには銀行に対する社会の要請や期待の大きくなる中で、いかに役に立ち、信頼される銀行を実現していくかは、当行経営の最重要課題であります。

われわれはこの最重要課題に対して、敢然とチャレンジしていく気概を持つことが大切であります。そしてこの課題の実現を図ることが、とりもなおさず当行が日本経済の進展に貢献し、社会の負託に応える道であると信じます」

利ザヤとは、銀行による資金運用の金利と、資金調達の金利との差を指す。運用と調達の金利差が大きくなれば銀行の利益は増え、逆に小さくなれば利益が減る。

高度成長期には、企業の資金需要が旺盛で、銀行が高い金利を提示しても企業は資金を借りてくれた。銀行は安定した利益を確保できたのである。

ところが、低成長期に入ると企業の資金需要は細り、銀行は貸出金利を下げて資金を借りてもらおうとする。一方、調達の中心である預金金利のほうは、インフレの影響による預金の実質的な目減りを少なくするという配慮からそれほど下げられず、利ザヤが縮小したのである。

3. 支店にやってきたナポレオン

1979年5月4日、日本に帰国した。ちょうど英国でマーガレット・サッチャー首相が就任した日である。配属先は国際金融部で、肩書は主任調査役。米国の格付け会社、スタンダード&プアーズの格付けの手伝いをしていた。

そして1980年1月、東京・新橋支店の次長となる。担当は貸し出しと外国為替業務。入行直後に新宿支店に配属になって以来の国内支店での勤務だ。

新橋支店は国内で最大規模の店舗の一つである。取締役が支店長を務める店舗は、大阪、新橋、富士銀行発祥の地である小舟町（東京・日本橋）、福岡、札幌しかない。次長は支店長に次ぐポストで、3人の次長の中では最も格上のシニアだった。

新橋支店の次長は、他の支店の支店長並みのポストだといわれていた。3人の次長は、貸し出しと外国為替業務、営業推進（渉外）、事務をそれぞれ担当した。

新橋支店は大企業、中堅・中小企業から個人まで幅広くカバーし、銀行全体の縮図のような支店だった。大企業では日本石油、専売公社（現・日本たばこ産業）、電電公社（現・NTT）、日本放送協会、日立製作所のグループ企業との付き合いがあった。その後、大企業との取引は本店に集中したが、このときは新橋支店が管轄していた。銀行業務の全体像を頭に入れるのには絶好のポストだったといえる。

取引先の財務部長を訪問し、貸し出しや外国為替、外債発行を推進した。日本企業は証券市場で資金を調達するようにはなってきたが、なお銀行からの借り入れに頼っており、新橋支店も貸し出しを伸ばせた。

わずか9カ月で終わった支店勤務

担当した業務は順調だったが、支店の中では事件も起きた。赴任して間もないころ、ある女性行員が失踪したのである。支店内の男性に恋をしていたが、失恋してショックを受けたようだ。

「行方を捜せ」という指令が下り、心当たりのある場所に向かい、夜中に張り込んだりもした。女性行員の預金口座からお金が引き出されていたので、生存は確認できた。幸い4日目に見つかり、大事には至らなかった。

もう一つは事務上のミスだ。担当者が小切手を日銀の当座預金勘定に入れてもらうとき、小切手の勘定を3桁間違って入力してしまった。そのままにすると銀行が数億円単位の損をしてしまう。担当者が自ら気づき、午前中ぎりぎりに訂正して何とか間に合った。

支店の行員は約150人。次長は人事も担当する。人事では行員の欠点よりはいいところに目を向ける癖があり、考課が甘くなる傾向があった。

新橋支店に配属される行員は優秀な人が多く、マネジメントが楽だと感じる。自分は国際部門を中心に歩んできたが、支店には銀行を支える国内業務を一生懸命に担っている行員たちがいるとの認識を深めた。

労働組合の委員や委員長を務めたときも、支店で働く行員たちの声を聞く機会が多かったが、支店での勤務は、行員の生の声に耳を傾け、姿を見る貴重な経験となった。

富士銀行は戦後、預金量が業界トップに躍り出た。以来、1971年に第一勧業銀行が誕生するまで、1位の座を守る。財閥系ではない銀行として新たな取引先を開拓し、芙蓉グループという新しい集団を形成して貸し出しを伸ばした。

丸紅、キヤノン、日立製作所、日産自動車、日本鋼管といった旧財閥に属さない企業がグループの中核になる。銀行員は社会でのステータスも高く、その中でもトップクラスの地位にある銀行とあって、行員たちはプライドを持って仕事をしていたのである。

支店勤務を始めてから半年後、頭取の松沢が突然、新橋支店を訪れた。支店長と一緒に応接間で話をしていると、「おい、ところで橋本君、国内業務はもうマスターしたかね」と尋ねた。

「いやいや、冗談ではありません。まだ半年ですからダメです」と答えたのだが、その3カ月後の1980年10月、秘書室長代理を命じられる。支店勤務は9カ月で終わったのである。松沢は最初から秘書室に引っ張るつもりだったのだろう。

シティバンクとの間で銀行周辺業務の合弁事業を進めていたとき、総合企画担当の常務が松沢であり、互いによく知る間柄であった。合弁事業の進め方について特に注文をつけず、「ああ、それはいいじゃないか」と認めてくれた。

ふだんから部下にあまりうるさく言わず、仕事を任せてくれるタイプだ。若いころから存在感と貫禄があり、早くから頭取候補と目されていた。頭取になると、松沢は髪型が似ていたこともあって「ナポレオン」というあだ名がつき、銀行界でひときわ目立つ存在となった。

肩書きは「スペシャル・アシスタント・トゥ・ザ・プレジデント」

秘書室に異動すると、肩書は室長代理となった。英文名はアシスタント・ジェネラル・マネジャーである。

経歴をさかのぼると、新橋支店次長はデピューティー・ジェネラル・マネジャー、ロンドンの合弁会社ではジェネラル・マネジャーだった。長男は名刺を見て「お父さん、だんだん偉くなくなるね」と冷やかした。

松沢も少し気にしたのか、異動してしばらくすると「室長代理はそれでいいかもしれないが、秘書役という肩書もつけろ。秘書役を英文名で何にするかは君に任せる」と指示した。それで「スペシャル・アシスタント・トゥ・ザ・プレジデント」という英文名を自分で考えたのである。

秘書室長は「おい、すごい肩書だなあ」と皮肉ったが、松沢は「これでいい」と了承した。日本語の肩書は、秘書室長代理兼秘書役である。秘書室長も秘書役を兼務しており、室長は秘書室全体のマネジメントと頭取が国内支店を訪問するときの随行、室長代理は、頭取が海外支店をまわるときは随行するという役割分担であった。

室長代理は秘書室内の人事も担当した。

さらに、松沢から常務会への陪席を命じられた。常務会の議事録作りが仕事に加わる。常務会には頭取、副頭取、約10人の全常務、担当部長が出席し、1回2時間、月に2回くらい開いていた。

議事録作りはきつい仕事であった。国内業務の重要事項があがってくると、記録を取るが、そもそも国内業務の専門用語がよく分からない。会議が終わると、担当常務や担当部長のところへ行き、「こういうお話がありましたが、どういう意味でしょうか」と聞いて回った。

議事録の作り方も変えた。それまでは発言の順番に記録する形式だったが、まずテーマを書く。その下にテーマの結論を示し、主な議論をまとめた。実際には決まったのか、決まらないのかよく分からない議論も多かったのだが、独断と偏見で結論を明確にするようにした。手書きの文書である。字が大きいこともあり、常務たちには、分かりやすいと評判が良かった。新しい金融商品の開発といった前向きな案件が多かった。

常務会が終わるとすぐに海外出張に出ることもあり、そんなときは飛行機の中で議事録を仕上げた。帰国後に担当常務、担当部長のところに行って質問し、担当常務のお墨付きを得たうえで参加メンバーの間で回覧した。

「ナポレオン」の海外出張に随行

松沢に随行した海外出張では、ＪＰモルガンのトップ、デニス・ウエザーストンとの会談をはじめ、要人との会合が多かった。日本経済についての質問が出ても堂々と受け答えをし、簡潔で分かりやすく説明した。常日頃からよく勉強をしていたのであろう。

１９８１年3月、日本・エジプト合同経済委員会に所属する両国の経済人が会合を開くことになった。

日本側の代表には富士製鉄社長の永野重雄がつき、日本の経済人がエジプトを訪問した。松沢とともにエジプトの地を踏み、カイロを起点にアスワンハイダム、アブシンベル神殿、ルクソール、カルナックを巡った。

カイロで開いた宴会の席にはベリーダンサーたちが登場した。参加メンバーの中では「最若手」だったため、ダンサーたちと一緒に踊らされた。

日本経済は低成長期に入り、銀行の収益環境も厳しくなってきたものの、銀行の屋台骨が揺らぐほどではなかった。銀行、ひいては日本の経済界にはまだ余裕があったのだ。

サウジアラビアへの出張にも同行した。金融当局にあたるサウジアラビア・マネタリー・オーソリティ（ＳＡＭＡ）の総裁に会う予定を立て、その前夜にバーレーン事務所長の自宅で食事をしていると、松沢が急に無口になった。

心配して「どこか具合が悪いんですか」と尋ねると、「いや、今さっきタコを噛んだら入れ歯が壊れちゃったんだよ」。前歯が2本欠けてしまったのだ。「ＳＡＭＡ（サマ）にお行きになるのに、その歯ではサマになりませんね」と言うと、「冗談じゃないよ」と苦笑いをした。

そこで、あわててロンドン支店に連絡を取った。松沢は夫婦同伴で来ていたのだが、夫人はサウジアラビアには来ず、ロンドンにとどまっていた。松沢は歯の治療中で、予備の入れ歯を夫人のスーツケースの中にしまっていたのだ。若手行員がロンドンからバーレーンまで飛脚役となって入れ歯を届けてくれた。「それでサマになった」。

脱線するが、橋本は日本語のダジャレが好きである。若いころからの習慣であり、そんな姿だけを知る人たちは、英語やキリスト教の話をすると、驚くことが多い。おどけたり、ふざけたりするのも好きで、会話中も笑いが絶えない。

実力会長が君臨、狂い始めた歯車

1981年6月、松沢は会長となり、副頭取の荒木義朗が頭取に就任した。秘書室の主が交代したのである。

荒木はスマートで明るい紳士。京都大学のバスケットボール部出身のスポーツマンだ。営業部門のエースの一人で、酒にめっぽう強い。取引先との付き合いがうまく、人気があった。

趣味も多く、ゴルフはシングル。自動車の運転が好きで、多少の故障なら自分で車の下に入って修理してしまう。

生け花、バラの栽培から写真の撮影まで手を広げていた。一緒に出張するとあちこちを撮影し、帰国するとアルバムに入れてプレゼントしてくれた。「私が逆にこうしないといけないのだが」と恐縮した。

荒木の海外訪問は、海外の主要マーケットに新頭取としての自分を披露するのが目的であった。ニューヨーク、ロンドン、デュッセルドルフ、チューリッヒ、シンガポール、ジャカルタ、香港と駆け巡った。

最初の訪問先は中国の北京と天津である。鄧小平の改革開放路線が始まったばかりで、まだ経済は発展していなかった。男女ともに人民服を着ていて、空気は澄んでいた。早朝に起きると路上で多くの人が太極拳をやっている。

北京で取引先を招待し、食事をすると、昼間でもマオタイ（茅台酒）が出る。ここぞとばかりに勧めてくる。マオタイを飲むときは、その前に「ますますのご発展を」といった具合に、一言あいさつをしなければならない。自分自身も酒は好きで強いほうだったが、こんな席でも荒木は頼りになる存在であった。

銀行の経営者を世代論の視点でとらえてみよう。

1960年代の銀行のトップでは、三菱銀行頭取の宇佐美洵《うさみまこと》（後の日銀総裁）、富士銀行頭取の岩佐凱實、日本興業銀行頭取の中山素平《なかやまそへい》が「三羽ガラス」と呼ばれ、大きな存在感を示していた。

1965年、山一証券が経営危機に陥り、証券恐慌が起きたとき、蔵相の田中角栄と、日銀総裁に就任していた宇佐美、岩佐、中山が中心となり、日銀特融を実施して事態を収束させた。

三羽ガラスは明治生まれであり、銀行に入った前後に昭和金融恐慌を経験している。ブレトンウッズ体制以前の変動相場制の時代も知る、修羅場をくぐってきた人材である。首相の助言役を務め、大手企業の合併を主導することもあった。まさに国を動かす力を持っていたのである。

銀行の経営者が「実力者」として再び注目を集めるようになったのは１９７０年代後半から80年代初めだ。三菱銀行会長の中村俊男、富士銀行会長の松沢卓二、住友銀行会長の磯田一郎、三和銀行会長の渡辺忠雄らが実力会長として君臨していた。

明治末期から大正生まれが多く、戦後の混乱期を経験している。時には大蔵省との闘いも辞さず、規制のもとではあったが、他行と激しい競争を繰り広げた。

実績を残した彼らが実力会長として残り、１９８０年代に入ったころから歯車が狂い始める。高度成長期から低成長期に転換する中でも、拡大路線を続けたのである。実力会長の後継者たちが、この路線を修正できないまま、１９８０年代後半に突入したのだ。

4. ヘラー社買収、暗号は「ホリデー」

ユーロ市場の不安、そして第2次石油ショックへ

1982年4月、秘書室を離れ、国際企画部の副部長となった。

1970年代以降の国際金融情勢を改めて振り返っておこう。

1973年の石油ショックは世界経済に大きな打撃を与え、国際金融の面では石油消費国の原油代金の支払い増加と、産油国が蓄積したオイルマネーの市場への放出で、74年の前半にユーロ市場は急速に拡大した。

半面、石油価格の引き上げで、石油資源を持たない発展途上国の赤字が膨らみ、多額のユーロ資金の借り入れの返済が問題視されるようになった。多額の短期資金が中長期ローンに

固定されている状態への疑念も生じた。次第にユーロ市場への不安が広がり、一部の投資家はユーロ市場から資金を引き揚げ始めたのである。

１９７４年5月、米国のフランクリン・ナショナル銀行、同年6月、西独ヘルシュタット銀行が経営破綻し、信用不安が広がった。

ユーロダラー金利は年15～16％の高水準となり、資金を求める日本の銀行に対して、上乗せ金利（プレミアム）が発生した。金利を払えば資金を調達できるうちはよかったが、そのうち資金が枯渇し始め、必要な資金の確保が難しくなっていく。

富士銀行のロンドン支店長はこう述懐している。

「ユーロ取引は契約の2日後引き渡しですから、例えば現在借りている3カ月ものの期日が2日後に来るとすれば、その資金は今日中に手当しておかなければならないのです。ところがその資金手当てを市場でつけるのは大変でした。これは当行だけでなくどこも皆そうだったのです。

毎日、ロンドンのシティの中で資金の取り入れをするのと併行して中近東、ヨーロッパ大陸、さらにカナダのマーケットという具合に、次々と時差をフルに活用して金集めをやる。それでも足りない分はニューヨーク支店にバトンタッチして、米国市場で金を集める。これらを東京の本部が集約して、当行の外貨の資金繰りに万全の体制をとりました。

そんなときに英国の親密な銀行が、当行の要請に応じて資金を出してくれて最悪の状況を切り抜けたときは本当に嬉しかったですね。市場の混乱のこわさをつくづく実感しましたが、同時に当行の国際的信用力について自信を強めました」

ユーロ市場の不安に対応し、日本の大蔵省は1974年7月から現地での短期貸し出しの増額を停止し、中長期ローンの新規契約を禁止した。同年9月と10月、サウジアラビア中央銀行から合計10億ドルの借款を受け、外国為替銀行への預託に回して外貨の資金繰りの緩和に努めた。

ユーロ市場での銀行間の貸借は1974年7～8月、激減したが、同年9月、主要10カ国の中央銀行総裁が各国の銀行に対する責任と緊急時の支援を確認する声明を発表すると、ユーロ市場は徐々に落ち着きを取り戻す。

金融機関が企業に外貨を供給する方法は、短期の貸し出しから外債引き受け、中長期ローンへと広がってきたが、ユーロ市場の混乱の影響で一時、停滞した。

日本企業による外債発行は1961年から始まり、資金調達の多様化、企業名の海外でのPRを狙いに増え続け、1969年には13件、2億7000万ドルに達した。日本の国際収支の黒字が累増したため、大蔵省は１９７１年から抑制した。しかし、石油ショック後に国際収支の悪化が予想され、再び外債発行を認めたのである。

１９７３年12月、外国で外債を発行して得た資金を外国で使う「外—外」の外債、74年11月から外国で発行して得た資金を国内に持ち込む「外—内」の外債発行を認めた。日本の外債発行は、１９７３年の３９００万ドルから75年は16億ドル、１９７６、77年はともに20億ドルに達した。発行市場もユーロ市場から西独やスイス市場にも広がる。

中長期ローンも次第に回復してくる。１９７５年に入り、日本の国際収支が好転すると、大蔵省は円建てローン、円建て債を認めるようになり、同年7月のフィンランド国債から増え始めた。

外貨建ての中長期ローンは１９７４年の規制後、約定残高が急減したが、中南米諸国からのローン供与の要請が相次いだため、76年11月、大蔵省は規制を緩和する一方で外貨債務に対する準備率を導入する。

１９７７年5月には中長期資金を調達できれば中長期ローンを許可する方針に転換し、再び中長期ローンが活発になった。１９７９年6月までの2年間で外貨建て中長期ローンの残高は、80億ドルから２２０億ドルに急増した。

石油ショックが発生するまでの世界の経常収支は、経済協力開発機構（ＯＥＣＤ）諸国と石油輸出国機構（ＯＰＥＣ）諸国の黒字、非産油開発途上国の赤字が定着していた。

１９７３年の石油ショック後、ＯＰＥＣ諸国の黒字が急増し、非産油開発途上国の赤字が拡大した。１９７９年以降、産油国は石油価格を再び大幅に引き上げ、第２次石油ショックが発生する。

ＯＰＥＣ諸国は黒字、ＯＥＣＤ諸国と非産油開発途上国の赤字が急拡大した。ＯＰＥＣ諸国に累増したオイルマネーの「リサイクリング」と非産油開発途上国の累積債務が大きな問題となった。

米国戦略の練り直しのため、国際企画部に赴任

橋本が国際企画部に赴任したのは、米国戦略を練り直すためであり、副部長は特命のポストと言ってよかった。

国際企画部が取り組んできたテーマは、やはりオイルダラーのリサイクリングだった。邦銀と欧米の銀行は、産油国にたまっていたオイルダラーを借り入れたうえで、資金不足の中南米諸国に貸し出していたのだ。

ところが、1982年の4月時点では、中南米諸国のカントリーリスクが高まり、これ以上、中南米向け融資を増やすのはよくないとの見方が強まる。国際戦略を抜本的に見直すべきだと判断したのである。

それではどうするのか。そこで着目したのは米国市場であった。日系企業が全米各地に数多く進出している。カントリーリスクが小さい。世界最大の単一マーケットである。ドルの供給源であり、政治と経済が安定している、といった理由からだった。

大手米銀は、ドル高を嫌って地元の大手企業が海外進出するのを追いかける形で米国外に進出し、やがて傷を負うが、米国には広大な中小企業向け貸出市場があり、邦銀が進出する余地が大きいとみたのだ。

米国にはすでにニューヨーク、ロサンゼルス、サンフランシスコ、シカゴ、アトランタ、ヒューストンに拠点があった。ただ、ニューヨークやロサンゼルスは支店といってもエージェンシーであってブランチではなく、預金の受け入れができなかった。

お金の貸し出しはできるが、資金調達は、借り入れやマーケットでのコマーシャルペーパー（CP）発行に頼らざるを得ない。資金を借り入れて、それを貸し出しに回していた。

広い米国市場からみると、支店は点のような存在でしかない。米国の全域に営業基盤を広げられないかと考えた。

目をつけたのがミドルマーケットで、営業基盤を作る手立てを模索した。

米国戦略についてコンサルティングを受けるため、スタンフォード・リサーチ・インスティチュート（ＳＲＩ）という研究所と契約を結んだ。契約は１９８２年3月。国際企画部の副部長に就任する直前であり、赴任したときはちょうどコンサルティングが始まったところだった。

１９８２年7月、ＳＲＩは全米に拠点網を持つコマーシャル・ファイナンス・カンパニー（商業金融会社）を買収するのがベストだという報告をまとめた。米国の中小企業を対象に貸し出しをするノンバンクがよいと助言したのである。

ノンバンクの買収を進言した理由はもう一つある。実は、富士銀行は支店のほかに、富士バンク・アンド・トラスト・カンパニーという現地法人をニューヨークに設立していた。預金業務も認められており、主に日本企業の従業員の預金を受け入れていた。

米国には州際業務規制があり、州を越える銀行業務は禁じられている。仮にニューヨークの外部にある銀行を買収すると、この現地法人を閉めなければならない。それは惜しい。買収する対象がノンバンクなら、こうした心配をしなくてもよい。

助言を受け、同年11月4日、全米に拠点網を持つコマーシャル・ファイナンス・カンパニーを買収するという基本戦略を決定した。この時点では具体的な会社名は特定していない。

買収の最有力候補に躍り出たヘラー社

11月11日、米国の投資銀行、ソロモン・ブラザーズの営業担当が絶好のタイミングで来日し、銀行を訪れた。補佐役の小原之夫《おばらゆきお》（後にみずほ銀行副頭取）とともに面会したところ、米国のヘラーという会社が売りに出ているという情報をもたらした。

他の邦銀にも、米国の銀行にも話をしているという。この時点では旗幟を鮮明にはせず、話を聞くだけにとどめた。あまりのタイミングの良さに、SRIから情報が流れているのかとも思ったが、真相は不明だ。

そのあと、SRIと共同で米国のファイナンス・カンパニー上位100社を調査した。その結果、ヘラー社が最有力候補であると役員室に報告した。ヘラー社は上位100社のうち5位の会社であった。

ヘラー社は、シカゴに本拠を置くファイナンス・カンパニーである。持ち株会社「ウォルター・E・ヘラー・インターナショナル・コーポレーション」が「ウォルター・E・ヘラー・

ンパニーと、ヘラー・オーバーシーズだけでよければ買収を検討するというスタンスだった。

方、富士銀行の側は州際業務規制の関連があり、銀行は不要だと判断していた。ヘラー&カ

ヘラー社のトップ、フランクリン・コールは、グループ全体を売りたいと考えていた。一

ト・カンパニーという銀行もあった。

株会社の傘下には、シカゴに本拠を置くアメリカン・ナショナル・バンク・アンド・トラス

同社は世界18カ国に26拠点を持ち、フィンランドとノルウェーには提携会社もある。持ち

3400万ドル、従業員約860人であった。

ヘラー・オーバーシーズはファクタリング業務が中心で、総資産約8億ドル、自己資本約

社の総資産は約28億ドル、自己資本は約3億7000万ドル、従業員は約2200人。

全米とカナダの主要53都市に72拠点を持ち、営業範囲が広い。1982年12月末時点で同

米6位、米国内には中小企業を中心に1万社以上の取引先を持っていた。

金融、不動産金融を手掛け、ファクタリングの取扱高は全米1位、商工業への貸出残高は全

ヘラー&カンパニーは1919年に発足した老舗であり、ファクタリング、リース、担保

はニューヨーク証券取引所に上場していた。

ズ・コーポレーション」（ヘラー・オーバーシーズ）という子会社を持っていた。持ち株会社

アンド・カンパニー」（ヘラー&カンパニー）と「ウォルター・E・ヘラー・オーバーシー

交渉を本格的に始めるには、銀行側に立って交渉の窓口となる投資銀行が必要だ。１９８２年12月に入ると、小原と２人でニューヨークに向かい、投資銀行の選定のための調査に入った。

ゴールドマン・サックス、モルガン・スタンレー、ファースト・ボストン、ラザード・ブラザーズを訪問した。２人で検討を重ね、ゴールドマンかモルガン・スタンレーがよいと絞り込む。

帰国後に役員室に諮り、会長の松沢、頭取の荒木、副頭取の端田泰三《はしだたいぞう》と楠川、常務の植村《うえむら》攻《こう》、取締役国際企画部長の平野貞雄の前でプレゼンテーションをした。橋本はモルガン・スタンレー、小原はゴールドマンのほうを推した。12月23日、モルガン・スタンレーのほうを選んだ。

同社のM&A（合併・買収）部門のヘッドはボブ・グリンヒルという世界でならした人物。彼がこの案件を直接、担当するなら契約してもよいという条件を伝えたところ、同社が受け入れたため、選定の決め手となった。

暗号は「ホリデー」、秘密裏に進むビッグプロジェクト

1983年1月5日、ソロモン・ブラザーズに「ヘラー社の買収に興味がある」と回答した。

そのとき、買収のプロジェクト暗号名を「ホリデー」とした。副部長の特命は国際企画部の人間にも知らせていない。米国に頻繁に出張するために不在のことも多い。周囲には「休暇をとっているのだ」と説明していたので、「ホリデー」と名づけたのである。交渉の最中に実名を出していると情報が漏れやすくなるという配慮であった。

ヘラー社の暗号名は「ローマ」。「すべての道はローマに通ず」からヒントを得た。富士銀行は「サンバンク」。買収を仕掛ける偉大な銀行なのだから、太陽の銀行と命名した。するとモルガン・スタンレーはヘラー社を「ムーンバンク」と呼ぼうとした。富士銀行が太陽ならヘラー社は月だというのだが、結局「ローマ」で通した。

1月12日、買収交渉の担当に指名されたモルガン・スタンレーの担当者が来日した。グリ

ンヒルの下にいる2人である。1月24日、再び小原と2人でニューヨークへ出張した。モルガン・スタンレーとの共同作業をするためだ。

ヘラー社の資産内容を精査（デューデリジェンス）するため、公認会計士事務所のピート・マーウィックと、法律面のアドバイスを受けるべく、弁護士事務所のシャーマン＆スターリングとそれぞれ契約した。

前者は資産内容のほか、会計処理の方法、内部管理システム、税務処理について調べた。後者はニューヨーク支店が使っていた事務所で、今回も採用した。ヘラー社が抱えている訴訟、借り入れの特約条項（コベナンツ）、海外でのジョイントベンチャーの合意内容、雇用契約の内容、コマーシャル・ファイナンス・カンパニーにかかる法規制を調べ直した。いわば、法律面のデューデリジェンスである。

ヘラーの持ち株会社は上場しており、会計事務所のアーサー・アンダーセンが監査を担当していた。不良資産の額や、監査意見も公表していたので、公開資料をもとに分析を進めた。それでも、ヘラー社の内部情報を取れるわけではなく、不良資産の実際の額は、公表データより大きく、3倍くらいは覚悟しなければならないと考えた。会計事務所の経験則から、たいていの場合はその程度の水準になるという。

監査意見がついているとしても、経営のトップが隠し立てをすると、会計事務所がそれをキャッチするのは難しい。トップが「これは不良資産ではない」と強弁すると、そのトップに雇われている立場の会計事務所はなかなかその意見を覆せない。

企業と会計事務所との微妙な関係は、公開情報の信頼性に影を落としていた。後日談になるが、アーサー・アンダーセンはエネルギーやIT事業を手掛ける米エンロン社の監査を担当していた。粉飾決算が明るみに出た同社は2001年に経営破綻したが、その行為に加担していたとして、アーサー・アンダーセンは2002年、解散に追い込まれた。

資産査定はほどなく終了した。1月27日、担当者2人に副頭取の楠川が合流し、モルガン・スタンレーの本社を訪ねて協議した。

2月8日、2人とモルガン・スタンレーの担当者はシカゴのヘラー社に乗り込んだ。先方の話を聞き、資産内容についてさらに調べるためだ。ヘラー社には、ソロモン・ブラザーズを通じて「買収に興味がある」と伝えていたが、まだ正式なオファーではない。

ある程度の話はしてくれるが、実体をつかむのは難しい。集めた情報をもとに、モルガン・スタンレーはヘラー社がベストだという結論を出した。富士銀行と契約したモルガン・スタンレーと、ヘラー社と契約したソロモン・ブラザーズは交渉を始めた。

買収価格についてモルガン・スタンレーは、ブックバリュー（帳簿価格）の90％の金額を提示した。帳簿価格は4億ドルだ。すると、ヘラー社は態度を硬化させ、他の競争相手にアプローチをすると回答した。

2月24日、ソロモン・ブラザーズも「競争相手がいる」と伝えてきた。「競争相手はどこだ」と尋ねると、「ロサンゼルスの銀行だ」とだけ答えた。早ければ今週末に話がまとまる可能性があるという。

2月27日の日曜日、荒木、楠川、平野とともに東京・田園調布の植村の自宅に集合した。そこでヘラー社買収を最終決定したのである。松沢はドイツに出張していたため、荒木が連絡を取って了解を求めた。

「皆がそれでいいというなら、いいじゃないか。やりたまえ」と快諾した。夕方に集まり、翌日の午前2時まで議論を重ねる。買収に反対する声は出なかったが、買収価格や競合相手をめぐって様々な意見が出た。その間に地震が起き、橋本は本棚が倒れかかるのを必死で押さえた。

協議が終わった後、ヘラー社のコールに楠川が連絡し、テレックスで買収の希望価格、4億2500万ドルを提示した。

27日の会合までに、ソロモン・ブラザーズからモルガン・スタンレーを経て入った情報によると、競合相手はロサンゼルスの銀行、セキュリティ・パシフィック（セパック）で、帳簿価格の4億ドルで手を打ちそうだという。モルガン・スタンレーは、富士銀行のオファーは4億2500万ドルにする必要があると主張した。

「なぜ2500万ドルも高いのか」と尋ねると、「フォーリンプレミアムだ」という。外国に買われる場合はプレミアムをつけなくてはいけない、米国マーケットへの入場料だと考えてくれ、という説明だった。

またしても足かせとなった「大蔵省認可」

28日午前、楠川は大蔵省銀行局長の宮本保孝《みやもとやすたか》、国際金融局長の大場智満《おおばともみつ》（後に財務官）を訪ね、事情を説明した。2人とも特に反対はしなかった。

その後、緊急役員会を開き、買収の提案について報告し、了承を得た。すると午前11時30分ころ、モルガン・スタンレーから連絡が入る。

「残念ながら、富士銀行のプロポーザルにもかかわらず、ヘラー社はセパックとの間で原則合意した。シカゴ時間の2月28日午前10時、日本時間の3月1日午前1時にプレスリリースをする」。

「もう、あきらめるしかないな」と思いながら、「何が根源的な問題なのか」と尋ねると、「富士銀行の提案には、大蔵省の認可を得られればという条件がついている」のが問題だという。セパックの提案は金額こそ少ないものの確実な内容だ。一方、富士銀行の提案は条件付きでクリーンではなく、確実ではないと認識されたようだ。

経営の重要事項を大蔵省に報告し、了解を得るのが当たり前であったが、競合相手がいる買収交渉では、銀行の意思決定や行動のスピードを鈍らせる要因となっていた。大蔵省による監督行政は、銀行の経営を安定させる半面、経営の足かせにもなっていると痛感する。

「それでもまだ、富士銀行にはチャンスがある」とモルガン・スタンレーは続けた。セパックとは原則合意をしたが、最終合意ではないからだ。大蔵省の認可を得られればという条件をはずし、無条件の提示にせよ。仮に、資産内容を査定して予想外のことがあっても、買収価格を下げないという提示にせよ、と助言したのである。

買収価格を提示した時点では大蔵省に報告をしていなかったし、楠川が大蔵省を訪問したときも、特に反対はしないという程度の反応であって、正式に認可を得たわけではない。

そこで、帰国した松沢、荒木、端田、楠川、植村、平野にはかり、同日午後には買収価格4億2500万ドルのファームコミットメントに切り替えた。ただし、大蔵省の認可を得られればという条件は残っており、ヘラー社からの反応はない。

ヘラー社はセパックとの原則合意の契約を結んだため、第三者との交渉を禁じられているのだろうと、モルガン・スタンレーは説明した。3月5日、楠川、平野とともに再び大蔵省を訪問し、「大蔵省の認可」の部分をはずしてもよいとの了解を取った。

過去最大、4億2500万ドルで買収成立

3月6日、ヘラー社に「大蔵省の認可を得られれば」の文言をはずすと打電した。それでもヘラー社からの反応はない。

「なぜか」とモルガン・スタンレーに尋ねると、「オファーが何度か修正されていて、分かりにくくなっている。改めてクリーンで無条件のオファーだということを示したほうがよいだろう」と助言した。

3月10日、これまでのオファーを整理し、クリーンな形で無条件に4億2500万ドルの買収価格を提示したのである。それでもなお反応がなかった。現地へ行ってプッシュしたほうがよいと判断し、3月13日、植村と2人でニューヨークへ向かった。ホテルに泊まり、態勢を整えた。

すると、14日午前2時ごろ、モルガン・スタンレーの担当者からホテルに電話があり、「今、ヘラー社が富士銀行のオファーを受諾した。セパックとの原則合意を取り下げた」と知らせたのである。意外な展開に少し拍子抜けしたほどだった。

これでヘラー社との間で買収の原則合意が成立した。翌日、プレスリリースをするから、モルガン・スタンレー本社のオフィスに来てくれという。そこで14日早朝、2人でオフィスに行き、原則合意のプレスリリースをニューヨークとシカゴで出すことになった。

ところが、これを東京に連絡すると、「それはまずい。ニュースが外電で入ってきたら困る。まず、日本銀行記者クラブできちんと発表した後にしてほしい」と主張した。

モルガン・スタンレーに伝えると、「日本側の理屈はそうだろうが、これは米国の市場でのことだから、米国市場の規則に従わなければならない。ヘラー社は上場会社だ。上場会社の資産内容に重要な変化が出てくるのだから、ニューヨーク証券取引所の適時開示の規則に従って直ちに発表しなければいけない」と押し戻される。

それを東京に伝えると、「しょうがないな」と受け入れた。直ちに発表することにし、PRエージェントのケクスト社を起用した。3月14日、「富士銀行がヘラー社を買収」というニュースが世界を駆け巡ったのである。

モルガン・スタンレーは、「主要なメディアからは電話でインタビューを受けたほうがよい」と助言した。同社のオフィスで各メディアとつなぎ、植村が1社ずつインタビューに応じた。

日本企業による米国企業の買収では過去最大の規模だ。4億2500万ドルは日本円換算で約1000億円であり、現地で大きな記事になった。ただし、「日本企業による買収」や「日本の脅威」という側面には注目が集まらなかった。

「ホリデー」は終わったが、消えない悩み

富士銀行にとって1000億円は大きな金額だった。買収が決まるとき、経理部長に「こういう買収をすることになったんですけど、どうですかね」と質問をしてみた。するとと意外なことに、「仮に全部損になっても銀行の屋台骨には影響がありません」と即答した。株式の含み益が6500億円あり、「1000億円が全損になってもいいくらいの覚悟でやりなさい」と勇気づけた。高度成長期から積み上げてきた蓄積がいかに大きかったかを示している。

3月15日早朝、ヘラー社買収の原則合意の契約を締結したと日本の関係当局に報告し、同日午後に日本の記者クラブで発表した。この時点では原則合意なので、早く最終合意にこぎつけなければならない。最終合意に向けて大車輪の資産査定と、合意の詳細条項の検討に着手した。

3月17日、銀行内に「拡大ヘラーチーム」が発足した。ようやく「ホリデー」が終わったのである。メンバーは12人。東京に7人、ニューヨークに5人を配置した。

4月12〜15日、ニューヨークのチームがシカゴに出張し、買収契約の原案について交渉した。その間、資産査定も進む。その結果、ヘラー社の資産内容はかなり悪いことが判明した。買収直後に多額の不良債権の償却・引き当てが不可避だ。このまま買収作業を進めてよいのか、責任者として大いに悩む。

役員の一部にも懸念する声があり、買収をやめたほうがよいのではないか、という議論があったが、4月中旬には、既定方針通り買収する方針を固めた。それでも、「本当にいいのかな」ともやもやした気持ちが抜けない。

そんなある日の朝、ニューヨークの宿泊先のホテルの近くにある小さな教会にふらりと立ち寄った。パークアベニューに面している教会であった。

教会に入ったのは久しぶりだった。なぜ急に入ろうと思ったかは分からない。日曜日だったので礼拝をしていた。牧師の話を聞き、讃美歌を歌い、お祈りをした。

そうしていると、ふと「思い悩むな」という聖書の言葉が思い浮かんだ。浮かんだのは日本語だった。

○「思い悩むな」（新約聖書・マタイによる福音書第6章）

「だから、言っておく。自分の命のことで何を食べようか何を飲もうかと、また自分の体のことで何を着ようかと思い悩むな。命は食べ物よりも大切であり、体は衣服よりも大切ではないか。

空の鳥をよく見なさい。種も蒔かず、刈り入れもせず、倉に納めもしない。だが、あなたがたの天の父は鳥を養ってくださる。あなたがたは、鳥よりも価値あるものではないか。あなたがたのうちだれが、思い悩んだからといって、寿命をわずかでも延ばすことができようか。

なぜ、衣服のことで思い悩むのか。野の花がどのように育つのか、注意して見なさい。働きもせず、紡ぎもしない。しかし、言っておく。栄華を極めたソロモンでさえ、この花の一つほどにも着飾ってはいなかった。今日は生えていて、明日は炉に投げ込まれる野の草でさえ、神はこのように装ってくださる。まして、あなたがたにはなおさらのことではないか。

信仰の薄い者たちよ。だから、『何を食べようか』『何を飲もうか』『何を着ようか』と言って、思い悩むな。それはみな、異邦人が切に求めているものだ。あなたがたの天の父は、これらのものがみなあなたがたに必要なことをご存じである。

何よりもまず、神の国と神の義を求めなさい。そうすれば、これらのものはみな加えて与えられる。だから、明日のことまで思い悩むな。明日のことは明日自らが思い悩む。その日の苦労は、その日だけで十分である。」

橋本の意識の中には、聖書の言葉が刻み込まれている。

あなたがたの必要なことは神様がすべてご存じだから、そんなことを頼む必要はない。ただ神の国と神の義を求めなさい。そうすれば、必要なものはすべて与えられる。

ヘラー社の買収について思い悩んでも仕方がない。とにかく既定方針通り、着々と買収交渉を進めようという気持ちになり、すっきりとした。

おそらく買収した当初は相当、多額の償却・引き当てをしなければいけないだろうが、既存の不良債権を償却して、もっとよい、優良な新しい資産を増やしていけば、中長期的には必ず立派な金融会社になるだろうと、前向きな考えに変わったのである。

人生の節目で橋本を支え続けたイエスの教え

銀行員になって以来、毎週、教会に通う習慣はなくなっていたが、信仰を捨てたわけではない。

人生の節目になるような大事な局面で、信仰は心の支えとなってきた。

銀行あるいは銀行員は、イエスの教えとは遠い存在のようにも見えるが、どのように折り合いをつけてきたのだろうか。橋本の信仰のポイントをまとめておこう。

【救い】

プロテスタントには、16世紀の宗教改革を主導したドイツの神学者、マルティン・ルターの流れをくむルター派、スイスで宗教改革に取り組んだフランス出身の神学者、ジャン・カルヴァンの流れをくむカルヴァン派といった様々な宗派がある。日本の教会ではあまり細かいことは言われず、橋本は特に宗派を意識したことはない。

プロテスタントが重んじるのは教会という組織ではなく、聖書そのもの、信仰である。カトリックの教会では、かつてラテン語で洗礼を与えていた。ドイツ人には言葉の意味は分からず、恭しい気持ちにさせた。

聖書はラテン語で書かれており、信者には聖書を読ませなかった。ルターはこうした教会のやり方を批判し、聖書は皆が読むものだと主張してラテン語になる前のギリシャ語の聖書をドイツ語に翻訳する。

ちょうどそのころ、グーテンベルクの印刷技術が登場し、ドイツ語の聖書を印刷して皆に読ませるようにしたのだ。免罪符を買えば救われるという教会の教えはおかしい、救いは金銭の見返りに得られるものではない、神からの恵みとして一方的に与えられるものだ、と唱えた。

それでは、どうすれば救いを得られるのか。ルターは、修道院でじっと修行をしていれば救われるのではなく、一般の職業について、その職業を神からの召命として感じることが大切だと説いた。

ここに天職（ベルーフ）という考え方が出てくる。まず、信じることが大事なのであり、行いによって救われるのではない。カトリックでは、免罪符を買ったり、奉仕をしたりする行いによって救われると教えていたが、ルターはそれを否定したのである。

神は掟を作っている。一番大事な掟は神を愛し、人を愛することだと聖書にも書いてある。

その掟を破って神に背を向けているのが人間だ。人間の中には、アダムとイブが神の掟を破って楽園から追われたときから原罪がある。だから、神に立ち返ることが大事なのだ。神に立ち返るために、行いによって救われようとしてもだめだ。何を信じれば救われるのか。神が一方的に人間を愛し、行いでは救いきれない人間のために、神のひとり子、イエスをこの世に送った。

神は掟を守り切れない人間を哀れむが、いい加減に許すわけにはいかない。この世に送ったイエスを十字架につけて殺し、そのあがないによって、イエス・キリストを信じることによって救われると説いたのである。

東洋英和女学院大学教授の深井智朗は、『プロテスタンティズム』でルターの考え方を解説している。

ルターが聖書に発見した事実は、神は義を持つだけではなく、それを与えることが可能だということであった。神は自らを信じる者を義とするというのである。義人とは、自らの努力で道徳的善良さを手にした人、あるいは様々な修行や業によって宗教的徳を手に入れた人ではなく、神によって義とされた人を指すというのが、彼が聖書を読み、そこから引き出した結論であった。義は人間の努力の末に得られるものではなく、神が自らの資源として分かち与えることができるものだというのがルターの発見であった。

では、それは具体的にはどのように可能になるのであろうか。『キリスト者の自由』でルターは次のような説明を試みている。

この神の義を人間が受け取るために、この世に来たのがキリストとしてのイエスである。キリストとしてのイエスは神の子であるから、まさに義を持った存在だ。このキリストは、私たちの罪や過ちと自身の義を「交換した」。これこそルターが聖書から読み取ったことである。罪や過ちのないイエスが私たちの罪や過ちを引き取り、その代わりに義を与える。イエスは引き取った罪や過ちを神の前で清算するために、実際には過ちはないのに、人間に代わって犠牲の、まさに贖罪の死を遂げたのである。それがイエスの十字架刑であった。

これが「義認」である。そして、この交換によってキリストは信仰を持つ者たちのうちにとどまり、キリスト者が善い行いをするようにしてくださる。それゆえにキリスト者とは、自分のものではない義によって、義とされた者たちである。（7）

【隣人愛】

○最も重要な掟（マタイによる福音書第22章）

ファリサイ派の人々は、イエスがサドカイ派の人々を言い込められたと聞いて、一緒に集まった。そのうちの一人、律法の専門家が、イエスを試そうとして尋ねた。

「先生、律法の中で、どの掟が最も重要でしょうか。」イエスは言われた。

「『心を尽くし、精神を尽くし、思いを尽くして、あなたの神である主を愛しなさい。』これが最も重要な第一の掟である。第二も、これと同じように重要である。『隣人を自分のように愛しなさい。』律法全体と預言者は、この二つの掟に基づいている。」

律法とは、古代イスラエルの民族指導者、モーゼが神から与えられた十戒を指す。神は万人を救うために、この世にイエス・キリストを送った。隣人とはすべての人間のことである。

【祈り】

キリスト教における祈りとは、自分のことも祈ってよいが、そのことはすべて神の御旨《みむね》にゆだねるという祈り方である。「思い悩むな」にも記されている通り、人間が日常生活で必要なことはすべて神が知っているのだから、非常に苦しんでいる人のために、救われていない人のために祈る。隣人愛が基本なのである。

○祈るときには（マタイによる福音書第6章）

「祈るときにも、あなたがたは偽善者のようであってはならない。偽善者たちは、人に見てもらおうと、会堂や大通りの角に立って祈りたがる。はっきり言っておく。彼らは既に報いを受けている。だから、あなたが祈るときは、奥まった自分の部屋に入って戸を閉め、隠れたところにおられるあなたの父に祈りなさい。そうすれば、隠れたことを見ておられるあなたの父が報いてくださる。

また、あなたがたが祈るときは、異邦人のようにくどくどと述べてはならない。異邦人は、言葉数が多ければ、聞き入れられると思い込んでいる。彼らのまねをしてはならない。あなたがたの父は、願う前から、あなたがたに必要なものをご存じなのだ。

だから、こう祈りなさい。『天におられるわたしたちの父よ、御名《みな》が崇《あが》められますように。御国《みくに》が来ますように。御心《みこころ》が行われますように、天におけるように地の上にも。わたしたちに必要な糧《かて》を今日与えてください。わたしたちの負い目を赦《ゆる》してください、わたしたちも自分に負い目のある人を赦しましたように。わたしたちを誘惑に遭わせず、悪い者から救ってください。』

もし人の過ちを赦すなら、あなたがたの天の父もあなたがたの過ちをお赦しになる。しかし、もし人を赦さないなら、あなたがたの父もあなたがたの過ちをお赦しにならない。」

【金儲け・富と天職】

銀行員になっても信仰を持ち続け、聖書を読んできた。読んでいると心に響く部分が出てくる。人生の節目では、「これは神の御心に背くことなのかどうか」と自問自答しながら行動してきた。

信仰には飛躍が伴うが、イエスを信じることにしている。入行したばかりのころ、取引先に集金に行ったり、事務作業をしたりするときには、信仰との矛盾を感じることはなかったが、月日が流れ、銀行内での責任が重くなるにつれ、信仰心とのバランスが問われる場面が増えてきた。

1971年に従業員組合の委員長になったとき、委員長としてどう振る舞うべきかと問うた。聖書には、「一番偉くなりたい者は、すべての人に仕える者になりなさい」というイエスの言葉が書かれている。

すべての人とは、すべてのステークホルダー（利害関係者）とも言い換えることができる。株主だけでなく、従業員、お客様、社会のすべての人に奉仕する人になりなさい、という教えに従って委員長職を務めたのである。

銀行業はお金を扱うビジネスだが、橋本は「金儲けだけを考える行為」には批判的だ。クリスチャンでありながら金儲けだけを考える人は、キリスト教の信仰から離れているのだろうとも言う。

○神と富（マタイによる福音書第6章）

「だれも、二人の主人に仕えることはできない。一方を憎んで他方を愛するか、一方に親しんで他方を軽んじるか、どちらかである。あなたがたは、神と富とに仕えることはできない。」

もともとの資本主義社会は、勤勉や正直がベースになっている。プロテスタントの信仰は、初期の産業革命のころの資本主義には非常によく合っていた。

よく働き、資本を蓄積し、そしてまた世の中のためによい品物を作って売ることが大切だとされた。信じる者は救われるが、救われた人は行いもきちんとしなければならない。

行いの中で一番大事なのは、愛である。人を赦し、人を愛することだ。愛をベースにして、例えば企業を経営するのであれば、取引先に価値あるものを作って売るということになる。そうすれば、妥当な利益が得られるはずだ。

ところが、現在は、金融資本主義のようになり、市場原理、市場主義が幅を利かせている。

信仰とは離れたところにあるのではないかと橋本はみる。

この見方は社会思想家、マックス・ヴェーバーの認識とも重なり合う。

ヴェーバーは１９０４〜05年に執筆した『プロテスタンティズムの倫理と資本主義の精神』で、資本主義社会とプロテスタントとの関係について考察している。

プロテスタンティズムは、初期の資本主義が発展する原動力として作用したが、両者の関係が次第に変質していく姿を描いている。

人間は委託された財産に対して義務を負っており、管理する僕《しもべ》、いや、まさしく「営利機械」として財産に奉仕する者とならねばならぬという思想は、生活の上に冷ややかな圧力をもってのしかかっている。財産が大きければ大きいほど——もし禁欲的な生活態度がこの試練に堪えるならば——神の栄光のためにそれをどこまでも維持し、不断の労働によって増加しなければならぬという責任感もますます重きを加える。こうした生活様式は、その起源についてみれば、近代資本主義の精神の多数の構成要素と同じく、一つ一つの根は中世まで遡るが、しかし禁欲的プロテスタンティズムにいたって、はじめて、自己の一貫した倫理的基礎を見出したのである。それが資本主義の発展に対してどんな意義をもったかはきわめて明瞭だ。（8）

プロテスタンティズムの世俗内的禁欲は、所有物の無頓着な享楽に全力をあげて反対し、消費を、とりわけ奢侈的な消費を圧殺した。その反面、この禁欲は心理的効果として財の獲得を伝統主義的倫理の障害から解き放った。利潤の追求を合法化したばかりでなく、それを（上述したような意味で）まさしく神の遺志に添うものと考えて、そうした伝統主義の桎梏を破砕してしまったのだ。（9）

翻訳者の大塚久雄によると、世俗内的禁欲とは、天職義務と言い換えられる。資本主義の精神を形成する核である。ヴェーバーは、天職義務はプロテスタンティズムの宗教意識から歴史的に由来したと考える。

ルターが聖書を翻訳したのをきっかけに生まれてきた天職（ベルーフ）という思想、つまり、世俗の職業は神の召命であり、世俗のただなかでの聖潔な職業生活こそが、われわれが現世で果たすべく神から与えられた使命なのだという思想にさかのぼっている。

ただし、ルターは天職の概念を「世俗内的尊重」にとどめた。それを「世俗内的禁欲」という形に鍛え上げたのが禁欲的プロテスタンティズムの流れであるカルヴィニズムや洗礼派であるとヴェーバーは分析する。

ところが、世俗内的禁欲の精神は、恐ろしい結末をもたらす。

禁欲が世俗を改造し、世俗の内部で成果をあげようと試みているうちに、世俗の外物はかつて歴史にその比を見ないほど強力になって、ついには逃れえない力を人間の上に振るうようになってしまったのだ。今日では、禁欲の精神は――最終的にか否か、誰が知ろう――この鉄の檻から抜け出してしまった。ともかく勝利をとげた資本主義は、機械の基盤の上に立って以来、この支柱をもう必要としない。禁欲をはからずも後継した啓蒙主義の薔薇色の雰囲気でさえ、今日ではまったく失せ果てたらしく、「天職義務」の思想はかつての宗教的信仰の亡霊として、われわれの生活の中を徘徊している。そして、「世俗的職業を天職として遂行する」という、そうした行為を直接最高の精神的文化価値に関連させることができないばあいにも――あるいは、逆の言い方をすれば、主観的にも単に経済的強制としてしか感じられないばあいにも――今日では誰もおよそその意味を詮索しないのが普通だ。営利のもっとも自由な地域であるアメリカ合衆国では、営利活動は宗教的・倫理的な意味を取り去られていて、今では純粋な競争の感情に結びつく傾向があり、その結果、スポーツの性格をおびることさえ稀ではない。将来この鉄の檻の中に住むものは誰なのか、そして、この巨大な発展が終わるとき、まったく新しい預言者たちが現われるのか、あるいはかつての思想や理想の力強い復活が起こるのか、それとも――そのどちらでもなくて――一種の異常な尊大さで粉飾された機械的化石と化することになるのか、まだ誰にも分からない。それはそれとして、こうした文化発展の最後に現われる「末人たち」にとっては、次の言葉が真理となるのではなかろうか。「精神のない専門人、心情のない享楽人。この無のものは、人間性のかつて達したことのない段階にまですでに登りつめた、と自惚れるだろう」と。——(10)

世俗内的禁欲の精神と密接な関係にあるのが「二重予定説」である。深井の解説によると、二重予定説とは、「人間は生まれる前に天国に行くか、地獄に行くか、あるいは救いか、滅びかは、あらかじめ、神によって定められている」という教えであり、カルヴィニズムで重視された、教会制度を批判するための思想であった。

マックス・ヴェーバーが指摘したのは、さらにこの先で起こった二重予定の考えの反転だ。神が救いへと予定に定めた者は天国に行けるだけではなく、この世でも祝福に満ちた人生を送れる、という考えを超えて、逆にこの世で成功している者こそが天国に行ける者であり、それが、神が救いを予定したことの証明だという考え方である。

だからこそ、この世での成功がアメリカでは宗教的な救済の証明となった。成金や成り上り者が嫌われるヨーロッパや日本のような伝統社会とは違って、もともとそのような伝統がないアメリカでは与えられた人生で成功した者こそが神の祝福を受けた者だと

されたのだ。(11)

金融資本主義のもとでグリーディー（貪欲）と批判を受ける人には、もともと信仰心がないのか、あるいは信仰から離れた人なのか。それとも、プロテスタンティズムの精神を突き詰めるうちに、金儲けが自己目的となった人なのかは分からない。

予定説には「しっくりこないものを感じる」という橋本は、ルターと同様に常に聖書に立ち返って行動の規範としている。

ついに、ヘラー社買収が完了

1983年4月23日、ヘラー社買収の最終合意が成立した。

7月、担当常務の植村が専務に昇格し、ニューヨークに駐在することになった。着任早々に2回の心筋梗塞に見舞われたが、それに耐えた。

肩書は米州駐在専務である。ニューヨーク支店に席があり、ニューヨーク、シカゴ、ロサンゼルス、ヒューストン、アトランタをはじめ、北米から南米まですべての拠点をカバーする担当だ。

ヘラー社の資産を査定し、シカゴに乗り込んで経営者にも面会するが、今の経営陣のままでは再生できないと判断した。新しい社長を採用する必要がある。ニューヨークのヘッドハンティング会社、ラッセル・レイノルズと契約を結び、候補を探した。

ヘラー社の中には高齢の社員もいるので、あまり若い経営者ではやりにくいだろうと考え、最初は45歳以上との条件をつけた。すると、早速50人の候補を挙げてきた。書類選考で10人くらいに絞り込み、植村と2人で面接をした。

候補者の中には、米国の大手銀行副会長、著名大学の経営学教授、著名コンサルタント会社社長らがいたが、米国の中小企業を相手にしているヘラー社のトップにふさわしいという感じではない。

ラッセル・レイノルズにもっとましな候補はいないのかと注文をつけると、「45歳以上という条件を引っ込めてくれればもっといい人材がいる」と返答した。そこで、40代前半という条件に改めると、ジェネラル・エレクトリック（ＧＥ）の金融子会社、ＧＥＣＣ（クレジット・コーポレーション）のナンバー2であるノーマン・Ｐ・ブレイク・ジュニアが候補として出てきたのである。

植村がまず1人で面接をし、「なかなかよい」という印象を持つ。今度は橋本が朝食を取りながら面接をした。「この人ならいける」というのが第一印象であった。

発言が非常にクリアであり、エネルギッシュである。GECCというコマーシャル・ファイナンス・カンパニー最大手のナンバー2なので、業界のことを非常によく分かっている。2人とも気に入ったが、決め打ちをするわけにはいかない。ノーマン・ブレイクを含めた上位4人の名前を挙げ、副頭取の楠川をニューヨークに呼んで面接をした。さらに2人に絞り込んで頭取の荒木に判断を仰いだ。その結果、本命に決まったのである。

そこから採用条件の交渉に入った。ラッセル・レイノルズは、「ヘラー社は富士銀行の子会社になると非上場会社になる。米国のトップが期待するストックオプションを与えられない。それに代わるような長期インセンティブプラン、長期ボーナスを考えなければならない。5年以内に達成すべきいくつかの目標を提示し、目標を100％クリアしたら数百万ドルを支払うという提案をしたらどうか」と助言した。

不良債権比率の削減、収益目標などを明示し、達成できたら長期ボーナスを出すと約束したのである。これ以外に採用一時金（サイン・オン・ボーナス）が数十万ドル、初年度の年俸が数十万ドルであった。初年度の年俸を円換算すると、頭取の荒木の年俸を上回っている。「彼「こういう条件でないと来てくれないんですけど、いいですかね」と荒木に相談すると、「彼を採用しないと再建ができないんだろう。それであれば仕方がない。それでいいよ」と同意した。秋には契約が成立した。

8月には持ち株会社の株主総会、12月には米連邦準備理事会（FRB）の承認を得られ、1984年1月26日、買収が完了した。橋本は同時に、同社への出向を命じられる。買収交渉を主導してきた立場であり、産声を上げた子会社に移ってフォローせよという指示は当然の流れと受け止めた。

橋本の住まいはシカゴの72階建てマンションの33階で、ミシガン湖を見下ろせる絶好のロケーションであった。「こんな立派なマンションには気恥ずかしくて住めませんよ」と言うと、植村は「君はナンバー2ではあっても富士銀行の代表なんだから、これくらいのところに住まなければだめだ」と諭された。マンションのユニットを銀行が買い取り、社宅にしたのだ。銀行にはなお余裕があったのだろう。

ブレイク社長が社員に送った手紙

3月、経営トップの最高経営責任者（CEO）にノーマン・ブレイクが就任した。買収を機にヘラー社の経営幹部をかなり入れ替え、ブレイクがGECCから引っ張ってきたメンバーも多く、従業員も一部は入れ替えた。

橋本がナンバー2のエグゼクティブ・バイス・プレジデントに就き、富士銀行からはシニア・バイス・プレジデント、企画担当のバイス・プレジデント、ジャパンデスクと名づけた日系企業担当の7人と合わせて10人を順次、派遣した。

ブレイクが連れてきたジョン・ストラックが最高財務責任者（CFO）に就くが、企画担当が不在だ。そこで、橋本が「この会社には、経営プランナーが必要なのではないか」と提案すると、ブレイクも「それもそうだな。いい人材がいれば派遣してもらってほしい」と同意した。

「英語がとびきり上手で米国人と対等に議論ができ、有名大学でMBA（経営学修士）を取った人材」と条件を示すと、狙い通りの人材が派遣されてきた。茶山幸彦《ちゃやまゆきひこ》（後に執行役員）である。

加えて、ヘラー社の経営管理の確立と北米地域の営業推進を目的に、米州地域事務所をニューヨークに設けた。ヘラー社の自主経営を重んじる「基本方針および体制」も定め、運営の指針とした。

①経営方針、中期計画、年度の予算と決算は、米国人の経営陣も出席する富士銀行の常務会

で決定する

②日常業務はCEOおよびマネジメントが執行する

③「エグゼクティブ・コミッティー」（EC）を経営管理の基軸とする

④主要部門のすべてに当行の派遣社員を配置し、日常業務の実態を把握したうえで、ECを通じ、当行の意思を同社の経営に反映させる

日本企業が海外の企業を買収すると、経営トップや主要ポストには日本人を配置し、親会社の主導で運営するのが普通だった。荒木と楠川は、植村にシカゴに常駐してグリップを強化するよう求めたが、植村は自主経営の大切さを力説し、最後は荒木らも納得した。

ヘラー社は米国の中小企業を対象にした現地の金融機関であり、日本人が経営してもうまくいくはずがない。有能な米国人を採用したら、その人に経営を任せよというのが植村の持論だった。ヘラー社には自主性を持たせ、富士銀行から派遣した人間は日常業務の実態を把握し、意見を具申する裏方に徹したのである。

ブレイクは登板すると、早々に全社員にレターを送った。私があなた方に期待したいこと、あなた方が私に期待してよいことを列挙し、これを一緒にやりましょうと呼びかけた。

自分は必ず、この会社を立て直してみせます。そうした暁には、あなた方の待遇も改善し

ます。その代わり、あなた方には、この再建の作業に全員、参加してもらいたい。誰も見物人になってはだめだ……。

日本人スタッフとの意思疎通がうまくいかなければ、ヘラー社を再建するのは難しい。ブレイクは定期的に郊外の宿を取り、幹部全員を集めて経営についての討論会を開いた。士気を高めるのが狙いだった。

一方、意思決定の組織である「エグゼクティブ・コミッティー」（EC）の議長には植村が就き、月に1回はシカゴに出張してECを取り仕切った。

橋本はヘラー社に常駐して経営をチェックし、ブレイクの相談に乗る。何か重要なことが起きれば、植村に直ちに連絡するようにした。なかなか難しい役回りだが、クリスチャンであることが功を奏した。

ブレイクはカトリックだが、キャレン夫人は熱心なプロテスタントで、毎週水曜日に自宅に人を呼んで聖書の話をするほどであった。夫婦同士で家族同然の付き合いができたのである。橋本が長く東京に出張するときは、夫人を自宅に泊めてくれた。経営の意思決定をめぐっても、大きな意見の食い違いは出なかった。

日中は英語でばかり仕事をしているので、夜はよくシカゴ支店長の笠井和彦（後に副頭取）と自宅マンション近くの居酒屋で酒を飲み、日本語で語り合って息抜きをした。

ヘラー社が富士銀行の子会社になった後、発刊した社史には「富士銀行は派遣行員に米国人の肩越しに経営をみさせた」との記述がある。

「日本人は、米国人に成長を通じて、より高い市場シェアを獲得する重要性を教えた。ノーマン・ブレイクと彼のチームは、慎重にかつ正確に業務遂行する富士銀行に対し、土を耕し育つのを待つ農民風のやり方ではなく、攻撃的なハンター流のビジネスのやり方の長所を教えた」とも記している。

富士銀行はヘラー社の買収を通じ、ディスクロージャーの積極的な推進とIR活動、コンプライアンス（法令順守）の浸透、専門性の追求、株主と市場に対する目標の明示と株主価値の最大化の追求といった、米国流のマネジメントやカルチャーを学んだ。米国流の経営手法を吸収する場となったのである。

苦難乗り越え、ヘラー社を再建

1985年5月、ヘラー&カンパニーがヘラー・フィナンシャル・インクに、ヘラー・オーバーシーズがヘラー・オーバーシーズ・コーポレーションにそれぞれ社名変更し、新生へラーのイメージを演出した。

買収交渉の際にも問題になっていたが、ヘラー社は当初、不良債権の償却・引き当ての負担が膨らみ、１９８４年の決算は1億８１００万ドルの赤字、85年も３２００万ドルの赤字となる。

富士銀行は追加支援をせざるを得ず、増資引き受け（１９８４年6月に2億ドル、85年6月に５０００万ドル、同年10月に５０００万ドル）と不良債権の買い取り（１９８４年12月に７５００万ドル、85年9月に3億５０００万ドル）の組み合わせで、何とか出血を抑え込んだのである。

支援額は7億２５００万ドルにのぼり、買収額と合わせると、11億５０００万ドルの巨額の負担となった。

これだけの負担をどのように回収するのか。赤字体質のヘラー社は、投資家から危ないと見られていた。

資金調達のほとんどをコマーシャルペーパー（ＣＰ）の発行に頼り、その資金を中小企業への貸し出しに回していた。ところが、ＣＰの格付けを下げられ、ＣＰの金利が上がって調達コストが上昇した。すると、利ザヤを取れる貸出先を選ばざるを得なくなった。

利ザヤを取れる、すなわち高い金利で貸せる相手とは、信用力が高くない貸出先である。景気が良い間はそれでも利益を上げられるが、ひとたび景気が悪くなると貸出先の経営はとたんに悪化し、貸し出した資金の回収が難しくなる。

そこでまず、CPの調達コストの引き下げに取り組んだ。資産内容を改善するためには優良な企業に貸さなければならない。CPの格付けを上げるため、ヘラー社と富士銀行との間で「キープ・ウエル・アグリーメント」（健全な状態を保つための合意）を結んだ。ヘラー社がCPで資金を調達できなくなり、ほかに調達の道がないときは、富士銀行がいつでも資金を出すという契約であった。その契約の効果でCPの信用力が高まり、CPの格付けが上がって調達コストが下がった。ヘラー社は、取引先を優良な企業にシフトしていったのである。

1986年1月、橋本は任を終えて帰国した。ヘラー社の後任は、山本恵朗《やまもとよしろう》（後に頭取）である。

富士銀行による営業の支援や増資引き受けを通じ、ヘラー社は1988年度決算でようやく、連結ベースで7300万ドルの黒字に転換した。1990年代に入ると、業務の多角化やLBO（買収先の資産を担保に資金を借り入れて買収する方法）融資、不動産融資の小口化で業績を伸ばした。

１９９８年5月、ニューヨーク証券取引所に上場し、富士銀行は42％の株式を放出し、10億ドルの資金を得た。負担した11億５０００万ドルの大半を回収したのである。

ヘラー社は優良企業に変身したが、富士銀行にはもっと大きな変化が訪れた。

１９９９年8月、日本興業銀行、第一勧業銀行との全面統合で合意し、同年12月、統合の契約を結んだ。２０００年9月には金融持ち株会社、みずほホールディングスを設立し、3行が傘下に入った。

3行統合の経緯については後に詳述するが、3行をにらんだ全体最適を検討する中で、ヘラー社を売却することになった。みずほグループは、米国市場では日系企業と現地の大企業をターゲットにすることになり、中小企業マーケットは戦略から漏れたのである。

２００1年7月、ＧＥＣＣに売却したときには53億ドルの売却価格であった。そのうちの52・5％が富士銀行の持ち分であり、約27億ドルを手にした。

2年間のシカゴ駐在では、不良債権はなるべく早く発見し、発見したらすぐに償却する。そして、ポートフォリオの質を改善することが大切だとの教訓を得た。

【参考文献】

7．深井智朗『プロテスタンティズム』（中公新書、2017）：61～62
8．マックス・ヴェーバー『プロテスタンティズムの倫理と資本主義の精神』（大塚久雄訳、岩波文庫、1989）：339
9．前掲書：342
10．前掲書：365～366
11．深井・前掲書：181～182

第3章
つかの間の「オーバープレゼンス」
——バブル急膨張でモラル喪失

1985~1991年の重要な出来事

1985年 7月 大蔵省、「金融資本市場に係わるアクションプログラム」を発表（大口金利自由化、ユーロ円債の発行弾力化）
1985年 9月 G5、プラザ合意＝協調市場介入によるドル高修正
1986年 4月 首相の私的諮問機関、国際協調のための経済構造調整研究会が報告書（前川レポート）を提出
1986年 9月 政府、総合経済対策を決定（事業規模は3兆6000億円）
1987年 2月 G6、ルーブル合意＝為替安定を目標に
1987年 10月 ブラックマンデー＝NYダウ平均株価が大暴落
1988年 7月 自己資本比率の国際統一基準（BIS基準）決定
1989年 9月 「日米経済構造協議」開始
1989年 12月 米ソ首脳、冷戦終結を確認
1989年 12月 日経平均株価、3万8915円の最高値を記録
1990年 3月 大蔵省、土地関連融資の総量規制を示達
1990年 8月 湾岸戦争勃発
1990年 10月 東西ドイツ統一
1991年 6月 日銀、金融機関の窓口規制を廃止
1991年 7月 大蔵省、「金利自由化」スケジュールを発表
1991年 12月 ソビエト連邦崩壊

解説

1980年代半ば、世界経済の焦点は米ドル高と国際収支の不均衡だった。米政府は国際収支の赤字と財政収支の赤字（いわゆる双子の赤字）を解消する目的でドル高是正を目指す。

1985年、プラザ合意で国際協調が成立し、急ピッチで円高・ドル安が進行する。日本は円高不況を乗り切るために金融緩和に乗り出し、外国為替市場では円売り・ドル買い介入を実施した。介入によって民間に流れ出た資金は土地や株式投資に向かい、バブル経済が急膨張する。

邦銀は中小企業や個人向けに不動産を担保とする融資を増やし、収益を拡大した。1980年代の金融自由化に伴い、資本市場を通じて資金を調達できるようになった大手企業は銀行離れを進めており、邦銀にとってバブル膨張は恵みの雨となった。

勢いづく邦銀は海外でも融資を拡大する。欧米の金融機関が組成するシンジケートローン（協調融資）に参加する事例が多く、収益性は低かったが、邦銀のオーバープレゼンスを欧米諸国は問題視し、国際決済銀行（BIS）基準による自己資本規制を導入する要因になった。

橋本はバブル経済の急膨張に危うさを感じ、ブレーキを踏む役目を果たすが、銀行全体の動きを抑えるのは難しかった。1991年、頭取に就任後は、バブルの負の遺産処理に追われる。

1．収益ナンバーワンの呪縛

富士銀行、「第2世紀」のスタート

ヘラー社買収というビッグプロジェクトを成就させた富士銀行は、銀行全体としては何を目指していたのか。１９８１年4月から3年間の「中期計画１０１」のスタートに当たり、頭取の松沢はこう説明している。

「さて、我々はいよいよ当行第2世紀へ第1歩を踏み出すこととなりました。この当行の歴史の節目に在籍する我々の使命は、創業１００周年（１９８０年）の成果を基礎に、早期に最優の経営業績を実現し、『真のリーディングバンク』としての当行の地位を盤石のものとすることである、と考えるのであります。

この歴史的使命を遂行するため、今年度より向こう3カ年にわたり、『中期計画１０１』を推進、実施することといたしました。

この中期計画の基本課題の第1は『攻めの経営』を基本に他行を圧する市場地位を確立することであります。低成長経済下にあって、運用・調達両面にわたり競争は一段と激しくなるでありましょうし、また金融の国際化、証券化が進展する中で、新しい競争者との競合にも対処していかなければなりません。

『真のリーディングバンク』は、何よりもまずマーケットの中でお客様に選ばれる銀行でなければなりません。他に先駆けて優れたサービスを創り出すとともに、アグレッシブな営業活動を展開していかなければならないと考えるのであります。

第2は『低コスト経営』の確立を軸に、収益力ナンバーワンを不動のものとすることであります。銀行の収益力は近年急速に低下しつつあり、当行においてもこの10年間で収益力は半減したといわざるをえません。このまま推移すれば、その存続すら危ぶまれる銀行も出てくるかも分からないのであります。

変化に耐え、激しい競争に打ち勝つために、そして行員諸君の安定した処遇を確保するために、効率化、軽量化による低コスト経営の実現は、正に焦眉の急と言わなければなりません。

本部、営業店が事態の変化を共通に認識し、発想を転換して、より少ない人員、より少ない費用で仕事を進めていく方策を真剣に考え抜いていただきたい。そして、失敗を怖れず、果敢に実践していただきたいのであります」

中期計画には、個人・中小企業取引の拡充、国際業務における優位の確立、収益を軸とする組織運営の確立といった項目を盛り込んだ。大企業に設備資金を供給し、安定した利ザヤを確保できた高度成長期は終わった。

日本経済は1970年代の2回の石油危機を乗り切ったものの、低成長期に入り、銀行を取り巻く環境は厳しくなっている。そこで、新たな収益源として個人、中小企業との取引や国際業務に注目したのである。ヘラー社の買収もその一環であった。

1981年6月に松沢の跡を継いで頭取に就任した荒木は、抱負を語った。

「ご承知の通り、銀行をめぐる経営環境は、急速に変化しつつあります。すなわち、わが国経済が国際経済社会の中で大きなウエイトを占めるに伴い、円の国際通貨としての位置づけも高まり、従来閉鎖的、保守的であったわが国金融市場と、先進諸外国の金融市場とのギャップの調整を迫られております。

そして、好むと好まざるとにかかわらず、わが国金融界も押し寄せる金利自由化の波に真正面から立ち向かわなければならなくなっているのであります。

市場原理の導入、自主経営の尊重は、当行がかねてから主張してきたことであり、歓迎すべき事柄でありますが、同時にこのような変化は、銀行にとって厳しい価格競争、収益競争を通じて経営の真価が問われる時代の到来を意味するものであります。また、業態別の垣根を越えた競争も今後さらに厳しくなることを覚悟せねばなりません。

このような激動の時代に、そして当行第2世紀のスタートという重要な時期に頭取に就任し、私は、その責任の重大さを強く感じているのであります」

荒木は1984年4月、3年間の「中期計画チャレンジ106」を打ち出した。計画では、金融自由化の急速な進展、経済・金融の国際化、高度情報通信社会への進展を「与件」ととらえ、「新しい時代に挑戦するたくましい銀行」「総合金融サービスで一歩先んずる最優・最強の銀行」「業容拡大と高能率経営による収益力強化」の3つの柱を示した。松沢の路線を踏襲した計画だといえる。

収益力を強化、経常利益、営業利益、当期利益でトップに

２つの中期計画の中核をなすのは「収益力の強化」である。銀行は従来、収益を増やそうとしてきたのだが、高度成長期までは預金や貸し出しの「量」を増やせば自動的に利益が出る構造であり、支店の目標は、量の拡大であった。

しかし、低成長期には量の拡大は必ずしも利益の拡大にはつながらない。そこで、「収益力」の目標を前面に打ち出したのである。

１９８１年４月から「収益基盤強化運動」をスタートし、各支店では、行員が小集団を作り、貸出金利回り、手数料収入、外為収益、営業利益といった項目の強化策を考え、実行した。

さらに１９８２年４月からは本部が各支店に「営業利益目標」を示し、収益力を強化した。従来は預金や貸し出しを増やした結果として収益がついてくるという考え方だったが、収益そのものを目標にしたのである。「量から質への転換」を象徴する転換であった。

ただし、量の拡大を忘れたわけではない。１９８４年４月から、「長期貸し出し目標」「中

小企業貸し出し目標」「長期貸出金利目標」を導入した。

日銀は1982年、市中銀行の貸出総額を制限する「窓口指導」を取りやめ、各銀行の自主計画を基本とする方針に転換しており、各銀行の資金運用の巧拙が収益力を大きく左右するようになった。富士銀行はこの波にいち早く乗ろうとしたのである。

1986年度には都市銀行13行で経常利益、営業利益、当期利益がいずれもトップになった。経常利益は2188億円で、2位は第一勧業銀行、3位は三菱銀行であった。

日本の景気は回復、苦境に陥る主要国

松沢や荒木が「攻めの経営」を打ち出せたのは、国内経済が落ち着きを取り戻していたためでもある。

第2次石油ショックは非産油開発途上国の累積債務を拡大し、オイルダラーの「リサイクリング」は転機を迎えたが、日本への影響は結果としては、第1次石油ショックに比べると小さかった。国内の最終需要の減少は小幅にとどまり、民間設備投資は増え続けた。

輸入物価の急騰で卸売物価と消費者物価は上昇したが、2年程度で落ち着き、「狂乱物価」と呼ばれた第1次石油ショックのときほどには上昇しなかった。

１９８０年は物価上昇、国際収支の悪化を背景に景気が後退したが、翌81年には物価は落ち着き、国際収支もバランスを取り戻し、景気の悪化には歯止めがかかる。

対照的に、主要国では１９８０年以降に軒並み成長率が低下し、失業率が上昇した。世界同時不況に陥り、景気が悪化する中で物価が上昇するスタグフレーションが発生したのである。

そんな中で、いち早く景気が回復した日本は優等生ではあった。ただ、それを支えていたのは、実力に比べて割安な為替レートのもとでの輸出であり、各国との貿易摩擦を生む火種が潜んでいた。自動車や半導体を中心とするハイテク分野の輸出規制、農産物の市場開放、為替水準や金融・資本市場の見直しへと広がっていくのである。

主要国の苦境を象徴する存在が米銀だった。１９６０年代から海外進出を加速させていた米銀の痛手は極めて大きかった。

米国では第2次石油ショックの後、１９８０年代に入っても2桁のインフレーションが続いた。銀行預金は低金利だと不満を持つ人が多くなり、銀行預金を引き出して金利が高いＭＭＦ（マネーマーケットファンド）に移し替えた。

ＭＭＦは、メリル・リンチをはじめとする証券会社が販売する投資信託で、利回りがピーク時に年16％を超え、定期預金金利を10％以上、上回っていた。MMFの残高が急増する一方で、銀行預金の残高が1978年から1980年夏までの2年半で、4600億ドルから3000億ドルへ、3分の1も急減したのである。

銀行の預金金利が低かったのは、1933年に制定された銀行法（グラス・スティーガル法）で金利の上限が設けられていたためである。銀行からの預金流出を重くみた米政府は、1978年6月、銀行にマネーマーケット定期預金（MMC）という市場金利連動型の定期預金の取り扱いを認めた。その後も、市場金利に連動した新商品の導入を認め、銀行からの資金流出は収まった。

メキシコが破産、米国の銀行が相次いで経営難に

問題はそれだけではなかった。米国企業の資金調達でも銀行離れが進み、証券市場にシフトするようになったのである。貸出先が細ってきた米銀が目をつけたのが海外市場であり、その中心が中南米市場であった。

すでに説明したように、米銀はまずユーロ市場に進出したが、ユーロ市場の主役はユーロボンドであり、モルガン・スタンレーやソロモン・ブラザーズといった証券会社が力を持っ

ていた。

シティバンクをはじめとする米銀はユーロの貸出市場に注力したが、規模には限りがある。そこで、ユーロダラーを中南米諸国に貸し込んだのだ。

しかし、第2次石油ショックの反動で1982年夏に原油価格が下落すると、世界有数の産油国のメキシコが公的債務を返済できなくなり、破産した。米銀の融資が膨らんだ影響で、メキシコの対外借入額は800億ドルに膨らんでいた。米銀に追随して邦銀も含めた世界の銀行が融資していたため、国際問題となる。

最後は、米国が原油代金の前払いでメキシコを支援し、窮地を逃れたものの、米銀の打撃は深刻だった。とりわけ、メキシコ向け融資額が大きかったバンク・オブ・アメリカ（バンカメ）とマニュファクチャラーズ・ハノーバーは経営危機に陥ってしまう。

シティバンクも途上国向け融資でつまずいた。シティバンクは、米銀で最も早く海外に進出し、「グローバルバンク」の看板を掲げた。1970年代半ばには101カ国に679の拠点を持ち、海外での融資を拡大していた。1970年代末のピーク時には、収益全体の80%近くが海外部門、そのうちの40%を途上国からの収益が占めた。

1980年代半ばには、バンカメ、シティバンク、JPモルガン、バンカース・トラスト、ケミカル、チェース・マンハッタン、ファースト・シカゴといった、名だたる商業銀行が相次ぎ経営難に陥ったのである。

プラザ合意により、急速に円高・ドル安に

このころから、第2次石油ショックを無難に乗り切った日本への「外圧」が強まる。

1983年11月、中曽根康弘首相とロナルド・レーガン米大統領は、東京で首脳会談に臨んだ。テーマは「円安・ドル高」であった。

日本の貿易黒字の拡大と、米国の貿易赤字の拡大は、1ドル＝230～250円で推移していた為替レートが最大の要因であるとみられていた。米側は「円安・ドル高」は、日本の金融・資本市場の閉鎖性が大きな原因だと主張し、円の国際化と金融・資本市場の自由化を求めた。

1984年2月から6回にわたって「日米円・ドル委員会」を開き、5月には報告書を発表した。ユーロ円市場の拡充、金融・資本市場の自由化、外国金融機関の日本市場への参入の3本柱からなり、多岐にわたる項目を盛り込んだ。以後、米国の圧力を受けて大蔵省が自

1985年にG5が開かれたニューヨークのプラザホテルの正面玄関。「プラザ合意」を記念して参加5カ国の旗が飾られている
（共同通信社/amanaimages）

由化に取り組むパターンが定着していく。

戦後以来、大蔵省は様々な規制や行政指導で日本の銀行界を牛耳り、「護送船団方式」を守ってきた。1980年代半ばの時点ではこの根幹は変わっていないが、ほころびが目立ち始めていた。

1984年になると、主要国はようやく世界同時不況から脱出し、米国の経済成長率も82年のマイナス成長から83年は3・9%、84年は6・2%に回復する。

レーガン政権が打ち出した、歳出削減と減税、規制緩和を柱とするレーガノミクスの効果が表れたためだが、財政赤字と貿易赤字が累積する「双子の赤字」が顕著になった。貿易赤字の背景には、ドル高と高金利政策があり、輸出競争力が大幅に低下した。米国内では保護主義が台頭し、日米間の貿易摩擦が激化したのである。

ドル高の是正を模索する中で、1985年9月、先進5カ国蔵相・中央銀行総裁会議（G5）はニューヨークのプラザホテルで会合を開き、以下の点で合意した。

①経済政策の協調を一層進める、②為替レートの適正化のため、より密接に協力する、③保護主義に対して、強く抵抗する。これが「プラザ合意」である。この合意を踏まえ、各国の通貨当局はドル売り・自国通貨買いの協調介入を実施し、ドル高は修正されていく。

1985年9月12日に1ドル＝244円だった円ドル相場は、10月4日に211円、翌86年2月27日に178円と一本調子で円高が進む。1988年1月4日には121円となり、2年半でほぼ半分の水準となったのである。

ヘラー社にいた橋本は、日本には大きな影響が出ると思ったが、同社の経営の立て直しに精力を注いでいた時期であり、それ以上、深くは考えなかった。

1986年1月、橋本は帰国して国際企画部に配属になる。特に決まった仕事はないポストであった。

ヘラー社にいた1985年6月、日本では同期生5人が取締役に就任した。ヘラー社在任中に社内資格は参事から参与に昇格し、取締役に就任する要件を満たしていたが、先行する同期生には後れを取った。ヘラー社は赤字決算が続いており、選から漏れたのは仕方がないと思った。

2．焦げ付いた途上国融資

1986年6月、橋本は取締役国際審査部長に就任した。同部は、海外での貸し出し案件の審査を担っていた。非日系企業やソブリン（海外の政府や公社）向け案件が対象である。オイルダラーを流し込んでいた中南米向けをはじめとする累積債務国向け債権が回収難の不良債権となり、処理をしなければならなかった。貸倒引当金を積み増そうとするが、有税の扱いであった。

税務当局は、銀行が不良債権を処理するという名目で損失を多めに計上し、税金を逃れるのを防ごうとしていたのである。銀行にとって不良債権の処理は「税金対策」ではなく、喫緊の課題になりつつあったのだが、税務当局の発想は古いままだった。

途上国向け不良債権、買い取り会社で処理

そこで、大蔵省国際金融局長の内海孚と相談し、無税で償却する方法を検討した。銀行が別会社を作り、不良債権をそこに売却して実損を出せば無税償却を認められるだろうとの結論に達する。

「ファクタリング（債権の買い取り・回収）のようなものだなあ」というのが内海の反応だった。１９８７年3月、富士銀行が幹事役となり、不良債権の買い取り会社を設立したのである。

社名はジャパン・バンカーズ・アソシエーション・インベストメント（ＪＢＡ）とした。都市銀行をはじめとする邦銀28行が共同出資し、資本金は当初８万４０００ドル、１行当たり３０００ドルを出資した。

設立場所は英領グランド・ケイマンだ。共同出資にしたのは、富士銀行だけではなく、他の銀行の不良債権も買い取る会社にするためだ。ただし、税務当局は買い取り額に制限を課した。

売却対象とするのは、国際通貨基金（ＩＭＦ）から不適格国の宣言を受けている、ペルー、ザイール、ベトナム、ザンビア、北朝鮮、リベリア、ニカラグアなどに対する債権。累積債務国向け債権はいわば不良債権であり、ＪＢＡに売却すれば損失が発生する。それでも、銀行本体の業績はなお好調だったうえ、株式含み益も潤沢であり、早く損失を確定して身ぎれいになろうとしたのだ。

ＪＢＡは、１９９３年に金融界が共同出資で設立する「共同債権買取機構」の先駆けともいえる存在であった。まだ銀行の体力に余裕があったために、不良債権を積極的に処理しようとする姿勢が見える。国内の営業基盤は盤石であり、国際業務で少しけがをしたという程度の認識であった。

ところが、その後、バブル経済が崩壊し、「株式含み益を使って処理すればよい」という次元を超えて国内の不良債権が膨らむと、金融界は不良債権の処理に後ろ向きになってしまう。共同債権買取機構は不良債権の受け皿として期待されたが、あまり機能しなかった。金融機関が同機構に不良債権を売るとき、買い取り資金を機構に融資しなければならず、機構が担保不動産を売らない限り、最終処理にはならない仕組みだったからだ。

１９９９年、公的資金を使って不良債権を買い取る新たな受け皿として整理回収機構（ＲＣＣ）が発足すると、主役は交代した。

海外向け案件で判断に困るときは現地に出向いた。1980年代にウォール街で名をはせた投資家、アイヴァン・ボウスキーがインサイダー取引の罪に問われ、罰金を払うために、所有しているビバリーヒルズのホテルを売却することになった。

その物件を購入したいディベロッパーに、富士銀行ロサンゼルス支店が資金を貸したいという。金額は1億ドルである。大きな金額でもあり、いろいろと注文をつけていると、「それなら部長が自分で見に来たらどうですか」と言われ、現地に足を運んだ。

そのホテルに泊まると、米国の富裕層が冬場に寒さを避けるためによく利用していることが分かった。これなら買い手がつくだろうと判断し、融資を認めた。不動産市況はよくなかったが、6カ月後に売却できたのである。

国際部門のエース、常務取締役に昇進

1987年6月、橋本は常務取締役に昇格した。取締役から昇格したのは、同期の牧口徳《まきぐちとく》幸《ゆき》と2人だった。実は牧口も、同期の中では取締役になるのが1年遅れたのだが、1年遅れた2人がそろって常務になったのである。

牧口は国内の営業や企画部門が長く、経済企画庁（現・内閣府）に出向した経験もあり、将来の頭取候補との呼び声が高かった。橋本は国際部門の中軸を担い、多くのプロジェクトを結実させてきたが、あくまでも国際部門のエースであった。後に銀行全体を背負う立場になるとはみられておらず、自分でもそうは思っていなかった。

高度成長が終わり、2回の石油ショックを経た1980年代には、国内の優良企業向け貸し出しを柱とする収益構造を変え、証券や国際部門を本気で伸ばそうとする動きも出たが、その戦略が実を結ぶ前に国内でバブル経済が発生し、都銀各行は再び国内に目を向ける。収益構造を転換するチャンスを逸したのである。

都市銀行は国際業務に力を入れ、富士銀行はその中でも先頭を走ってきた銀行ではあるが、収益の大半を占めていたのは国内部門である。他の都市銀行も同様で、銀行全体のトップに就くのは国内の営業や企画、人事部門の経験を積んだ人間だった。

橋本が常務に昇格したのは、荒木に代わって端田泰三が頭取に就任したタイミングだったが、端田も国内の主要部門で実績を上げてきた人材である。

橋本が1971年に従業員組合の執行委員長を務めていたとき、端田は人事部次長。執行委員長と経営側との「事務折衝」の経営側代表であった。文化人であり、文章がうまい。

同期の副頭取、楠川とのどちらかが頭取になるとみられていたが、国際部門を束ねる楠川は副頭取のまま残り、端田がトップに就いたのである。極めて自然な人事と受け止める向きが多かった。

常務になると、常務会という意思決定の会議に参加することになり、権限が拡大する。取締役は各部門の長でもあり、担当の各部に席がある。常務にも担当はあるが、各部に属しているわけではない。

富士銀行の場合、常務以上には個室もあるが、頭取以下、常務までの役員が席を並べる大部屋が10階にあり、ふだんはなるべく大部屋にいる習慣となっていた。常務以上はコミュニケーションを密接にする必要があり、個室にこもるのはよくないという考え方に基づいていた。

隣席の役員には聞かれたくない話がある場合は個室に入って仕事をすればよいが、ずっとこもっていると、「何をしているのか」という話になる。大部屋は学校の教員室のような構造で、部屋の角に頭取の席があり、副頭取以下、先輩役員から若手役員までが序列の順に並ぶ。

橋本と牧口は、頭取から最も遠い席に座った。先輩の役員は「君たちは松竹梅の梅の席だな。そのうち我々がいなくなるから、竹や松の席に座れるぞ」と冷やかした。

大部屋の中には大きなテーブルがあり、毎週月曜日の午後には「テーブル会」とか「コーヒーブレイク」と称して常務以上の役員10人強が一堂に会し、全員の耳に入れたほうがよい案件を伝えた。

午後3時から1、2時間程度の会合で、テーマは世間の話題から経営課題まで様々だった。単なるお茶会ではない。海外の金融機関との提携や、経営不振に陥った企業の救済といった重要な案件も話題にのぼる。

そこで、経営陣のコンセンサスを得られれば、毎週木曜日の常務会で正式に決める。トップダウンよりも役員のコンセンサスを重視する行風を反映した仕組みであった。

常務としての最初の担当は、国内の支店業務第1部だった。東京都内の大規模な店舗を担当する部署であり、優良企業との取引が多かった。

銀行全体では「収益力の強化」が目標になっており、イケイケどんどんの空気が強まっていた。国内の営業部門はかつて業務担当と審査担当に分かれ、審査担当が業務担当の行き過ぎをチェックしていたのだが、組織改革で営業推進部が発足し、営業部門の中に審査担当がいる形に変わっていたのだ。

最大のライバル、住友銀行にならって組織改革を断行

低成長期に入った１９８０年代、松沢と荒木は「収益力の強化」を目標に掲げて一定の成果を上げる半面、無理を重ねてもいた。最大のライバルだとみていたのは住友銀行（現・三井住友銀行）である。

大手企業の設備投資が細り、銀行からの借入金を返済する動きが加速する中、都市銀行は中小企業への貸し出しに力を注ぐ。都銀の中小向け貸出比率は１９７５年末の34・5％から80年には46・7％、85年には51・8％と急上昇した。

先頭を走っていたのが住友銀行で、富士銀行も追いかけた。組織改革でも住友銀行は先行した。１９７９年、頭取の磯田一郎のもとで導入した「総本部制」は他行の手本となる。営業部門を大企業総本部、中小企業・個人総本部、国際総本部というマーケット別の総本部に改めたのだ。

従来は融資、資金調達、審査といった横割りの組織であった。総本部制の要諦はそれぞれの本部が独立した会社のような存在となり、担当役員が融資と審査の権限を束ねるところに

ある。

融資部門がアクセルだとすれば、審査部門はブレーキだったが、担当役員が同時に所管すればブレーキが弱くなるのは当然だ。総本部制は早くも威力を発揮し、１９８１年には都市銀行で収益トップの座についた。

１９８３年、富士銀行は機能別の組織を顧客別・マーケット別の組織に改める機構改革に踏み切った。

個人や中小企業との取引を担当する「ブランチ・バンキング・グループ」、大企業との取引を担当する「コーポレート・バンキング・グループ」、国際業務全般を担当する「インターナショナル・バンキング・グループ」に再編成し、３つの部門をプロフィット・センターとして収益の管理を徹底した。住友銀行の総本部制とほぼ同じ組織にしたのである。

１９８１年からスタートした「中期計画１０１」の柱であり、「強い営業力」と「収益を軸とした経営」の実現を目標とした。

１９８７年６月、荒木に代わって頭取に就任した端田も、「収益力の強化」を前面に打ち出した。就任のあいさつではこう語った。

「今、日本経済は構造変革の真っただ中にあり、より高度な大衆消費社会の実現に向かって、大きくカーブを切りつつあります。こういう時代を迎えて何を為すべきかについて、私なりに申し上げてみたいと思います。

つい最近まで、個人のマーケットは預金を吸収するマーケットでありました。そこで集めた預金を日本経済成長の牽引車であります産業に融資をする、それで十分銀行の利ザヤは確保されていたのであります。

ところが牽引車でありました産業は牽引車でなくなると同時に、資金需要が落ち、力のある企業は資本市場からもっと安いコストの資金を調達するようになりました。リテール・マーケットで集めた金はそのままリテール・マーケットで運用し、それ自体で儲けて行かなければならない時代になったのであります。この新しい社会の中に、我々のマーケットを、これからしっかりと構築して行かなければならないのであります。

一方、コーポレート・バンキングのマーケットでは、だんだんと伝統的な銀行業務では収益が上がらなくなってきており、企業の国際化戦略あるいは財務戦略に協力する中で収益チャンスを見つけて行かなければならない時代になってきております。

高度な金融技術を使って新しいサービスを提供する、そういう新しいサービス面で常に他行を一歩ずつ先行していく銀行、メーンバンクにしたら一番心強い銀行、そういう銀行でありたいとも思います」

１９８７～89年度の「中期計画１０９—ＲＣＴ作戦」の基本目標は、「自由化に強い攻撃的な経営体質を構築し、収益ナンバーワンの永続的確立を図る」。

具体的な目標は、収益力の強いリテール・バンキングの確立（Retail Banking＝R）、グローバルなコーポレート・バンキングの展開（Corporate Banking＝C）、マーケットで勝ち抜く、強いトレーディング・バンキングの確立（Trading Banking＝T）である。

住友銀行の後を追った組織改革は、不動産担保の融資が急拡大する装置となった。大きな案件があると、常務や副頭取に決裁が回ってくる。

個々の案件をみると、ほとんどが不動産関連であった。バブルが発生していたのである。

バブルが発生・膨張した背景

バブルはどのように発生したのか。まとめてみよう。

日本が低成長期に入る中で、資金不足の経済から、資金余剰の経済に転換した。石油ショック後の一時期を除き、輸出が増え、貿易収支の黒字が増えた。国内は貯蓄超過の状態になり、余剰資金が膨らんだ。

1985年のプラザ合意後、急速に円高・ドル安が進んだ。円高は輸出を減少させ、不況をもたらすと判断し、政府・日銀は円高対策として金融を緩和した。同時に円売り・ドル買いの市場介入を実施したため、マネーサプライが急増した。

株価や地価は永遠に上昇するといった楽観的な見方が広がり、株式や土地への投機が活発になった。

バブルのピークだった1990年とバブル発生前の85年とを比べると、日本の株式時価総額は3・2倍、土地の資産額は2・4倍に急増した。

審査担当は橋本に、担保の掛け目が100%でも融資を了承するよう求めた。担保の掛け目とは、銀行が融資をするときに担保物件の時価評価額の何%を担保の評価額として認めるかを指す。

例えば担保が預金の場合は、担保を差し押さえたときに回収できる確率が高いので100%とする場合が多い。一方、土地を担保に取る場合、地価が変動するリスクを勘案して時価評価額の70~80%に設定するのが常識とされていた。

不動産担保の掛け目が100%は高すぎるではないかと指摘すると、地価が上がっているので、掛け目は実質70%だと反論した。やむなく、掛け目100%の案件を認めるときは、仮に当該案件がだめになっても体力があると判断できる会社に限定した。

ある中堅建設会社のプロジェクトをとめたこともある。同社の社長が米国の物件を買いたがっていた。同社の財務内容をチェックし、仮にその案件がおかしくなると、同社の体力からみて屋台骨に傷がつくかもしれないと危惧した。同社の窓口になっている役員が、「社長がどうしてもやりたい案件だから認めてくれ」と求めてきたが、「それはお客様のためにならない」と突っぱねた。

橋本が担当したのは優良企業が多く、かつ慎重な審査に努めた結果、バブル崩壊後、地価の下落で損失を被っても経営の屋台骨が揺らいだところはない。このときの担当で、経営破綻した企業はゼロだった。

明らかに行き過ぎた、個人ローンの強化

だが、銀行全体でみると、ブレーキを踏むよりもアクセルを踏む力の方が強く、後に不良債権となって銀行を苦しめる案件が積み上がっていった。

新中期計画の中で、最も重視したのはリテール・バンキングである。国内支店を担当する

ブランチ・バンキング・グループは、貸し出しを軸としたマーケットシェアの拡大、利ザヤの縮小に耐えられる高収益運用、安定調達の実現を目標に、個人ローンの増強、貸し出しを軸とする中小企業、個人事業主との新規取引の増強に取り組んだ。業績表彰の項目に貸し出し増加目標を設け、貸し出しの増強を第一目標にしたのである。

とりわけ個人ローンへの期待は大きく、中期計画の3年間で2兆円の純増を目指した。1987年3月時点での個人ローン残高（1兆2000億円）からみると、明らかに行き過ぎだった。

様々な新商品を繰り出した。1987年10月、「住活ローン」を発売した。「住宅ローン」と「生活ローン」の合成語であり、低金利、長期返済という住宅ローンの特性に加え、資金の使い道が自由、反復利用が可能というフリーローンの特徴を併せ持つ商品である。最高5000万円の融資枠（その後、3億円に拡大）、金利は住宅ローンと同様で、最長30年返済。住宅ローンの担保に取る不動産価格の上昇を見込み、その余力分を財テクの資金として貸し出したのである。

1988年3月、60歳以上を対象にしたシニア住活ローン、同年10月、大型カードローンであるカード住活、翌89年9月、絵画担保ローン、90年10月、楽器担保ローンと、立て続けに新商品を投入する。バブル経済の波に乗り、担保価値の上昇を見込んだ商品ばかりだった。

個人ローンを増強するための拠点も整えた。マンションの開発業者や不動産業者に対する営業活動を担う住宅ローンセンターを都銀で初めて設立した。

１９８６年12月、東京・新宿、埼玉・大宮、横浜で試行し、翌87年12月から全国で展開した。首都圏と関西圏で１９９０年度までに25センターを設置した。

３日以内に審査結果を業者やローンの申込者に伝える体制を確立し、住宅ローンを伸ばしたのである。支店には不動産ローンコーナーを設け、アパートやマンションローンの事前相談を受け付けた。

中小企業や個人事業主もターゲットにした。中期計画の３年間で２万社の新規開拓が目標で、その直前の３年間の債務者の純増（７３００社）を大きく上回る計画だった。

3．ウォルフェンソンとボルカーの助言

１９８８年、橋本は国際業務部門の担当になるが、邦銀の国際業務を取り巻く環境は激変しつつあった。

１９８８年6月、国際決済銀行（ＢＩＳ）の銀行規制・監督委員会はスイスのバーゼルで会合を開き、銀行の自己資本比率規制（ＢＩＳ規制）の大枠で合意した。80年代後半、世界で金融の自由化が進む中で、金融システムの安全性と銀行の健全性を確保するために自己資本比率の規制を設けることが必要だとの認識が各国の間で広がっていた。

邦銀は総じて過小資本であったが、国内でのバブル景気の波に乗り、海外でも攻勢をかけていた。日本の対外貿易が急増し、日本企業の対外進出が活発になる。外貨建て資産と負債も増え、邦銀が活躍するチャンスが広がった。海外での景気拡大で資金需要が増え、日系企業以外への貸し出しも急増したのである。

１９８５年12月、富士銀行は米国の格付け会社、ムーディーズ・インベスターズ・サービスから「トリプルＡ」の格付けを得た。これを契機に、米資本市場で外債の保証取引に参入した。

非日系企業を対象とする中長期融資にも取り組み、１９８６年11月、米コネチカット州の大型発電所の建設向けプロジェクトファイナンスの主幹事となる。88年1月、英国の金融専門誌「インターナショナル・ファイナンシング・レビュー」で「最優良邦銀賞」を受賞した。

ＢＩＳ規制の狙いは邦銀の牽制

邦銀の海外進出は、現地の金融機関との摩擦を生む。ＢＩＳ規制には、国際業務に携わる金融機関の競争条件を統一するとともに、邦銀のオーバープレゼンスを牽制する狙いがあった。

１９９２年度末に達成すべき水準（自己資本をリスクアセットで除した割合）は８％。１９８７年度末から92年度末までの間の初期段階は規制を適用せず、１９９０年度末で７・25％の中間目標を設定した。邦銀の水準からすると、かなり厳しい規制であった。

ＲＯＡ（総資産利益率）の向上が経営課題となる。総資産が増えればＲＯＡは下がり、自己資本比率も下がる。邦銀は国内外で量の拡大に走っていたが、まず国際金融の世界で強烈な牽制球を投げられたのだ。

富士銀行は自己資本の充実策として、１９８５年から89年までの間に国内外の市場から総額７６８５億円の資金を調達した。

１９８８、89、90年には3月末時点の株主に対する株主還元として、1対0・05の割合で新株式を無償交付した。１９８５年3月末に１１１３億７５００万円だった資本金は、１９９０年3月末に４１８２億４０８６万円となる。

資金調達力を強化するため、１９８７年9月、邦銀として初めてロンドン証券取引所に株式を上場し、翌88年11月、パリ証券取引所にも上場した。富士銀行の自己資本比率は、１９８８年度に9・85％、89年度は8・24％、90年度は9・09％となった。

総資産をなるべく増やさずに利益を確保するには、どうすればよいのか。収益性の高い運用資産の増強、個別取引の採算の改善、手数料収入の増強に取り組んだ。

手数料収入を増やす有力な手段の一つは、企業のM&A（合併・買収）の推進だった。富士銀行は、BIS規制の動きが始まる前から、企業の銀行離れを食い止めるため、預金や貸し出しといった伝統的な業務以外に目を向け、様々な側面で企業との接点を増やそうとしていた。

１９８３年に発足した「営業情報開発部」は、Ｍ＆Ａのあっせん業務に力を入れ、88年には「事業情報開発部」に衣替えして様々な案件を手掛けていた。

ところが、クロスボーダーな案件が増えるにつれ、特に米国では現地の投資銀行と合弁会社を作るほうが成果を上げやすいとの見方が強まる。投資銀行にはノウハウがあるし、顧客のネットワークもある。ただし、大手の投資銀行は邦銀にはなかなか振り向いてくれない。例えば、ゴールドマン・サックスやモルガン・スタンレーは自力で十分、日本企業との取引を開拓できるだろう。したがって、小さいながらも非常に実績があって優秀な会社（ブティック・ハウス）との合弁を検討することになった。

合弁により、Ｍ＆Ａの専門会社を設立

情報開発部が調査をしたところ、小規模ながら立派な投資銀行が見つかった。それが、ニューヨークにオフィスがあるジェームズ・Ｄ・ウォルフェンソン・インク（ＪＤＷ）である。後に世界銀行総裁になるウォルフェンソンが社長、前連邦準備理事会（ＦＲＢ）議長のポー

ル・ボルカーが会長を務める会社だ。

パートナーは2人を含む7人、従業員は81人。従業員の中には、投資銀行業務のプロ27人、ベンチャーキャピタルのプロ3人がいた。フォード、ユニシスといった米国の一流企業のアドバイザーを務め、その一環でM&Aも手掛ける。長年の取引関係を重視し、長期の視点に立って企業戦略を助言していた。

ウォルフェンソンは、1933年生まれのオーストラリア人。シドニー大学、ハーバード大学院を卒業し、英国のマーチャント・バンクであるJ・ヘンリー・シュローダー社（ロンドン）に就職し、1970年、同社のニューヨーク子会社の社長となった。1974年には、シュローダー社の副会長兼最高経営担当役員に就任した。

しかし、会長にはなれず、見切りをつけてニューヨークに戻り、ソロモン・ブラザーズの経営パートナーとなったのである。このとき、経営難に陥った米国の自動車メーカー、クライスラーの経営再建に貢献し、頭角を現す。1981年、独立してJDW社を立ち上げた。

文武両道。チェロを弾き、ムスティスラフ・ロストロポーヴィッチ、アイザック・スターン、ダニエル・バレンボイム、ウラジミール・アシュケナージら著名な音楽家と親交が深い。その一方でスポーツマンでもあり、1956年のメルボルン・オリンピックにフェンシングの代表で出場した。気遣いがよくできる人であった。

後日談になるが、橋本は頭取になった後の1994年、夫婦でメキシコへ行く用事ができた。ウォルフェンソンからかねて別荘に来るように誘われていたので、メキシコへ行くついでに訪問することにした。

ロサンゼルス経由で行くので1泊したいと伝えた。すると、「1泊ではダメだ。2泊しろ」。別荘はワイオミング州のジャクソンホールにあり、100エーカーの巨大な敷地であった。

ロサンゼルスから行くなら、ユタ州のソルトレイクシティで小型飛行機に乗り換える必要がある。そのつもりでいると、「そんなことをする必要はない。自分のコーポレートジェットをそちらへ回す」。ロスに到着すると、すでにコーポレートジェットが到着し、機長が自動車で迎えに来ていた。

米国の経営者の収入が桁違いに大きいことを物語るエピソードである。橋本はお礼にウォルフェンソンを東京の自宅に招きたいところだったが、あまりの狭さに驚くのが目に見えたので、言い出せなかった。

ボルカーは1927年生まれの米国人。米プリンストン大学、ハーバード大学院を卒業し、1975年、ニューヨーク連銀総裁、1979年から87年まで、カーター、レーガン両政権でFRB議長を務め、1988年、JDW社の会長に就任していた。

２メートルを超える長身で迫力があるが、親しみやすい性格だ。

合弁会社の設立を申し入れると、ボルカーが来日した。副頭取の楠川と２人で応対した。「富士銀行とはどんな銀行ですか」「なぜ当社と合弁がしたいのですか」と質問した。銀行側の狙いを説明すると納得して帰っていった。

しばらくすると、「それではやりましょう」と返事が来た。１９８９年７月、折半出資の合弁会社、富士・ウォルフェンソン・インターナショナルを設立した。当初の資本金は５００万ドル（約７億円）、ニューヨークにオフィスを構え、日米企業間の買収や合弁事業のあっせんを主な業務とした。

合弁形態によるM＆A専門会社の設立は邦銀では初めてだった。新会社の役員にはウォルフェンソン、ボルカー、富士銀行の谷川紀彦《たにがわのりひこ》（後にエーザイ取締役会議長）らが就く。

同社は着々と実績を伸ばす。日本油脂によるUSペイント（米国）買収、映画製作のグーバー・ピーターース・エンターテイメント（米国）のソニーへの売却、クボタによるカミンズ・エンジン（米国）への資本参加、事務機器販売のゲシュテットナー（米国）とリコーとの資本提携、日本酸素によるトライ・ガス（米国）の買収を相次ぎまとめ上げた。

米国でのM&A戦略の枠組みは固まった。それでは欧州はどうするのか。欧州は一つではなく、国によって異なる。それぞれの国に合弁会社を作るのも非効率だ。そこでまず、銀行にマクロの視点でアドバイスをする組織を立ち上げ、欧州戦略を練ることにした。

１９９０年8月、ＪＤＷ社と共同で「欧州アドバイザリーボード」を創設した。ウォルフエンソン、ボルカーのほか、フリッツ・ロイトヴィラー（スイス出身、元国際決済銀行＝ＢＩＳ総裁）、ハビエル・ペレス・デ・クエヤル（ペルー出身、元国連事務総長）、エティエンヌ・ダビニョン子爵（ベルギー出身、元欧州経済共同体＝ＥＥＣ副委員長）、ビクトル・ハルバーシュタット（オランダ出身、ライデン大学教授）、ヴァルター・ライスラー・キープ（ドイツ出身、元ドイツ連邦議会議員）、クロード・ピエール・ブロソレット（フランス出身、元大蔵次官）、第4代ロスチャイルド男爵（英国出身）ら、錚々たるメンバーで構成した。

メンバーの幅広い見識をもとに助言を受け、欧州戦略の立案に役立てる狙いだった。１９９１年3月、ロンドンで第1回の会合を開き、同年10月にパリ、１９９２年3月、東京で開催した。

収益のために、何をしてもいいのか

１９９０年5月、橋本は副頭取に昇格した。頭取の端田のもと、副頭取は国際担当の楠川、業務担当の馬場隆と、橋本の3人体制となった。ライバル視されていた牧口は、日本抵当証券社長に転出し、銀行内外で、次の頭取候補は橋本との見方が強まる。担当は国内営業である。バブル経済は崩壊の道をたどり始めたが、銀行の決算に大きな影響が出るまでには至らず、ばたばたした雰囲気ではない。

副頭取が支店長会議の締めのあいさつをする慣行があった。１９９０年秋、締めのあいさつをする前に、支店長や部長ら現場の声をいろいろと聞いているうちに、気になり始めた。収益競争が行き過ぎではないかと感じたのである。

競合する他行の旗を踏みつけ、「打倒・○○」と言ってから営業に出て行くというのだ。改める必要があるのではないか。

そう思って、あいさつでは、「銀行の競争、あるいは企業の競争といってもよいが、この競争はボクシングとかレスリングのように、相手を叩きのめすような格闘技ではない。むしろ音楽コンクールのように、お客様に感動していただいて、それで賞を取るのだ。銀行員としてはまず、お客様にきちんといいサービスを提供し、そして喜んでいただいて、その結果、取引が伸びて、収益も上がるという順番でないといけない。最初に収益ありきで、収益のためには何をしてもよい、というのはよくない」と語ったのである。

収益を否定したわけではない。収益の上げ方に問題があると指摘したのだ。

他行との競争が過熱するも、首位にはなれず

本質をついた警告といえるが、もはや取り返しがつかない段階まで来ていた。松沢、荒木、端田と3代続けて「収益ナンバーワン」にこだわってきたが、結果はついてこなかった。

経常利益の推移をみると、1986年度に都銀首位となったあと、翌87年度は2842億円で第一勧業銀行、住友銀行に次ぐ3位、88年度は3935億円で住友銀行に次ぐ2位、89年度は2968億円で住友銀行、三和銀行に次ぐ3位と首位にはなれなかった。

バブル膨張の波に乗って利益の水準は高まっていたが、銀行全体に焦りが生じていた。ラ

イバルの住友銀行をはじめとする他行との競争に勝つことが営業現場の至上命題となり、銀行は何を大切にすべきかを忘れてしまったのかもしれない。

端田も危うさを感じていたのだろう。就任以来の「収益ナンバーワン」の路線を修正し始めていた。

１９９０～92年度の中期計画「ダイナミック　フジ　１１２」では「先進のベストバンク」を目標にした。

時代を先取りし、最高のサービスを提供する銀行、そして強い収益力に裏打ちされた、最も信頼される銀行の追求、社会のため、お客様のため、株主のため、行員のためのベストバンクの追求といった文言が並ぶ。

収益ナンバーワンを前面に出していた、それまでの中期計画とは雰囲気が異なり、ステークホルダーの存在を強く意識した内容である。ただ、３年後の到達目標として、収益体質ナンバーワン、関連会社を含めた総合力ナンバーワンも示しており、ナンバーワンの追求という路線には変わりはない。

端田は１９９０年４月から全国銀行協会連合会会長を務め、同年６月からは銀行の会長職を兼務した。前89年６月に前会長の荒木が急死したあと空席となっており、一周忌を終えたのを機に空席を埋めた。

端田カラーを出しやすい環境にはなってきたが、松沢以来の路線を完全には変えられなかった。しかも、バブル期に背負い込んできた重荷がじわじわとのしかかりつつあった。

数は絞りつつも、相次いで海外拠点を設立

国際部門も転機を迎えていた。1990年度からスタートした中期計画では、国際部門の課題として、本部業務の運営を現地で実行し、海外拠点に現地行員を投入する「現地化戦略」を掲げた。

その狙いは、①非日系企業との取引、市場取引で質の高いローカルスタッフを積極的に活用し、より踏み込んだ情報をキャッチしながら幅広いマーケティングを実現する、②地場マーケットへのアクセスを武器として日系取引で新しい展開を図る、③ローカルスタッフのマーケット把握力を活用し、リスク分析力の向上を図る、であった。

日本人スタッフの人数枠に限りがあるため、できるだけ業務の効率を上げる、邦銀のオーバープレゼンスが問題になる中で、現地に受け入れられ、評価される銀行になる必要がある、といった背景もあった。

海外での拠点展開は、ＢＩＳ規制の導入をにらんで効率性を重視する観点から、従来以上に狙い、採算、中長期のメリットについて十分、検討してから決定するようになる。設置のテンポは大幅にダウンしたが、どうしても必要な案件に絞り込んで展開した。

現地法人のドイツ富士銀行（フランクフルト）、オランダ富士銀行（アムステルダム）、イタリアのミラノとスペインのマドリードの支店、オーストリアのウィーンとドイツのベルリンの駐在員事務所を設けた。

米国では、すでに説明したM&A専門の合弁会社、富士・ウォルフェンソン・インターナショナル、シカゴに証券現地法人、富士セキュリティーズを設立した。

日系企業や非日系企業の進出が盛んなアジアでは、インドのニューデリーに駐在員事務所、インドネシアには現地法人、インドネシア富士銀行（ジャカルタ）、中国には中国康富リース（北京）を発足させた。

１９８７年度から92年度までの間に、支店5、駐在員事務所5、主な海外グループ会社13の合計23の拠点を新たに立ち上げた。１９９３年3月末で、海外拠点は米州に29、欧州に18、アジア、中東、オセアニアに27の総計74となる。案件を絞りつつも、拡大志向は変わらなかったといえる。

インドネシアの現地法人の誕生には、こんな裏話がある。

インドネシア政府は１９９０年、国内銀行との合弁であれば、外国銀行の進出を認める方針を打ち出した。

中央銀行総裁のアドリアヌス・モイは、橋本がフルブライト留学をした際に、米コロラド大学のオリエンテーションコースで一緒だった友人である。早速、国際電話をかけ、「現地の財閥グループと合弁事業をやりたい」と伝えると、「大歓迎だ」と応諾した。

日経平均株価は１９８６年頃から急上昇し、翌87年10月の米国ブラックマンデーでの一時的な下げを除くと一貫して上昇した。

１９８５年12月末の１万３１１３円から、89年12月29日には３万８９１５円となった。１日平均の売買株数は、１９８５年に約４億１３００万株だったが、89年は約８億８７００万株に膨らんだ。

１９９０年に入ると、様相が一変する。年末の株価は２万３８４８円となり、92年末には１万６９２４円まで下がった。

地価の下落も激しかった。１９８６年３月以降は、６大都市市街地価指数が毎年、２桁の伸びを示したが、１９９１年以降はマイナスに転じる。

地価下落の引き金となったのは、１９９０年3月の「土地関連融資の総量規制」である。投機的な土地取引が横行している現状をにらんだ規制であった。

不動産業向け貸し出しは、公的な宅地開発機構などに対する貸し出しを除き、増加率を総貸し出し以下に抑制する、不動産、建設、ノンバンクの3業種向け融資の実行状況を報告する、という内容だ。

地価の上昇を当て込んだ土地取引は急減し、バブル経済は一気に崩壊への道をたどる。

4. 頭取就任と赤坂支店事件

副頭取になって1年弱。橋本自身は、やがて国際担当の楠川の後任になり、副頭取を全うして終わるだろうと考えていた。それまで、国際部門を中心に歩んできた人材がトップに就いた前例はなかったし、橋本には国内の支店長を務めた経験もない。常務取締役や副頭取として国内営業を担当した時期もあったが、バブル経済が膨張するのを横目で見て危うさを感じ、行き過ぎを牽制する役回りが多かった。

思いがけず舞い込んだ、頭取就任の打診

思わぬ形で山が動く。バブル経済が崩壊し、銀行を取り巻く環境が激変する中で、国内営業に深く関与せず、バブル経済と距離を置く立場にいた橋本はクリーンな存在であり、経営方針を転換するのにふさわしい人材であった。

１９９１年春、宴席のあとで端田は「ちょっと時間をくれるか」と声をかけ、２人で酒を飲みに行く。「いやあ、橋本君ね、ちょっと唐突なんだけど、頭取になってくれ」と切り出した。

「頭取になられて4年しか経っていないのに、どうして辞めるんですか」と尋ねると、「家内の調子が悪いので、このまま頭取をやってもなかなか集中できない」。3人の副頭取のうち、楠川は7年先輩、馬場は4年先輩である。

「馬場副頭取を飛び越して私になれというのは……」と言うと、「彼は年次からいうと君より4年先輩だが、年齢は私と同じくらいだ。若返らせたいのだ」と続けた。心の準備は全くできていなかったが、別れるときには「じゃあ、お受けします」と返事をした。

端田は酒にも強いタイプだったが、頭取職の激務と、家族の介護が重なって疲労がたまっていたのだろう。役員が集まる「テーブル会」でも、寝不足のためか、ときおり居眠りをする場面があった。

驚きはあったが、せっかく後継に指名されたのだからやろう、と腹を固めた。端田からは、「任せるのだから、思うようにやってほしい」とだけ伝えられた。

橋本は頭取に就任するに当たり、旧約聖書の「ソロモンの知恵」を読み返した。ヘラー社の買収交渉の責任者として悩んでいたとき、たまたまニューヨークの教会に立ち寄ったことが、心の平穏を取り戻すきっかけとなり、イエスの教えに救われたとの思いを強くした。

そこで、ヘラー社のあるシカゴに駐在したときから日曜日の教会通いを復活させ、日本に帰国後も教会通いを続けていた。

○ソロモンの知恵

ソロモンは、エジプトの王ファラオの婿となった。彼はファラオの娘を王妃としてダビデの町に迎え入れ、宮殿、神殿、エルサレムを囲む城壁の造営が終わるのを待った。当時はまだ、主の御名《みな》のために神殿が建てられていなかったので、民は聖なる高台でいけにえをささげていた。ソロモンは主を愛し、父ダビデの授けた掟に従って歩んだが、彼も聖なる高台でいけにえをささげ、香をたいていた。

王はいけにえをささげるためにギブオンへ行った。そこに重要な聖なる高台があったからである。ソロモンはその祭壇に一千頭もの焼け尽くす献《ささ》げ物をささげた。その夜、主はギブオンでソロモンの夢枕に立ち、「何事でも願うがよい。あなたに与えよう」と言われた。ソロモンは答えた。

「あなたの僕《しもべ》、わたしの父ダビデは忠実に、憐れみ深く正しい心をもって御前《みまえ》を歩んだので、あなたは父に豊かな慈しみをお示しになりました。またあなたはその豊かな慈しみを絶やすことなくお示しになって、今日、その王座につく子を父に与えられました。

わが神、主よ、あなたは父ダビデに代わる王として、この僕をお立てになりました。しかし、わたしは取るに足らない若者で、どのようにふるまうべきかを知りません。僕はあなたのお選びになった民の中にいますが、その民は多く、数えることも調べることもできないほどです。

どうか、あなたの民を正しく裁き、善と悪を判断することができるように、この僕に聞き分ける心をお与えください。そうでなければ、この数多いあなたの民を裁くことが誰にできましょう。」

主は、ソロモンのこの願いをお喜びになった。神はこう言われた。

「あなたは自分のために長寿を求めず、富を求めず、また敵の命も求めることなく、訴えを正しく聞き分ける知恵を求めた。見よ、わたしはあなたの言葉に従って、今あなたに知恵に満ちた賢明な心を与える。

あなたの先にも後にもあなたに並ぶ者はいない。わたしはまた、あなたの求めなかったもの、富と栄光も与える。生涯にわたってあなたと肩を並べうる王は一人もいない。

もしあなたが父ダビデの歩んだように、わたしの掟と戒めを守って、わたしの道を歩むなら、あなたに長寿をも恵もう。」

ソロモンは目を覚まして、それが夢だと知った。ソロモンはエルサレムに帰り、主の契約の箱の前に立って、焼き尽くす献げ物と和解の献げ物をささげ、家臣のすべてを招いて宴を張った。


私心を捨て、民の声をよく聞きながら統治するべきだという教えを頭の中に叩き込んだ。

大手銀行で最も若い頭取が誕生

橋本への交代は報道が先行する形となった。4月26日、新聞やテレビは一斉に、端田が会長専任となり、橋本が頭取に昇格するトップ交代を報じた。銀行側は「ノーコメント」を通し、正式な発表は5月27日の決算取締役会の後となった。

端田は直前まで「3期6年はやる」と公言していただけに、交代の理由をめぐって様々な観測が流れた。富士銀行がメーンバンクの大阪府民信用組合（大阪市）や飛島建設の経営問題が表面化し、対応に追われていたため、けじめをつけ、気分を一新する狙いがあるとの見方も強かった。

とりわけ、大阪府民信組の経営問題は世間の注目を集める。

大阪府民信組は、中堅商社イトマン関連の不良債権が1200億円にのぼり、経営難に陥った。富士銀行は同信組に大口預金者を紹介し、結果として同信組の問題融資を資金面で支えていた。

富士銀行は5月23日、同信組の経営不安に対する経営責任を取り、端田の月額報酬1カ月相当分のカットを含め、常務以上と担当役員計18人を対象に、月額報酬100〜30%カットの減額処分をすると発表した。

自身も70%カットの処分を受けた橋本は、大阪で記者会見に臨み、「府民信組の資金運用の実態を承知しないまま、多額の預金協力をしたことは誠に遺憾」と謝罪した。同信組の経営再建に関しては、「信用秩序維持の立場から地元の金融機関にも相応の協力をお願いしたい」と説明し、大口債権の回収には協力する意向を示した。

府民信組の問題に一応の目処をつけた5月27日、橋本への頭取交代を発表した。

端田は、「府民信組の問題の責任を取って辞めるのではない。（頭取が会長を兼任する）変則体制から脱するのが頭取交代の狙いだ」と強調する一方で、「経営のトップにあった者として責任を感じている。バブル経済が膨張する中、日本に蔓延した現象が富士銀行の中にも入してきたのは、非常に残念なことだ。この際、銀行経営の基本に立ち返って、健全経営を根本からやり直すことが重要だ」とも語った。

橋本は、「社会に支持され、お客様に信頼される銀行を作っていくことだ。昨今、銀行の営業姿勢について色々な社会的批判がある。こうした批判に謙虚に耳を傾けて、社会の公器としての銀行、銀行員のあるべき姿をもう1度原点に返って追求、企業倫理、職業人倫理をまず徹底することが大事だ」と反省の弁を述べた。

銀行はなぜ、批判を受けるようになったのかとの問いに対しては、「収益ナンバーワンを目指してやっていた時期があった。それ自体は悪いことではないが、それが行き過ぎた側面があったことも否めない。これからは、他行を追い抜くという意識ではなく、株主、従業員、社会を考えた収益水準を主体的に考える経営を進めたい」と答えた。

就任予定日は6月27日。56歳の頭取は都市銀行、長期信用銀行、信託銀行の中で最も若かった。

頭取就任早々、「赤坂支店事件」に見舞われる

嵐は突然、やってきた。頭取になる直前の6月上旬、世界の主要銀行のトップが集まる国際金融会議（インターナショナル・マネタリー・コンファレンス）が大阪で開かれた。

1991年は日本の銀行がホスト役で、橋本は実行委員会の委員長を務めた。議長はシティバンク会長のジョン・リードだった。実行委員会は50を超える銀行のトップの世話役であり、会議全体の準備作業を担う。

会議の最中、企画担当常務の山本恵朗から連絡が入った。

「副頭取、大変なことが起こっています」「なんだ？」「架空の定期預金が出回っていて、あるノンバンクから提示されました」。そのノンバンクは、富士銀行の定期預金を担保にして、ある先にお金を出した。

ところが、そのお金が返ってこないので、担保に取っていた定期預金の払い戻しを請求したのである。銀行の帳簿には何の記録もなく、預入金はゼロだが、預金証書は本物だ。

東京・赤坂支店の課長級の行員が、親しい会社に不動産担保の融資を実行したかったが、銀行の正規の手続きを踏めば拒否される案件だったのだろう。そこで悪知恵を働かせ、架空の定期預金証書を作ったのだ。

なぜ、渉外担当の行員が預金証書を発行できたのか。調べてみると、支店内部の事務部門に協力者がいたことが分かった。貸し出しの担保にするためには、預金に質権を設定することを銀行が承諾しなければならない。質権設定の承諾書も偽造させ、自分の取引先に渡したのである。取引先は、ノンバンクから定期預金を担保にした融資を受けた。

「頭取になった早々、大変なことになるな」。山本の電話の時点では預金証書の総額は200億円だったが、その後、金額が膨らみ、最終的には2570億円に達した。

予兆はあった。1991年4月、神田駅東支店で架空預金証書による不正融資が発覚し、全支店に点検を命じたところ、5月に日比谷支店での不正融資も明らかになった。

神田駅東は渉外課長、日比谷は次長兼渉外課長による不正行為で、金額はそれぞれ23億円、21億円だ。神田駅東の渉外課長は事件が発覚する前に自己都合で退職し、対象となった融資は全額、銀行の直接融資に切り替えた。

架空預金証書を使った不正行為は、すでに2件発覚していた。この2件の処理に手間取っているうちに、新たな事件が発覚し、しかもこれまでとは桁違いに被害が大きいとあって、山本は慌てて電話をしてきたのだ。

そもそも、架空の定期預金の払い戻しに応じる必要はあるのだろうか。弁護士とも相談した結果、全額、払い戻しに応じなければならないとの結論に至る。

定期預金証書は本物である。行員は課長級の役付き行員であり、銀行は使用者としての責任を免れない。預金を担保に貸し出しをしたノンバンクは善意の第三者である、というのがその理由だった。

「収益ナンバーワン」路線を撤回、体質改善を経営目標に

架空預金の問題を抱えたまま、橋本は6月27日、頭取に就任した。翌28日、就任のメッセージを部店長に伝えた。

「私の目指す銀行像は『先進のベストバンク』にほかならないということであります。すなわち、他行に先がけて優れた金融商品、金融サービスを開発、提供し、お客様にとっても、行員にとっても、株主にとっても、さらに社会一般にとってもベストな銀行、こういった銀行

の実現を目指して全力をあげたいと考えるのであります。

第2に、『生き生きとした躍動感あふれる富士銀行』にしたいと考えます。お互いに切磋琢磨し、何でもざっくばらんにものが言え、真に自由闊達で、働きがいのある職場にしたいということであります。

第3に、『メーンのお客様に最高の好感度をもって迎えられる富士銀行』にしたいと思います。すなわち、個人のお客様には家計のよきパートナーとして、また、法人のお客様には事業のよきアドバイザーとして、先進でタイムリーな商品、サービスを提供できる銀行でありたいと考えます」


トップが収益ナンバーワンにこだわり、行員たちに重圧をかける経営がもたらしたのが、赤坂支店事件だともいえる。事件の処理が終わらないままに新頭取に就任した橋本の心中は複雑だったろう。

まず、収益力を前面に出す経営方針を完全に撤回し、ステークホルダーとの共存を重んじる経営に転換すると宣言したのである。

さらにこう語りかけた。

「私は、ここで次のことを皆さんにお約束したいと思います。

まず第1は『お客様重視』『営業店重視』の経営を本気で実践するということであります。そのために、私をはじめ役員全員が積極的に営業店を訪問し、お客様の声を直にお聞きするため、あらゆる機会にお客様にお会いしたいと考えております。

第2に、『人を大事にする経営』を行うことをお約束したいと思います。かねがね言われておりますように、当行は『1にも人、2にも人、3にも人』であります。人材の育成に力を入れますとともに、ひとりひとりを大切にしていく観点から、一層の早期終業体制の構築へ向けて、本気で取り組んでいく所存であります。

第3に、『自己革新』の実践をお約束したいと思います。『中期計画112』で今年度は『企業革新』すなわち、ひとりひとりの『自己革新』の年と位置づけております。自らの意識と行動を変え、積極的に新しいことにチャレンジしてまいりたいと考えます」

新頭取の「約束」に基づき、具体策を展開した。「ベスト・コミュニケーション」と「エクセレント・サービス」が柱である。

前者は、①頭取以下、常務取締役までが手分けをして全店をくまなく回り、営業店の行員と本音で対話する、②「お客様のための先進のベストバンクづくり」を統一テーマとし、全部店から問題提起型の提案を募集する。

後者は、顧客に信頼される営業活動を徹底する運動で、「接遇、応対の向上」「サービスの質の向上」を目指すとともに、「お客さまの声カード」を作って顧客の要望を吸い上げるようにした。

銀行をサービス産業としてとらえれば、いずれも当たり前の施策のように見えるが、バブルが崩壊するまでの銀行界では、こうした取り組みはほとんど見られなかった。

経営陣は数字ばかりに目を向け、ステークホルダーの存在を忘れがちになっていた。もともとバブル期の営業姿勢に疑問を感じていた橋本は、一気に体質を変えようとしたのだ。

頭取就任後、公約通り支店回りを始めた。最初の訪問先は仙台支店だ。夕食を取っていると突然、銀行の広報担当から連絡が入った。「明日、新聞に架空定期預金の記事が出ます」。それまでは外部には情報が洩れず、総合企画部と役員だけで対応していた。処理がきちんと終わった段階で公表するつもりだったが、記事が出るならすべての支店長に事の顛末を説明する必要がある。

新聞報道を受け、1991年7月25日午前、山本恵朗（同年6月に副頭取に昇格）が本店で記者会見した。

架空の預金証書で引き出された融資は総額2570億円。富士銀行はノンバンクによる融資を肩代わりしたが、担保不足もあって270億円を超す損失が出る見込みとなった。架空取引を実行したのは、赤坂支店の元渉外課長と元営業課長代理、日比谷支店の元次長兼渉外課長。3人を懲戒解雇すると同時に、有印私文書偽造、同行使、特別背任の罪で警視庁に告訴状を提出した。

同日午後、緊急支店長会議を開き、橋本は「あまり騒がず、お客様には丁寧に謝ってください。これからきちんと再発防止策を打ち出します」と説明して行員の動揺を抑えようとした。

蔵相秘書も関与、混乱が広がる

事件は予想外の展開を見せる。赤坂支店の不正融資に、橋本龍太郎蔵相の秘書が関与していたことが8月初めに明るみに出たのだ。

蔵相秘書は不正融資のうち14億円分を仲介したほか、赤坂支店の渉外課長から知人を介して、転勤を遅らせるように銀行に圧力をかけてほしいと懇願され、本店秘書室長に電話で要請した。蔵相秘書は、辞任を余儀なくされた。

混乱が広がる中、橋本は全行員に次のような手紙を送った。

「今回の不祥事は、当行創業以来の不名誉な出来事であり、長年にわたり、金融界のリーディングバンクたる役割を果たしてきた当行としては、誠に残念でなりません。

また、諸先輩と皆さんが、最も大事に守り育ててきた当行の信用を著しく損なうこととなりましたことは、誠に無念であります。今後の信頼回復の道程は、長く、辛く、苦しいものであることを覚悟しなければなりません。

このようなときこそ、役員、行員の全員が心をひとつにして、この最大の難局をはね返し、当行発展のための基盤を一段と盤石なものにして参りたいと思います。先進のベストバンクを企業理念として掲げ、社会に支持され、お客様に信頼される銀行をめざす路線にいささかも揺るぎはありません。

さらにこれを推し進めることこそが、厳しい試練をのりきる唯一の道であることを確認し合って、明日に向かおうではありませんか。私も、その先頭に立って、行動する覚悟であります。皆さんの一層の奮起と頑張りを期待します」

銀行からの報告を受け、大蔵省は7月25日、文書で業務改善指導を通知した。内部管理体制を早急に総点検し、1カ月以内に再発防止策を盛り込んだ報告書の提出を求めた。

8月下旬、不正防止策、体質改善計画の方針と諸制度の見直しからなる報告書を提出した。

不正防止策の概略はこうだ。

1　緊急対策

①定期、通知預金の無通帳による支払い、中途解約、新規預け入れの取り消し（金額1億円以上）の取引内容について、異常の有無を点検する「異例取引の全店特別点検」の実施、②検査部特別点検指導チームによる「特別点検指導検査」の実施、③「部店長懇話会」を開催し、営業姿勢（取引先、収益計画の中身）の徹底と不正事故防止の注意喚起

2　事務管理手続きの改正

①異例取引のチェック厳正化、②通帳・証書請求・廃棄手続きの厳正化、③支店長印・押切印（銀行印）の管理の厳正化、④第三者が質権者の質権設定承諾の取り扱い厳正化

3　検査制度の改定

①特別点検項目の設定、②検査項目の見直しや運営体制の強化などの自店検査制度の強化、③運営体制、業務監査機能の強化、検査項目の見直しや検査評定上の変更などの本部検査制度の強化

4　人事管理の強化

①営業店の人事ローテーションの見直し、②教育研修の充実、③倫理綱領の策定、④身上把握の強化、⑤連続休暇取得の促進

事務や人事管理のチェック機能を大幅に強化する内容だ。管理があまりにも厳しくなると行員の負担が増し、事務手続きの手間が煩雑になって顧客の待ち時間が増える可能性がある。顧客が申し込んだローンの審査時間を短くし、収益の拡大を目指してきた従来の路線を転換せざるを得なくなったといえる。

主な制度や運営の見直しは以下の通りである。

①支店の実態を見極めた「主体的収益計画」を目標運営の中心に置く、②「営業店表彰制度」は業務と管理のバランスを重視したものに改める、③支店長の人事評価は、業績だけではなく、組織運営、人材育成および人格、識見を加味したバランスのとれた総合評価とする、④早期終業体制の確立による「ゆとり」の創出に取り組む、⑤職業倫理、事故防止の徹底や意識改革のための研修を強化する一方、融資実務能力の向上に主眼を置いた研修体系を構築する、⑥与信管理については、取引先の格付けや方針という考え方を取り入れ、貸し出し審査能力の一層の向上を図り、他の金融機関の預金を担保とする貸し出しを原則、禁止する。

バブル期に銀行全体に染みついた収益至上主義を全否定する内容とも受け取れる。体質改善計画を実行するに当たり、端田が策定した中期計画（1990~92年度）は、1991年度の下期から中断することにした。社会や顧客に支持される「先進のベストバンク」の目標は残しつつも、3年後に収益体質と総合力ナンバーワンを目指すという方針はすべて中断した。前頭取から引き継いだ計画を中断するのは極めて異例だった。

参考人として、衆参両院に招致される事態に

バブル崩壊で、組織内にたまっていたウミが出てきたのは富士銀行だけではない。大口顧客に損失を補てんしていた証券会社、不透明な絵画取引などで特別背任事件に発展したイトマン事件に深くかかわった住友銀行、架空預金事件を起こした大阪・ミナミの料亭経営者、尾上縫《おのうえぬい》への巨額融資が問題視された日本興業銀行なども世間から厳しく糾弾され、証券・金融スキャンダルが連日、報道される事態となる。

国会でも問題となり、証券・金融スキャンダルを解明するために証人喚問を協議していた衆院証券・金融問題特別委員会は、野村証券前会長の田淵節也《たぶちせつや》、日興証券前社長の岩崎琢弥《いわさきたくや》

を8月29日に証人喚問し、富士銀行頭取の橋本、住友銀行頭取の巽外夫《たつみそとお》、日本興業銀行頭取の黒沢洋《くろさわよう》を30日に参考人として招致することを決めた。

8月30日、国会へ出向く前に頭取室のドアを閉め、祈った。「力の及ぶ限り、すべてやりました。でも、何を答えたらよいのでしょう」。そのとき、新約聖書の「迫害を予告する」（マタイによる福音書第10章）が浮かんだ。

わたしはあなたがたを遣《つか》わす。それは、狼の群れに羊を送り込むようなものだ。だから、蛇のように賢く、鳩のように素直になりなさい。人々を警戒しなさい。あなたがたは地方法院に引き渡され、会堂で鞭打たれるからである。また、わたしのために総督や王の前に引き出されて、彼らや異邦人に証《あか》しをすることになる。引き渡されたときは、何をどう言おうかと心配してはならない。そのときには、言うべきことは教えられる。実は、話すのはあなたがたではなく、あなたがたの中で語ってくださる、父の霊である。兄弟は兄弟を、父は子を死に追いやり、子は親に反抗して殺すだろう。

また、わたしの名のために、あなたがたはすべての人に憎まれる。しかし、最後まで耐え忍ぶ者は救われる。一つの町で迫害されたときは、他の町へ逃げて行きなさい。はっきり言っておく。あなたがたがイスラエルの町を回り終わらないうちに、人の子は来る。

あまり深く考えず、自分が知っていることを誠実に話し、知らないことは「分からない」「答えられない」と言うしかない。不思議なほど心が落ち着いた。

国会には、総合企画部長の小倉利之（後に副頭取）が随行した。小倉は9月の参院の質疑でも橋本をサポートした。

国会では、以下のように陳述した。

大野明委員長　今回の富士銀行の架空預金証書事件に関連して内部管理体制はどうだったか。

橋本　信頼し権限を与える2人の役職者が自ら不正に走り、共謀していたため長期間見抜けなかった。基本的には、ダブルチェックが働くよう重要事項に関しては監査資料などによって第三者のチェックも入り、発見できる仕組みになっていたが、背景に収益至上主義で業績推進に走りすぎ、チェック体制を適切に作動させるに欠くところがあった。

衛藤征士郎（自民）　今年4月に最初に神田駅東支店で架空預金が発見された。赤坂支店まで2カ月かかったのはなぜか。

橋本　神田駅東支店で発見してから全支店に総点検を命じた。その総点検の過程で日比谷、赤坂支店で不正が発覚した。

衛藤　被害額は赤坂で250億円、日比谷21億円、神田東はゼロだが、なぜ神田東の担当者を告訴しなかったのか。

橋本　架空預金証書23億円分を発行した神田東では、証書を担保にした取引先から新たに担保を取って正規の融資とした。しかし、赤坂、日比谷は被害金額分が正規の貸し出しに切り替えられなかった。これを被害、事故として告訴した。

衛藤　被害がゼロだったから告訴しないのは身内に甘いのでは。

橋本　神田駅東支店の担当者は自己の都合で退職しており、現在は当行に勤務していない。

菅原喜重郎（民社）　当時の赤坂支店長は（不正融資を）知っていたのではないか。

橋本　平成元年（1989年）2月13日にノンバンクから30億円の預金について実際に預け入れているのかどうか、質権設定があるのかという照会があった。照会を受けた課長が即刻調査した結果、ノンバンクに担保として差し入れられた預金が平成元年（1989年）1月20日に中途解約されていることが判明した。支店長と渉外課長は出張中であったので、副支店長が出張先の支店長に連絡。支店長が渉外課長に説明を求めたところ、その件については不動産担保に切り替えるか、あるいは不動産を売却し全額を返済するということで取引先、ノンバンクと話がついているのでそのような照会があること自体がおかしい、という回答だった。その翌日、ノンバンクから、調べてみたら預金担保を不動産担保に切り替えることになっている。したがって、あの照会は当方の間違いだったとの連絡が副支店長にあった。支店長は出張から帰り16日に出勤した際、その後の調査を命じた。そうこうしているうちに、2月20日、渉外課長が言った通り、預金証書と質権設定承諾書が回収された。当時の支店長は本件は解決したと判断し、背後に不正があるという認識は全く持たなかった。本部に連絡もしていない。軽率と言わざるを得ない。

鈴木喜久子（社会）　大蔵省の検査は2年か3年に1度はあり、1度は入っているはず。なぜ今回の事件が分からなかったのか。

橋本　確かに大蔵省の検査も我々の内部検査も入っている。証拠が残っていなかったので分からなかった。

冬柴鉄三（公明）　なぜ行員の犯罪を防げなかったのか。

橋本　定期預金証書、質権設定承諾書の発行は、各支店の課長、課長代理がやる。今回の事件の手口は、まず定期預金がないにもかかわらず、コンピューターに入金操作し、定期預金証書をとった後、入金取り消し操作でコンピューターの預金を抹消、残った証書を利用したもの。証書発行の管理責任者2人が共謀してやったため分からなかった。

冬柴　橋本蔵相の元秘書が赤坂支店の渉外課長と知り合いで融資のあっせんをした。元秘書は俳優の事務所にも2000万円を融資したと言っているが、俳優側は融資を断られたという。どちらが本当か。

橋本　不正融資なら私どもは関知しない。調査はしたが分からなかった。

児玉健次（共産）　今年1月、蔵相の元秘書は富士銀行の秘書室長に対し、赤坂支店の渉外課長の留任を依頼する電話をしたのではないか。

橋本　電話は確かにあった。その場で断ったが、念のため人事部に連絡だけはしておいた、との報告を受けている。

児玉　渉外課長は「今年2月、異動対象にあがったが、蔵相秘書から本店幹部に働きかけてもらって転勤を免れた」と言っている。

橋本　渉外課長は転勤の時期ではあったが、事情によって延びたり縮んだりする。電話があって、秘書室長が動いて遅らせたという事実はない。

菅原　蔵相元秘書が不正融資を仲介したことを事前に知っていたか。政治家や秘書から無理な融資を頼まれることはあるか。

橋本　報道されるまで知らなかった。政治家から貸し出しを頼まれることはままあるが、審査基準に満たなくても、取り上げるということはない。

質疑は、赤坂支店事件以外の問題にも及んだ。

鈴木　富士銀行が大阪府民信用組合に預金を紹介したのは何人で、一番多いときはいくらに達したか。

橋本　大口定期預金の紹介のピーク時は平成2年（1990年）10月で38件、合計1345億円だった。

鈴木　当時の大阪駐在の常務が全国の支店に紹介先を募ったという報道があるが。

橋本　大阪府民信組とは以前から深い関係があり、理事長から預金先を紹介してほしいという依頼があった。一方、富士銀行の顧客の中から利回りの良い預金をしたいので預金先を紹介してほしいと言われており、双方のニーズを結び付けた。当時の常務が旗を振ったことは確かだ。

鈴木　大阪進出の手がかりに大阪府民信組を利用したのではないのか。大阪府民信組への預金に富士銀行がコマーシャルペーパー（ＣＰ）で調達した資金を使ったのか。

橋本　ＣＰを利用して集めた資金を預金した例もあるが、件数、金額に関する資料は今はなく、答えられない。後に書面で答えたい。また、関西地区は重要だが、大阪府民信組を軸にやろうということはない。

鈴木　大阪府民信組の預金がイトマンに流れたということを認識していなかったのか。

橋本　預金を紹介していたころは、その使い道を承知していなかった。あとで調べて分かった。

鈴木　当時も、イトマンに関していろいろなうわさが流れていた。自分のところはストップしながら、一方で大阪府民信組に預金を紹介しているのはどういうことか。

橋本　大阪府民信組の貸し出し実態を知らなかったため、預金の紹介をしてしまった。

菅原　山口組関連企業に50億円融資しているという報道があるが。

橋本　50億円という額よりはかなり少なく残りも回収の方針である。暴力団が背景にあると分かっている会社に対して融資することはない。

冬柴　富士銀行に持ち込まれた東洋信金の預金証書の金額、証書暗号などはどのような方法で記入されていたか。

橋本　全部を見たわけではないが、15通の預金証書のうち金額の大きいもの2通については、金額はチェックライター、名義人、利率はペンの手書き、日付はゴム印だった。これについては、支店長が通常とはちょっと違っているということで先方の支店長の所へ直接出かけて行って、「これは大丈夫ですか」と質問した。

冬柴　（預金証書偽造事件で逮捕された）尾上縫容疑者名義の200億円の預金を担保に富士銀行が貸し付けたというが、尾上容疑者のような200億円もの預金がある人が、なぜ預入先の東洋信金ではなく富士銀行を借入先に選んだのか。どのような説明を受けたのか。

橋本　尾上容疑者が富士銀行と最初に取引したのは昭和63年（1988年）の暮れぐらいからだった。私どもの定期預金を担保に8億円借り入れた。その後、だんだん増えていったが、増えていく過程ではすべて証券を担保に貸し出した。発覚したとき、貸し出しは２００億円になっていた。尾上容疑者は料理店を経営するなどたいへんな資産家でいろいろな証券なども持っているという評判だったので、信用して貸し出していた。昨年10月ごろに一部が額面およそ55億円の東洋信金の定期預金に切り替わった。最後には証券担保がすべて東洋信金の定期預金担保に切り替わった。

バブルの責任認めた元頭取

９月５日、参院証券・金融問題特別委員会でも参考人として質疑に応じた。大筋は衆院と同様だが、経営責任の問題に焦点が当たり、「事件の全容が解明された後に、しかるべき措置を取る」と述べた点に注目が集まった。

衆院と参院での参考人質疑では、そもそも人選に問題があるとの見方があった。住友銀行ではバブル期に経営のかじ取りをしていたのは磯田一郎元会長、富士銀行では端田泰三会長である。すでに辞任していた磯田とは異なり、端田は会長に留まっている。参考人として陳述すべきは端田だとの声が出た。

10月3日、端田は同日付で会長から相談役に退いたと発表した。記者会見した端田は、「管理面が甘くなり、行員の不正を見過ごした。その背景には、業績中心主義の経営があった」と非を認める。

「銀行の貸し出し競争がバブルを作った。不動産を担保に融資する風潮を作り、ああいう行員を生んでしまった責任を非常に感じる。事件当時の最高経営者として責任を取り、辞任すべきだとずっと考えていた」とも述べた。

ともに会見に臨んだ橋本は、不正融資の肩代わりによる収益への圧迫から回復するのに「3年ぐらいかかる」との厳しい見通しを示した。

5. 行員誘拐事件、犯人からの電話

ここで少し、頭取というポストについて考察してみよう。

橋本によると、富士銀行の頭取は英語でいえばPresident and CEO（Chief Executive Officer）であり、すべての権力が集中している。だから、赤坂支店の行員が起こした個人の犯罪であっても、事件が発覚したときの頭取が責任をもって対処するのは当然である。

ただ、銀行の業務範囲は極めて広く、組織も大きい。頭取が組織の隅々まで目を光らせるのは難しいのも確かだ。富士銀行では、もちろん例外はあるが、個別の融資案件の決裁は頭取には報告せず、副頭取が決裁する慣行があったという。超多忙な頭取の負担を少しでも減らすためだ。

頭取には、銀行の顔として対外活動をする責務もある。黙っていても、取引先との会食や週末のゴルフの予定が入ってくるし、日中も面会や決裁事項の処理など、分刻みのスケジュールをこなさねばならない。そうした場面で独自色を出すのは難しいし、そんな行動を求め

られているわけでもない。

かといって、流されるままに行事をこなしているだけだと重要な案件を見過ごし、経営判断を誤るかもしれない。橋本の自宅はもともと埼玉県所沢市にあり、頭取就任後もそこに住んでいたが、夜の会食の後、所沢まで帰るのはきついため、就任の半年後には東京・中目黒の社宅に移り住んだ。

先にも紹介したが、富士銀行は常務以上の役員が大部屋で席を並べており、頭取も大部屋の自席になるべくいるようにしていた。毎週月曜日には「テーブル会」を開いて役員同士で情報を交換し、お互いに意見を言い合った。

役員のコンセンサスを重視した意思決定の手法だといえるが、大部屋で議論するテーマと、トップだけで判断しなければならないテーマの線を引くのは頭取なのである。頭取は銀行を取り巻く森羅万象と向き合いながら、銀行全体の針路を見極め、かじ取りをしなければならない重いポストだといえるだろう。

誘拐犯、最初の標的は頭取だった

頭取の守備範囲、行動範囲の広さを示す事件やエピソードをいくつか紹介しよう。

一つ目は行員の誘拐事件である。事件を再現する。

1991年11月26日夕、東京・西麻布の東京事務センターに勤める行員が、センターを退出した。その行員は東京・代々木上原の家族寮に住んでおり、帰宅して通用門から入ろうとすると、後ろから拳銃を突きつけられ、ホールドアップをさせられた。レンタカーに押し込まれ、新宿のマンションに連れ込まれた。

同日夜、前副頭取、馬場隆の自宅に「大蔵省の三浦」と名乗る男から電話があり、馬場が「私は銀行を辞めている」と言うと、「なめんなよ」と言って電話を切った。この時点では、銀行は事件が起きていることを知らないままだ。

同日午後10時30分ころ、橋本が所沢の自宅に帰宅した。夫人が、「先ほど、大蔵省の三浦さんという人からお電話がありました」と伝えた。

「向こうの電話番号を聞いている？」と尋ねると、「おうかがいしたのだけど、先方さんはあちこち出回っているので、向こうからまたかけると言っておられます」「それではしばらく待っておこう」。

12時まで待っても電話はかかってこない。翌日は早朝から名古屋に出張する予定になっていたので、寝床に入った。すると、深夜の2時ごろ、再び電話が鳴った。夫人が出ると、先ほどの三浦さんだという。

大蔵省の三浦さんというのは全然知らないなと思って電話に出ると、「大蔵省の三浦と言ったけど、そうではない。名前は言えない。とりあえずAということにしておいてくれ。西麻布支店に不正が起こっている。俺はその証拠を握り、あんたのところの○○（実名）を預かっている。取り返そうと思えば明日の朝、3億円を用意して指示を待て。黒い布張りのボストンバッグ2つに1億5000万円ずつ、1万円札で用意してくれ」。

誘拐された行員は偶然、犯人たちに目をつけられただけだった。東京地検の検事によると、犯人は実は頭取を誘拐しようと狙っていた。だが、頭取は常に自動車で運転手と一緒に行動しているので、なかなかスキがない。

そこで、犯人は頭取の誘拐は諦め、一般の行員に切り替えた。行員であっても命にかかわることであれば、銀行からお金は出るだろうと考えた。

誰でもいいから、つかまえやすい人間を狙った。

深夜の電話の後、橋本は総務部長に連絡し、「夜中に申し訳ないけど今、こういう電話があった。ひょっとしたら狂言かもしれないけれど、本当だったら困る。明日の朝、自分は名古屋に出張してしまうので、あなたのほうで、当人が出勤しているかどうか調べてほしい。出勤していなければお宅に電話して、夕べ帰宅しているかどうか、確かめてくれ。もし出勤せず、夕べも帰っていないなら、本当らしいので、警察に連絡して極秘裏に対策を練っておいてくれ」と指示を出した。

なぜ富士銀行の行員が狙われたのか

27日、名古屋に着くと、総務部長から電話が入る。「どうも本当らしいです。すでに警察に連絡をし、警察は逆探知機を持って銀行に来ています」。

名古屋から戻り、夕食を済ませてから銀行に行った。すでに警察が一室を押さえ、逆探知機を設置していた。犯人から連絡も入り始めている。「明日の午後3時から行動を起こしてもらう。人の命がかかっている」。犯人は公衆電話ボックスからかけてきていた。逆探知して警察がその場所に行くと、犯人は場所を変えていた。

28日は午後3時過ぎから電話がかかり始める。3時16分にかかった36回目の電話で逆探知に成功。新宿7丁目の電話ボックスで、付近を警戒中の新宿署員が容疑者を発見する。

同容疑者を新宿署に任意同行して調べていると、夜になって犯行を認める供述を始めた。「○○さんは大丈夫だ。食事も食べさせている。○○さんとは面識はない。俺がしゃべれば、俺も○○さんも殺される」。

29日午後、再び銀行に電話が入り始め、「仲間が来ない。どうなってるんだ。本当に殺すぞ」。逆探知に成功し、新宿6丁目の電話ボックスで電話をかけていた2人目の容疑者を発見し、逮捕した。

30日午前0時過ぎ、2人目の容疑者は「○○さんは新宿6丁目のマンションの一室に監禁されており、男が拳銃を持って見張っている」と自供する。その後、捜査員がマンションに突入し、○○さんを無事保護し、3人目の容疑者を現行犯で逮捕した。

犯人が逮捕されるまでの間、所沢の自宅にも警察官3人が待機し、リビングルームに逆探知機を設置していた。3人のうち1人は女性の私服警官で、夫人が買い物に行くと女性警官がついていった。近所の人は、「あまり見かけない人ですけど、ご親族ですか」と夫人に問いかけた。「そうなの」とかわすしかなかった。

事件の反省から、役員の電話番号の公開はやめ、社宅や寮の看板も外した。赤坂支店事件で富士銀行の悪いイメージが広がり、「富士銀行を狙えば金が出るかもしれないと犯人は思ったのかもしれない。踏んだり蹴ったりの年だった」。

傷ついたイメージを回復するため、広報戦略に注力

赤坂支店事件は、広告・イメージ戦略に目を向けるきっかけにもなった。プロテニスプレーヤーの沢松奈生子とのスポンサー契約もその一環だ。

沢松の叔母である沢松和子は1975年、ウィンブルドン女子ダブルスで優勝したトッププレーヤー。4大大会での優勝は日本人女性で初の快挙だった。沢松奈生子も1995年の全豪オープンでベスト8に進出した。

沢松和子、奈生子と親交がある高橋衛《まもる》（後に取締役）からの提案であった。契約の内容を尋ねると、スポンサー料を払い、腕の部分に銀行の名前をつけたユニフォームでプレイをしてもらうという。「いいじゃないか」とゴーサインを出した。

銀行の広告活動は、過当競争の防止を理由に全国銀行協会連合会が自主規制しており、各行ともあまり積極的ではなかった。

しかし、業界団体による自主規制は独占禁止法上、望ましくないとの判断から、１９９３年３月、自主規制を撤廃した。銀行自身の新聞広告やテレビ・ラジオ広告、タイアップ広告や各種のイベントも自由にできるようになった。

富士銀行は、１９９３年度下期からイメージ戦略を展開した。長期ビジョンである「顧客支持トップバンク」を社会や顧客にアピールし、赤坂支店事件で傷ついたイメージを回復するのが狙いだ。

戦略を立てるにあたり、イメージ調査を実施したところ、①総体的には富士銀行のイメージは希薄、とりわけ若年層で希薄である、②各層別のイメージにバラツキがあり、高齢層では他の階層に比べて評価が高い、③不祥事報道の後遺症が残っていて、企業イメージ調査や就職の人気調査に影響している、といった結果が出た。

そこで、年代別にグループ分けし、各層にあった広告媒体を活用し、各層に販売したい商品・サービスを重点的に、かつきめ細かく訴えることにした。

例えば、20歳代以下の若年層に対しては、パワーのあるタレントを起用し、テレビCMを中心に訴求する方針を立て、「モックン」の愛称で親しまれる本木雅弘を起用した。

本木を起用したのは、①明るく躍動的なキャラクターである、②強い個性を持っている、③幅広い層に知名度と人気がある、④若い世代への表現パワーが強い、と判断したためである。タレントを起用すると、仮にタレントにスキャンダルや不祥事があると、そちらからイメージが悪くなるリスクがある。「そういうリスクがない人物であることを確かめたうえでやろうよ」と念を押すと、担当者は「モックンはいい人です。大丈夫です」と自信を示したので、こちらも了承した。

頭取には、いいことも悪いこともある

若年層対策のもう一つの柱はタイアップ企画である。サッカーJリーグとのスポンサー契約はその一環だった。

Jリーグ創設直後のサッカーブームと重なり、Jリーグ通帳とキャッシュカードの取り扱いを始めると、若年層を中心に人気が高まった。

１９９２年は、フルブライト奨学制度が日米間で始まって40周年に当たった。同年5月、40周年記念事業として約80人の有志がワシントンに行くことになった。

橋本は80人の団長格を務める。こうした行事で代表者の役割を担うのも、経営トップの役割の一つかもしれない。

フルブライト法案を作ったフルブライトが健在であり、みなで訪問した。その日に合わせて富士銀行ワシントンＤＣ駐在員事務所の開設披露パーティーを開くことにし、フルブライト夫妻を招待した。

同年9月には、日本の同窓会の初の全国大会を横浜で開いた。大会実行委員会の委員長を務めた橋本は、「草の根レベルのコミュニケーションを広げる意味で、今回の記念事業は大きな役割を果たす。日米摩擦が深刻化している中で、両国のグローバルなパートナーシップの強化に結びつけたい」と抱負を述べた。

フルブライトが死去した1年後の１９９６年、米大統領のビル・クリントンがフルブライトのメモリアルディナーを主催したいと伝えてきた。全世界から約１００人が招かれた。橋本も夫婦で招かれ、ホワイトハウスに初めて入る。

クリントンは学生のころ、上院議員のフルブライトの事務所でアルバイトをしていた。フルブライト自身は、ローズスカラーシップという奨学金制度を活用して英国のオックスフォード大学で学んだ経験があった。

第2次大戦後、米国が占領地に残していった資産を活用して教育交流をやろうと呼びかけた。外国人の留学生を米国に呼び、教育交流によって米国をよく理解してもらおうと考えたのである。それが、フルブライト奨学金制度が誕生するきっかけだった。

クリントンも、フルブライトと同様にローズスカラーシップをもらい、オックスフォード大学に留学した。フルブライトはクリントンのメンターだったのである。クリントンは、「世界の主要な国と米国との相互理解に非常に役立っている。フルブライト交流をこれからも続けていくのが、フルブライトさんに対する一番の弔意である」と語った。

1994年には、英国の中央銀行、イングランド銀行の創立300年祭に夫婦で参加した。英国の銀行がホスト役となり、インターナショナル・マネタリー・コンファレンス（IMC）をロンドンで開催したのである。エリザベス女王が主催するバッキンガム宮殿でのレセプションにも参加した。

「たまたまそのとき頭取だったから招待された。頭取をやっていると悪いことばかりではなく、いいこともある」。

第4章

縮小に追い込まれた国際業務

――バブル崩壊で不良債権が急増

1992~1996年の重要な出来事

1992年 8月 政府、総合経済対策を決定（事業規模は10兆7000億円）
1992年 9月 英国、ユーロ参加を断念
1993年 4月 金融制度改革法の施行（証券・信託子会社の設立解禁）
1993年 4月 大蔵省、銀行の海外での証券業務を規制する「3局合意」を緩和
1993年 4月 政府、新総合経済対策を決定（事業規模は13兆2000億円）
1993年 11月 欧州連合条約発効、欧州共同体（EC）→欧州連合（EU）
1994年 1月 人民元が大幅切り下げ
1994年 2月 共同債権買取機構が発足
1994年 2月 政府、総合経済対策を決定（事業規模は15兆2000億円）
1995年 1月 メキシコ通貨危機が発生
1995年 1月 東京共同銀行が発足。経営破綻した東京協和、安全信用組合の受け皿に
1995年 4月 円相場、戦後最高値（1ドル=79円75銭）を記録
1995年 9月 大和銀行、ニューヨーク支店での巨額損失を発表
1995年 12月 政府、住宅金融専門会社の処理策を閣議決定（6850億円の公的資金を投入）
1996年 6月 住専処理特別法、改正預金保険法など金融関連6法が成立
1996年 11月 橋本龍太郎首相、「わが国金融システムの改革」（日本版金融ビッグバン）構想を発表

解説

1991年、バブル景気は終わり、日本は「失われた10年」あるいは「失われた20年」と呼ばれる長期不況に突入する。株価や地価の下落が続き、企業や家計はバランスシートの調整を迫られた。1990年代後半からは物価が下がり続けるデフレが定着し、経済の足腰を弱める。政府は大規模な経済対策を打ち出して景気を底上げしようとするが、効果は乏しかった。

戦後以来、先進国にキャッチアップしながら経済成長を続けてきた日本は、1970年代の石油ショックは乗り切ったものの、1980年代以降に進行した世界経済の構造変化に対応できないまま、バブル経済に没入した。バブル崩壊後、大蔵省が銀行を統制しながら産業界に安定した資金を提供する、日本型金融システムのほころびが一気に表に出る。

バブル崩壊で多額の不良債権を抱え込んだ邦銀は、その処理に手間取り、赤字決算を繰り返す。リストラの一環で海外拠点を減らす邦銀が多く、国際業務は戦後初めて縮小に向かう。国際金融市場では、邦銀が資金を調達するときに金利を上乗せするジャパン・プレミアムが発生し、縮小均衡に拍車をかけた。

1995年、全国銀行協会連合会会長となった橋本は、銀行界の代表として、住宅金融専門会社（住専）問題の処理に奔走する。

1. 石田梅岩の教え

端田の辞任は一つの時代の終わりを告げていた。すでに収益至上主義を改める動きを始めていたが、赤坂支店事件は経営方針を完全に転換するきっかけとなった。「営業と管理のバランス確保」と「基本ルールの遵守」を経営の基本方針とし、業務戦略として「フォア・ザ・カスタマー・プロジェクト」と「サウンドバンキング・プロジェクト」に取り組むことにした。

創業者、安田善次郎の顧客重視の精神に戻る

フォア・ザ・カスタマーとは、「お客様第一主義」。富士銀行の創業者、安田善次郎は「来店の顧客に接するに、事の大小軽重を問わず、誠の心もてよろず親切にもてなす時は、顧客喜びて此店に集り来り、商売髄いて繁盛す」と述べていた。創業の精神に立ち返って仕事の

やり方を改めようとしたのである。

１９９１年10月、お客さまサービス部を設置し、商品やサービスに関する顧客の声を集め、本部や営業店の活動に反映させる仕組みを作ろうとした。

安田善次郎が「安田屋」を開業したのは、１８６４年3月である。このとき、善次郎は自らを律する規範として、①虚言を言わない、②誠心誠意をもってお客様に接する、③最良品を販売する、を営業方針とした。

善次郎の考え方を集約したのが、１９１２年、75歳のときに記した「身家盛衰循環図系」だ。自分の人生を振り返り、人や家庭がどんな道をたどって盛衰するかの流れを図にしている人生訓である。

循環図はまず、「困窮」から始まり、「発憤」するか「挫折」するかに分かれる。挫折せずに頑張って励み、「勤倹」（倹約）していけば、「富足《ふそく》＝財産が備わる」に至る。富を得て「傲奢《ごうしゃ》＝おごる」になれば、「喩利《ゆり》＝もうけをむさぼる」、「煩悶《はんもん》」を経て、再び「困窮」に戻ってしまう。富を得ても常に「修養」を怠らず努力を続ければ、やがて「安楽」を得られる。

橋本は１９９２年にこの存在を知り、額縁に入れて頭取の執務室に飾った。困窮から始まり、挫折せずに仕事に励んで倹約すれば、やがて富を得られるというストーリーは、今の銀行にぴったり当てはまると思った。

眠れる審査機能を呼び覚ます

サウンドバンキングとは、「健全な銀行」のこと。赤坂支店事件は個人の犯罪とはいえ、銀行全体が不健全な状態に陥っていたことを反映した事件ともいえる。不健全な銀行になってしまった原因を究明し、健全な姿を取り戻す運動が、サウンドバンキング・プロジェクトである。

1992年1月、本部組織の大幅な改革を実施した。1983年の機構改革で誕生した顧客別・マーケット別組織は、収益を軸とした経営や、強い営業力を持つ組織を実現するための装置であり、審査機能は各セグメントの中の一機能として位置づけられていた。結果として審査機能が弱まり、各プロフィット・センターの暴走を誘発したのである。そこで、マーケット別プロフィット・センターを廃止し、審査体制を強化した。すでに1991年4月、審査の独立性を確立するため、各支店業務部から審査部門を独立させていたが、さらに徹底したのだ。

大企業取引の企画立案・審査機能を担う法人第一部、中堅企業取引の企画立案・審査機能を担う法人第二部、営業店の貸し出しに関する企画や審査を担当する審査第一、第二部を設置。融資部の機能を、業績が悪化した取引先の審査・管理・指導に特化させた。

バブル期に緩んだ審査基準を今度は厳しくし、不正の温床を断つという発想だ。仮に1990年代以降もバブル経済が続いていたら、この措置は有効に機能したかもしれない。

しかし、1991年に入ると、株価や地価の下落が顕著になり、企業や個人の資金需要が細ってしまう。銀行が蛇口を閉めるまでもなく、過剰な融資は成立しなくなっていた。

しかも、バブル崩壊までに貸し込んだ取引先が倒産したり、経営が悪化したりする事例が増え始め、元利金の延滞が目立つようになる。銀行にとっては、不良債権の処理のほうが、深刻な問題となっていく。

1992年2月、不祥事に対する反省と、銀行の社会的使命を自覚する目的で、「企業行動原理」を制定した。

①銀行の公共性、社会的責任の自覚

銀行の社会的役割を自覚し、経営の自己責任に基づく健全経営に徹し、その社会的使命を全うすることをもって、内外経済、社会の安定的な発展に寄与する。

②お客様第一主義の実践

お客様に誠心誠意、親切の心をもって接し、真摯な姿勢でご要望に耳を傾けるとともに、正確、迅速そして質の高い最良の金融サービスを提供する。

③誠実、公正な行動

法令およびその精神を遵守し、社会的規範にもとることのないよう行動は常に誠実かつ公正を旨とする。

④社会への貢献と調和

銀行の本来的機能の適切な発揮を通じて社会の発展向上に貢献するとともに、よき企業市民また国際社会の一員としての責務の自覚に基づき、社会とのコミュニケーションを密にして、企業行動が社会の常識と期待に沿うようつとめる。

⑤人間性尊重

ゆとりと心の豊かさを大切にして、人間尊重の精神にあふれた、働きがいのある自由闊達な組織風土を築きあげる。

役職員の日常行動に関する基本ルールとなる「私たちの行動規範」も制定した。

①誠実、公正な業務遂行
　基本的な心構えとして、「信用」の大事さを銘記する、ルールを守る、約束を守る、公私混同をしない、事実は曲げない、隠さない、秘密を守り、情報は正しく使用する。
②ベストコミュニケーション（協調の心）
③「お客様第一主義」の実践

梅岩の問答集に学ぶ商人道

　行員のモラルを高める教育とともに、経営にも外部のチェックが働く仕組みが必要だと判断し、1992年11月、「富士経営懇話会」を発足させた。会合は半年に1度、1回当たり約2時間で、頭取が経営課題を報告、説明したあと、参加者との間で自由に討議をした。

　慶応義塾大学教授の島田晴雄、主婦連合会会長の中村紀伊《なかむらきい》、イトーヨーカ堂社長の鈴木敏文《すずきとしふみ》、日本鋼管会長の山城彬成《やましろよしなり》、日産自動車会長の久米豊、ヤマト運輸取締役相談役の小倉昌男らがメンバーとなった。

　メンバーの一人、明治大学教授の由井常彦《ゆいつねひこ》は、江戸時代に商人道を説いた石田梅岩の『都《と》鄙問答《ひもんどう》』を解説した自著を推薦した。『都鄙問答』は、梅岩が市井の人々の質問に答える形式をとって商人の道を説いた書である。

由井は、『都鄙問答』のポイントとなる原文と現代語訳を並べて紹介し、解説を加えている。一部を引用してみよう。

曰く。扨商人《さてあきびと》は貪欲多く、毎々《つねづね》に貪《むさぼ》ることを所作《しょさ》となす。夫《それ》に無欲の教をなすは、猫に鰹《かつを》の番をさするに同じ。彼《かれ》に学問を進むるは、前後つまらぬことなり。其の済《す》まぬことを合点《がてん》して教ゆる汝は曲者《くせもの》にあらずや。

[現代語訳] お尋ねしたい。いったい商人は貪欲が多く、いつも利益をむさぼることを自分の生業としている。そうした人々に無欲であれと教えることは、猫に鰹節の番をさせるとおなじことだ。彼らに禁欲的な学問を奨めることは、それ自体が矛盾しており、無理というものである。その無理を承知の上で、説教しようというお前は人々を惑わす、まことにけしからん者ではないか。

答ふ。商人の道を知らざる者は、貪ることを勉《つと》めて家を亡《ほろぼ》す。商人の道を知れば、欲心を離れ、仁心《じんしん》を以って勉《つと》め、道に合《かな》ふて栄ゆるを学問の徳とす。

［現代語訳］そうではありません。商人で道を知らない人こそが、むさぼることにのみ懸命で、結局は家をつぶしてしまうのです。学んで商人の道を知れば、しぜんに貪欲の心が離れてゆき、「仁」の心で仕事にはげむようになり、家業は道にそくして栄えるものなのです。これこそ学問の徳というものです。

曰く。然らば売物《うりもの》に利を取らず、元金《もとがね》に売り渡すことを教ゆるや。習ふ者外《ひとほか》には利を取らぬことを学び、内証《ないしやう》にては利を取れば実《まこと》の教にあらずして、反《かへ》って詐《いつは》りを教ゆると云者《いふもの》なり。如何《いかん》となれば、元来《がんらい》ならぬことを強《し》いるによりて、加様《かやう》に前後合はざることあり。商人利欲なくしてすむことは、終《つい》に聞かざることなり。

［現代語訳］それでは尋ねるが、商品の販売にさいして利益をえないで、仕入価格のままで販売することを教えるのか（それはおかしい）。学問を修める者が、外に向かっては利益をとらないことを学び、実はこっそりと利益をうるというのでは、真実の教えではなく、間違ったことを教えるというものだ。本来できないことを強いるのだからで、議論のつじつまが合わないことになる。いったい商人に営利心がなくてすむとは、これまで

聞いたことがない。

答ふ。詐《いつは》りにあらず。詐りにあらざる子細《しさい》を告《つ》ぐべし。是《ここ》に君に仕《つかへ》る者あらん。奉禄を受けずして仕る者有《あ》るべきや。

[現代語訳] お答えしましょう。間違ったことではありません。その理由を申しましょう。ここに君主に仕える人があるとしましょう。この場合、俸給を受けないで勤務する人がありましょうか。

曰く。それは無き筈《はづ》のことなり。孔子孟子といへども禄を受けざるは、礼に非ずとの玉《たま》ふ。如何《いかに》ぞ有《あ》るべき。是《これ》は受くる道に因《より》て受くるなり。受くる道にて受くるを欲心とはいはず。

[現代語訳] そういうことはありえないことだ。孔子や孟子のような聖人でも、主君に仕えて俸給を受けないことは礼に反すると、おっしゃっている。どうしてそのように正当化されているでしょうか。この場合受けるのが道理であるから受け取るのであって、欲心とはいわない。

答ふ。売利《ばいり》を得るは商人《あきびと》の道なり。元銀《もとがね》に売るを道といふことを聞かず。売利を欲と云ひて道にあらずといはば、先づ孔子の子貢《しこう》を何とて御弟子《おでし》にはなされ候や。子貢は孔子の道を以て売買の上に用ひられたり。子貢も売買の利無くは富めること有るべからず。商人の買利は士の禄に同じ。買利なくは士の禄無くして事《つかふ》るが如し。

［現代語訳］取引の利益をうることは商人の道です。仕入れた価格でそのまま売ることを道とは聞いたことがありません。売買のさいの利益を「欲」のせいであって「道」でないというなら、孔子はどうして（ビジネスに長じていた）子貢を弟子になされたのでしょうか。子貢は、孔子の説く道をもって、彼の事業の経営のうえに活用したのです。子貢も、売買の利益がなければ、あのように裕福になることはできなかった筈です。商人の利潤は、いわば武士の俸給と同じものです。商人に利潤がないことは、武士が俸給なしに奉公するようなもので、それこそ理屈にあわないことです。

［解説］武士ないし支配階級の所得が、租税たる年貢にもとづく俸給であり、それが武士の物質欲と直接かかわりないことと同様に、リスクを負担する商人が売買からうる利潤は、生活と家業の維持のための「俸給」であると論じ、適正な利益は、付加価値であっ

て、営利欲の成果ではないと主張しています。

曰く。然《しか》らば天下一等《いっとう》に元銀《もとがね》は是程《これほど》と極《きわ》めあらば然るべし。それに偽《いつは》りを云ひ負《ま》けて売るはいかなることぞ。

[現代語訳] それでは尋ねたい。この世の中でひとしくこれだけの資金ならば利潤はこれだけという客観的な基準があれば、商人の道はその通りに成立するであろう。それなのに、売値には嘘をいっており、そのためにこそしばしば値引きして売るのが現実ではないか。これをどう説明するのか。

答ふ。売物は時の相場《さうば》により、百目《め》に買《か》いたる物九十目ならでは売れざることあり。是にては元銀《もとがね》に損あり。因《よ》って百目の物百二三拾目にも売ることもあり。相場の高《あが》る時は強気になり、下るときは弱気になる。是《これ》は天のなす所商人の私《わたくし》にあらず。天下の御定《おさだめ》の物の外《ほか》は時々にくるひあり。狂ひあるは常なり。今朝《けさ》まで金一両に一石売りし米も九斗に成る。小判は下り、米は高り、……其外《そのほか》何に限らず日々《ひび》相場に狂ひあり。其れ公《をゝやけ》を欠《か》きて私の成るべきことにあらず。それに一人天下の商人に背き、元銀は是《これ》、利は是とは分《わ》けがたきことなり。偽《いつは》りにはあらず。是を偽りと云はば売買なるまじ。売買ならずは買《かう》人は事を欠き、売《うる》人は売れまじ。左様になりゆかば商人は渡世《とせい》なくなり農工と成らん。商人皆農工とならば財宝を通《かよ》はす者なくして、万民の難義《なんぎ》とならん。

［現代語訳］　お答えします。商品を売る場合、その時の相場によって（銀貨で）百匁で買った商品が九〇匁でなければ売れないということがあります。この場合は、仕入れたときの元金に損失が生じます。ところが逆に、一〇〇匁で買った商品が一二〇、一三〇匁で売れることもあります。だいたい相場が上昇するときはみな強気になりますし、逆に下落するときは弱気になるものです。こうした市場価格の騰落は、天のなすところであって、商人の私的な自由意思によるものではありません。価格が統制されている物品以外は、相場は時々著しく変動するもので、価格は変動が常態なのです。今朝まで一両で一石売ることのできた米が、今の時間で九斗になることがあります。小判の貨幣価値が下がり米の価格が上がることもあります。

そのほか何に限らず日々の相場に変動はつきものです。こうした変動は、公的な統制を別として、私的に左右できるものでありません。それなのに一人で世の中のすべての商人にそむいて、私の資金はこれだけの額で、利益はこの額というように設定することはできません。だから、（原価を公表しないといえ）販売価格は決して嘘ではないのです。これを嘘といえば、売買それ自体が成立しません。取引が成り立たなければ、買おうという人にたいし商品がなく、売ろうという人にも売ることができません。そのようになってゆけば、商人の生活自体が成り立たず、農民か職人になるほかなく、商人が全員農民か職人になれば、財貨を流通する人がなくなり、国民全部が困窮するということになるでしょう。

曰く。然らば商人の売買にて利を得ることは有るべきことなり。其外に曲げて非なること候や。

[現代語訳] 尋ねたい。それならば商人の売買で利益をうることにもそれなりの理由があることになる。だがそのほかに道にはずれた不正の利益もあるのではないか。

答ふ。今日の世間のありさまに曲げて非なること多し。ここを以て教へあるなり。……二重の利を取り、甘き毒を喰《くら》ひ自ら死するやうなること多かるべし。一二を挙げて云はばここに絹一疋帯一筋《きぬいっぴきおびひとすじ》にても、寸尺《すんしゃく》一二寸も短かき物あらんに、織屋《をりや》の方にては短かきを言ひたて直段《ねだん》を引くべし。然れども一寸二寸のことなれば疵《きず》にもならず、絹は一疋帯は一筋にて、一疋一筋の札を付けて売るべきが、尺引《しゃくびき》に利を取り、又尺の足る者と同じく利を取るなれば、是二重の利にて、天下御法度《ごはっと》の二升《ふたます》を遣《つか》ふに似たる者なり。又染物抔《など》は染違ひ有れば、少しのことを大きに云いたて直引《ねびき》し、職人を傷《いた》め誂《あつら》へたる人よりは染代を請取《うけと》り、職人方へは渡さざることも有り。これまた二重の利に越へたる悪事なり。総《すべ》て箇様《かやう》の類《たぐひ》多かるべし。又身上不調《しんじやうふととのひ》につき、買懸《かひがか》り借金《かりがね》の方へ、三分《ぶ》五分の割銀《わりがね》を以て、詫言《わびごと》致し済ますこともありとかや。其《そ》の負方《をせかた》の中に売高《うりたか》多きもの、又猿賢《さるがしこ》き者は詫《わび》人より礼銀《れいぎん》を密《みつ》々に請取り、同じく損銀《そんぎん》ある体《てい》に見せかけて、我は損せざる者ありときく。箇様の紛はしき盗みをなす者を非《ひ》と云ふ。

[現代語訳]　お答えしましょう。最近の世の中の有様をみますと、道をはずれた不正が沢山あります。それだからこそ商人への教えがあるのです。……二重に利益をわがものとし、甘い誘惑から毒を食べて死ぬようなことが多いのです。一、二例をあげてみましょう。ここに絹の反物一疋《いつぴき》（二反）帯一本について、その長さが一、二寸ほど短い品物があるとすると、織物問屋の方では、織物製造者にたいし短いことを口実にして仕入価格をひき下げることでしょう。しかし一寸二寸ほどならばきず物にはならないで、絹一疋、帯一本として、正札つきで取引できるのが普通です。だから仕入れのさい値引きで利益を手中にし、その上不足ない品物と同じ価格で売却して同じ利益をうるのですから、これは二重の利益の獲得であり、法で禁ぜられている二つの升（計量の升の不正なもの）を使うのと似た不法のことです。

また染め物などでも、染め色に違いがあれば、ほんの僅かなことでも大げさに言って値段を下げて、染め職人を痛めつけ、しかも註文先からはいつも通りの染め代金を受け取り、職人の方には代金を渡さないようなことがあります。これも二重の利益をこえた悪事であります。この種の不正の事例は多いものです。また経営がゆきづまった場合、買い掛けなどで資金を借りた先にたいし、三割とか五割を返して、あとは詫び言ですますこともあるそうです。その貸し先で取引高の多額の者やまた悪がしこい人のなかには、相手先から内密に礼金を受け取っておきながら、損失があったようにみせかけ、実際にはそれほど損のない人もあるそうです。こうした窃盗とまぎらわしい利益は、不正といわねばなりません。

[解説] 梅岩は、すべての商品には相場つまり市場価格があり、それはたえず変動するので、損得は個々の商人の判断や意思のままにならない。それは決して商人の嘘や偽りというわけではないと、市場価格の原理を説明します。（中略）

梅岩は、もちろん営利行為のすべての現実を認めるわけでなく、世間では営利欲に惑わされた不正の利益をえている事例が数多いことを指摘し、正と不正とのビジネスの区別に注意をよびおこしています。

或る商人問ひて曰はく。売買は常に我身《わがみ》の所作《しょさ》としながら、商人の道にかなふ所の意味何とも心得がたし。如何なる所を主《しゅ》として、売買渡世を致し然《しか》るべく候や。

[現代語訳] ある商人がこう質問している。商品の売買という利己的な業務を自分の日常生活としながら、商人が道にかなっているという意見は何とも納得しがたい。いったいどのような心得をもって商人の取引生活をしたら道にかなうことになるのか。

答ふ。商人の其《そ》の始めを云はば古《いにしへ》は、其の余りあるものを以てその足らざるものに易《かへ》て、互《たがひ》いに通用《つうやう》するを以て本《もと》とするとかや。商人は勘定委《くは》しくして、今日の渡世を致す者なれば、一銭軽《かろ》しと云ふべきに非ず。是を重ねて富をなすは商人の道なり。富の主《あるじ》は天下の人々なり。主の心も我が心と同じきゆへに我一銭を惜《をし》む心を推《を》して、売物に念を入れ、少しも麁相《そそう》にせずして売渡《うりわた》さば、買人の心も初めは金銭惜しと思へども、代物《しろもの》の能《よき》を以て、その惜しむ心自《をのづか》ら止むべし。惜む心を止め、善に化《くは》するの外あらんや。且《そのうへ》天下の財宝を通用して、万民の心をやすむるなれば、天地四時流行し、万物育《やしな》はるると同じく相合《あいかな》はん。此の如《かく》くして富《とみ》山の如《ごと》くに至るとも、欲心《よくしん》とはいふべからず。欲心なくして一銭の費《つひへ》を惜しみ、青戸左衛門《あをとざえもん》が五拾銭を散《ち》らして十銭を天下の為に惜しまれし心を味《あじは》ふべし。此の如くならば天下公《をゝやけ》の倹約にもかなひ、天命に合《かな》ふて福《さいわひ》を得《う》べし。福を得て万民の心を安んずるなれば、天下の百姓《おほんたから》といふものにて、常に天下太平を祈るに同じ。且《かつ》御法を守り我身を敬《つつし》むべし。商人といふとも聖人の道を知ら不《ず》んば、同じ金銀を設《もふ》けながら不義の金銀を設け、子孫の絶ゆる理《ことはり》に至るべし。実《まこと》に子孫を愛せば、道を学て栄ふることを致すべし。

［現代語訳］　商人と商業のなりたちを考えてみれば、昔は各人の生活上の余分な物と、不足した物と交換し流通させたのがそもそもの始まりと聞いています。商人は、計算を綿密にすることで毎日の生活をするものですから、一銭でも軽々しく扱うことができません。こうした僅かな利益を蓄積して富をうるのが商人の道です。

　ですから、富の主人は、この天下のすべての人々です。富の主たる人々の心も、商人たる私共の心と同じですから、一銭を惜しいという共通の心を念頭において、売買する商品の品質に注意し、少しも間違いのないようにして売り渡せば、買い手ははじめは金が惜しいと思うものですが、品物が良いことで、金が惜しいと思っていた心も自然になくなるものです。商人の道とは、惜しいと思う心を満足に転ぜしめることのほかありません。その上、商取引は天下の品物を全国に流通して、すべての人々の心に満足を与えるものですから、天地に四季があって万物が生育するのと同じで、そこには相応の理由があるといえます。

こうしたわけですから、商人道で、結果として富が山のように蓄積したとしても、貪欲の心のせいというべきではありません。欲の心がなく、一銭の費用をも惜しみ、かの青砥（戸）左衛門が五十銭を費して、川に沈んだ十銭を天下のために惜しんだ心を味わわねばなりません。このようにするとき、世界全体のための富の節約の趣旨にそい、かつ天命にも適合しているわけで、幸せをうることになりましょう。商人道によって、自分が幸福になり、同時に世の中のすべての人々の心に満足をもたらすものならば、農民と同様に世のなかの資産といえるもので、常に世のために平和を祈願すると同じ働きがあるといえます。また商人は、法律を遵守し、自己の生活を慎むべきです。商人といっても、聖人の道を知らないと、おなじ金を儲けながら、不正の金儲けに走り、結局は子孫の滅亡にいたることになります。もし本当に子孫を愛するなら、商人の道を学び、家が繁昌するように努めるべきでしょう。

［解説］梅岩は、取引先にたいし販売商品に「念を入れ」「少しも麁相《そそう》にせずして」、つまり誠心誠意配慮したのち商品を売渡すときには、買い手も品質とサービスが良いことから、当初の、金を惜しむ気持ちがなくなる、と説いています。こうして公正な販売においては、利益は付加価値であり、取引の総体が一国の経済を構成する、という立論が展開されています。（12）

商人が収益を上げるのは当然だけれど、収益の上げ方を正しくしないといけない。お客様に良いものを売って、その対価として適正な収益を得るという考え方だ。手許にある中で一番いい商品を出す。決して不正をせず、うそをつかない。そういう企業倫理をしっかりと説いている。

それまで梅岩の本を読んだことがなかった橋本は、江戸時代にこんなことを言っていた人がいたのだと驚いた。梅岩が説く商人道は、プロテスタンティズムの精神や、安田善次郎の考え方にも通じるものがあり、すんなりと受け入れられた。由井の著書を何度も読み返し、経営に生かそうとした。

重い空気を変えるため、役員が全支店を訪問

経営陣と行員が一丸となって運動に取り組む雰囲気、環境づくりにも意を注いだ。

頭取就任時に約束した通り、全役員が手分けして全支店を訪問し、現場の意見を吸収した。橋本自身は5年間の頭取在任中に、１７０の店舗を訪問した。東京や大阪の店舗は回り切れなかったが、地方や海外の拠点はすべて訪問した。

経営方針を説明したあと、行員たちの意見を聞いた。赤坂事件のあと、がっかりしている行員が多かったが、役員の直接訪問で重い空気を変えようとしたのだ。

さらに、各支店に「主体的収益計画」を作るよう求めた。赤坂支店事件を受け、大蔵省に提出した報告書に盛り込んだ施策の一つである。

従来、業務企画部という本部組織が大きな収益目標を作り、支店に非常に高い収益目標を課していた。必ずしも、支店の実情に合っていなかったのだ。それをいったん取りやめ、各支店が自主目標を作るようにした。

そのうえで本部と協議し、全体最適も踏まえた内容にする。自分たちが努力して到達できる、現実を踏まえた意欲的な目標を作り、それを自分の目標にしてがんばろうではないか、と呼びかけた。

最初は反対もあった。そんなことをしたら本当に収益がガタガタになってしまう、と訴える役員もいた。反対を押し切って実行してみると、杞憂であることが分かった。

仮に、実力を反映しない低い目標を立てれば簡単に達成できるだろうが、支店のメンバーにとってはそれでは面白くない。妥当な目標に収斂していったのである。

過去最大の経済対策でも、小さい効果

頭取に就任した１９９１年６月は、景気の後退期であった。同年10月を谷として回復局面に入ったが、足取りは緩やかで、「実感なき景気回復」と呼ばれた。バブル経済の後遺症を抱える企業は、円高やアジア諸国の工業化の影響もあって力強さを欠いた。

政府は１９９２年３月の「緊急経済対策」に始まり、94年２月の「総合経済対策」に至るまで、２年間で４回、事業規模の総額45兆円にのぼる経済対策を実行する。公共事業の拡大、中小企業や雇用対策、所得税の減税が柱で、沈みかけている経済を何とか底上げしようとした。

金融政策も引き締めから緩和に転換した。１９９１年７月以降の引き下げで公定歩合は93年２月、過去最低の年２・５％になっていたが、１９９３年９月と95年９月の引き下げで年０・５％まで下がる。バブル崩壊で坂道を転げ落ちそうになっていた経済を、金融・財政政策の力で立て直そうとしたのである。

１９９４年度の後半から景気は回復基調になるが、政府や日銀の力で経済を根本から立て

直すのは無理であり、止血をしたにすぎなかった。

「官製」の景気回復の危うさを感じ取っていたためか、企業は「リストラ」に走り出す。リストラとはリストラクチャリングの略語で、本来は事業の再構築を意味する言葉だ。

企業が生き残りをかけて事業の内容を見直し、不採算部門をテコ入れしたり、成長部門を育てたりする。その行動全体を指しているが、多くの日本企業にとっては不採算部門の切り捨て、余剰人員の削減が優先課題となり、「リストラ＝人員削減」というイメージが定着した。本業の縮小、不採算部門の整理、撤退、事業所の統廃合、経費削減も活発になる。

銀行にとって影響が大きかったのは、借入金を削減する動きだった。国内銀行の貸出残高は１９９０年代に入ると頭打ちとなり、とりわけ製造業向けは前年比でマイナスが続いた。

2. 険しいサウンドバンキングへの道

1991年度下期から92年度下期にかけての1年半、橋本は端田体制のもとで策定した中期計画を中断し、「体質改善計画」を実行してきた。

赤坂支店事件のショックが収まり、体質改善への取り組みも進んできたと判断し、1993年度を初年度とする新しい中期計画を策定した。93年4月の支店長会議で、橋本はこう述べた。

「当行の長期ビジョンを、金融新時代をリードする、顧客支持トップの『総合金融サービスグループ』ということに致します。一言で顧客支持トップバンクと表現したいと考えます。

これは、全行員が厳しくかつ変化の激しい現在を確信をもって頑張り抜き、エネルギーを存分に発揮するための、当行の目指すべき目標像であると同時に、行員一人ひとりの新しい行動の軸、すなわち、評価軸なのであります。（中略）

当行は、国内外のあらゆるお客様に対して当行と関連会社をあげての的確な金融・情報サービスを提供する総合金融サービス業を目指すことをここに改めて明確にしたのであります。すなわち、信用力、人材、店舗ネットワーク、そして内外の数多くのお取引先など、当行の総合力を最大限発揮するためにふさわしい道は、特定分野、特定地域の専門銀行ではなく、大型総合銀行、いわゆるユニバーサルバンクであると確信しております。（中略）

顧客支持トップは、真にお客様のお役に立つ総合金融サービスの提供を通じて、お客様のご満足や信頼を獲得し、そしてお客様から選ばれる銀行になる、ということであり、具体的には、お客様の評価において、お客様との取引の質と量において、そして収益力において、それぞれトップレベルを確立するということであります。

特に、この収益力と顧客支持トップとの関係について申し上げれば、収益は、財務の健全性や先行投資などを可能とする源泉であり、この競争関係がトップレベルになくしては、当然のことながら、総合金融サービス業としての顧客支持トップは確保できないということであります」

「ユニバーサルバンク」に込められた意図

赤坂支店事件で緊急対応を迫られ、不祥事の防止と体質改善に注力してきた橋本にとって、ようやく自分の色を出すタイミングが来た。「お客様第一主義」を引き続き強調しながら、従来にはないキーワードが登場している。「ユニバーサルバンク」だ。

バブル経済が崩壊しつつある中で、日本企業の間では雇用、設備、債務の「3つの過剰」を減らす動きが加速し始めていた。従来のような融資一辺倒のサービスでは取引先を引きつけるのは難しい。幅広い総合金融サービスを提供して顧客をつなぎとめようとする作戦だ。

実は、1970年代の2回の石油ショックを経て、日本が低成長期に入った1980年代前半にも、こうした試みはあったのだが、プラザ合意後に膨らんだバブル経済のもとで、銀行は再び融資一辺倒の路線に舞い戻ってしまう。

国内のバブル膨張の余勢を生かして海外でのM&A仲介業務なども拡充したが、国内で不動産担保融資が急膨張する中では脇役であった。

そこで、改めて総合金融サービス業を目指す方針を打ち出したのだが、不良債権の重圧をはね返すのは容易ではなかった。

中期計画「顧客支持トップ115」の概要は以下の通りである。

1　資産の再構築（不稼働資産の解消と良質資産の増強）

①不稼働資産は依然高水準にあり、その解消は喫緊かつ最重要の経営課題との認識のもと、「担保不動産処分の徹底」「実効あるSB（サウンドバンキング）推進体制の構築」「重点管理先の管理強化による業態悪化発生の防止」などの実行計画を強力に推進する。

②良質資産の増強により、付加価値を高める必要があるとの認識のもと、「新規、ランクアップを軸にした中堅・中小企業に対する貸し出し投下」「住宅ローンセンターを中心としたローン増強」「日系企業および非日系マルチナショナル企業への貸し出し投下」など貸出資産のマーケット別重点投下を含む実行計画を推進する。

2　重点マーケットに対するサービス、商品の優位性確立

①経営資源の追加的な投入分野（重点マーケット）を絞り込み、お客様のニーズに対応できる先進かつ専門的サービス機能を強化する。

②「顧客を知る、僚店連携」を軸とした「情報大作戦」を展開する。

3　スリムで強靭な経営体制の構築

①「全体人員の効率化」「内外拠点の抑制」「経費の徹底的圧縮」ほか10項目以上に及ぶ「経営体制の徹底したスリム化と経営管理力の充実」を図る。

②「コスト・パフォーマンスの高い営業店体制の再構築と主体的経営のさらなる実践」「顧客本位、支店本位情報管理システムの構築」ほか4項目の実行計画を持つ「革新的かつ高効率の営業店体制再構築」を進める。

③「評価軸のあり方の見直しと徹底」「組織のあり方の見直し再構築」「本部業務などの見直し」など「経営体質の変革」を進める。

4 たくましい人の育成

①「次代を担う若年層の実力養成」「営業店役席の実践力強化」などを軸に置いた教育研修を強化する。

②「主体的経営を担う支店長の育成、配置」「専門家の計画的育成」などの教育と人事配置を工夫する。

5 活力ある組織風土の確立

①「組織改正」「行員の評価軸の見直し」「教育研修の見直し」など総合的な施策により、その実現を図る。

②「行員意識調査」の継続的実施により、従業員のモラールの変化・改善状況を確認する。

不良債権はどこまで膨らむのか

1の「不稼働資産」とは、今でいう不良債権のことである。不良債権という言葉はその後、国民の間にも定着していくが、日本語としてはこなれない表現であり、一般には定着していなかった。いずれにせよ、経営計画の最初に、不稼働資産の解消、すなわち不良債権の処理を挙げたのは初めてだ。

赤坂支店事件のショックは大きかったものの、事件自体が銀行にもたらした直接の被害額は全体からみれば小さかった。再発防止策や体質改善の運動は軌道に乗り、行員の意識も前向きになってきた。

赤坂支店事件は、行き過ぎた収益至上主義を転換するチャンスととらえることも可能だったが、バブル期に積み上がった不良債権の重さは、赤坂事件の比ではなかった。不良債権はどこまで増えていくのか、銀行自身もつかみ切れていなかった。

1993年4月の支店長会議で、橋本は「資産の再構築」についても発言している。

「資産の再構築は不稼働資産の解消と、良質な貸出資産の増強に取り組み、健全かつ自由化にふさわしい高収益の資産構造を構築することであります。

今や、不稼働資産の解消は、収益力および銀行の健全性の評価において、きわめて大きな、また直接的なインパクトを持つものであります。そして、すべての目標達成の大前提である、といっても過言ではないのであります。

不稼働資産の解消は、元利金の回収と貸出金償却の両面から進めていくわけでありますが、この貸出金償却を可能な限り前倒しで実施していくためには、当行全体として毎期、毎期、高い収益を上げ、その原資を確保していかなければなりません。

したがって、このことは、一部の支店の特別な課題ではなく、もはや全店共通の課題なのであります。この点を十分に認識し、営業店と本部が一体となって元利金の回収強化にさらに実効を上げるとともに、全行的見地から全店が収益の増強に邁進していただきたいのであります」

本支店一体で、不良債権の処理に取り組む

元利金の回収には長い時間がかかる。バブル崩壊で担保の資産価値が急落し、不動産の担

保処分が難航した。景気低迷で経営難に陥る貸出先が増え続け、不良債権は膨らみ続ける。

１９９１年10月、「不稼働資産の解消と劣化資産の改善」を推進する全行運動として、サウンドバンキング・プロジェクト（ＳＢプロジェクト）の運営を始め、92年度には本部と営業店が一体となって不良債権の処理に取り組む体制を強化する。

１９９３年1月、融資部内に特定の「業態悪化先」を担当する渉外部長、特に「業態悪化先」が多い営業店には「支店駐在融資部長」を配置した。営業店の審査管理部門には必要に応じてＳＢの専門要員を投入した。１９９４年末時点で、こうした担当は総勢２６５人に増えた。

ＳＢプロジェクトを実行するため、ＳＢ特別会議を設置。ＳＢ表彰制度を導入して営業店のモチベーションを高めようとしたほか、１９９３年4月からは役員室、支店長、審査担当部が参加して個別の取引に検討を加える「ローンレビュー制度」を導入した。

１９９３年1月には、民間金融機関１６２社の出資で共同債権買取機構が発足し、不動産担保付き債権の買い取りと回収作業を始めた。

１９９４年1月、専門チームを発足させて同機構の利用を増やそうとする。94年6月、担保不動産の自己競落会社の設立認可を受け、12月、資本金３億円で全額出資の自己競落会社「富士総合管理」を設立した。

橋本は、1993年2月掲載の「日経ビジネス」誌のインタビューで、経営の現状や目標について語っている。一部を抜粋して紹介しよう。

問　銀行の不良債権問題が実体経済に与える影響は、どうみていますか。

答　それほど深刻だとは思いません。不良債権を抱えているから銀行が貸し渋るということはないはずですから。というのも、我々は自己資本比率も国際決済銀行（BIS）の基準である8%をクリアしていますし、永久劣後債（一般の債券より、債務の返済が後順位になる債券）など自己資本充実の手段もいろいろと考えられる。

問　世の中の資金需要にこたえられないほど自己資本比率規制がネックになっているということはないと。

答　ありませんね。ですから不良債権の問題が景気に与える影響は、あまりご心配いただく必要はないと思います。ただ、だからといって銀行の収益がどんどん目に見えて回復しているということはないはずですが――。

問　富士銀行の場合、昨年3月期に1400億円という思い切った不良債権の償却をしました。昨年9月中間期の償却額も300億円を上回るなど、ほかの都銀に比べると大きい方でしたね。

答　要するに無税での償却が許されるものは全部やりました。それに昨年3月期は、有税でも積極的に償却しました。なるべく早めに償却していくという方針は、今後も変わりありません。

問　償却のヤマはもう越えたのですか。

答　越えましたね。昨年3月期の1400億円というのは例の東京・赤坂支店の不祥事と大阪府民信用組合関連を合わせて1040億円という、特殊なものを含んだ数字でした。今後は、これほどの大きな規模にはならないでしょう。

問　住友が今期2100億円を償却するなど金融界全体として見れば、償却のヤマはこれからだという印象を受けるのですが、例えば、住専（住宅金融専門会社）の問題は非常に深刻です。

答　住専の場合は、これから解決策を考えないといけません。

問　不良債権問題を解決するためにも、資産再評価をしたらどうかという声があちこちから出ていますが、いかがでしょうか。

答　無税で再評価できるのであれば、自己資本の充実策として評価できます。ただ、有税ということであれば、あまり積極的な意味はない。不動産の再評価が中心になるでしょうが、売却した場合と異なり現金が入ってくるわけではありませんので、税金をかけられても困ってしまう。無税であれば、土地の含み益をディスクローズ（公表）するのとほとんど違いませんね。

問　無税であれば歓迎だということですか。

答　土地の含み益を公表するという点から見れば、銀行を含めた企業の資産実態が透明になるわけで、いいことだと思いますよ。いわゆる金融不安なるものを軽減する意味でも、プラスの効果が期待できるでしょう。ただ、再評価して税金を取られるのでは、かえって体質を弱くしてしまいます。逆効果ですね。土地の含み益も、株式の含み益と同様に自己資本に算入してよろしいということになれば、自己資本対策にもなります。

問　昨年9月の中間決算で、今期の経常利益見通しを600億円と出していました。都銀中、7番目か8番目の数字だったようですが、かつて「一番病」と言われたころの富士銀行とは大きな変化ですね。

答　まあ、病だったかどうかは別として、収益一番というのは、かつての大きな目標だったことは事実です。それが、収益至上主義を生んで、守りがおろそかになったという面があった。不祥事の間接的原因だったかもしれません。そういう反省があって、必ずしも短期的にはナンバーワンを目指す必要はない、という方向に変わりました。むしろ、きちんとした立派な銀行になろうと。これは収益だけではありません。お客様に頼りになる、満足いただけるという中から適正な利益を稼いで、株主にも還元する、こういうことであれば、何も毎期収益トップでなくてもいいのではないか、というふうに変わったわけです。

問　それは、行内のコンセンサス（合意）ですか。そんな急に意識改革が進みますかね。

答　このほど「2001年プロジェクト」というのをまとめました。21世紀を展望した長期ビジョンなのですが、その関連で全営業店の各層行員2001人を対象に、どういう銀行になりたいかというアンケートをとりました。そうしたら、「2001年にトップでいたい分野」としては、信頼性、お客様満足度が最も多く、その次に働きやすさ、続いて収益力ということでした。

問　収益力の優先度はあまり高くありませんね。

答　ええ。また「2001年の銀行の重要評価項目」としては、サービスの質、業務の健全性、情報力というのが挙がっています。むろん企業ですから、収益は無視できません。しかし、業務の健全性を維持することも必要です。いわば、収益と管理の両立ですね。顧客支持でトップになることが、長期的には業績にもつながると。そういう業績こそが、泡のような業績ではなく、本当の業績なのではないですか。

問　93年度から3年間の新しい中期経営計画が始まるそうですが、そういう本当の収益という意味で、3年後にはトップに返り咲くことを想定しているわけですか。

答　いや、3年ではならないでしょう。まあ、6年後くらいをメドに、そこに幾らかでも近寄りたい。

問　6年後の富士銀行を、どういうイメージでとらえているのですか。

答　顧客満足度でトップになるような総合的な金融サービス業です。銀行と言わないのは、金融制度改革を視野に入れて証券とか信託、それから保険、そういったものを含めた総合的な金融サービス業をやる企業集団を想定しているからです。ただ、何もかもやるというのではない。当行らしい特徴を持った総合金融サービスグループを目指します。

修正を迫られた「6年計画」

不良債権の処理は、1991年度決算で計上した約1400億円でヤマを越したと明言している。インタビューでは後ろ向きととられる発言はしづらいという事情はあるにせよ、その後の展開を考えると、楽観的な見方だったといえる。

銀行の不良債権は雪だるま式に膨らみ、処理額は年を追って増えていく。不良債権の処理額は1991年度からピークの95年度まで1383億円、1323億円、2575億円、5255億円、1兆1082億円と増え、最終損益は302億円、310億円、267億円、343億円（いずれも黒字）、4297億円の赤字と低迷した。

インタビューで6年という期間に言及したのは、「中期計画115」を6年計画の前半部分

（第1ステップ）と位置づけていたためだ。長期的な視野に立った戦略が必要だとの考え方に基づいている。6年後に照準を合わせた長期ビジョンを描いたうえで、中期計画を策定したのである。

1996年度からは、第2ステップとして中期計画「顧客支持トップ118」をスタートさせた。この計画の前提となる「環境認識」は、①不良債権処理、厳しい収益環境の継続、②世界的に通用する経営への要請、③インフォメーション・テクノロジーの急速な進展、④日本経済の構造変化、であった。

この認識のもとで、計画で実現すべき「基本課題」は以下の通りである。

①傑出した得意領域の確立

マーケット別、プロダクト別に、傑出した強みとする領域を確立する。

②卓越したリスク管理力の確立

与信リスク、市場リスクなどのリスク管理力をさらに強化し、当行を特徴づける強みにまで高める。

③コスト競争力の確立

リストラクチャリングの完遂、コスト構造の革新により、自由化時代を勝ち抜く高い生産性、コスト競争力を確立する（チャネルの生産性向上、オペレーション部門の生産性向上、人の生産性向上、経常コストの徹底した削減など）。

④不稼働資産の最終処理の推進

不稼働資産の処理完結までの管理を強化する。

⑤組織風土の革新

少数精鋭の行員一人ひとりが、持ち場持ち場で強みを発揮し、働く喜びを共有して、生き生きと活動している銀行を目指す。

その後の展開を先取りして言えば、経営環境の激しい変化を受け、第2ステップの中期計画は1997年度の途中で見直しを余儀なくされ、翌98年度から新たな中期計画に切り替えざるを得なくなった。

大企業との距離開く銀行、中小・個人取引に照準

話を第1ステップの中期計画に戻そう。

不良債権の処理だけに追われていたら、銀行は利益を出せない。「不稼働資産の解消」と並んで、「良質資産の増強」を目標にしたのは当然だが、バブル期に良質資産を開拓できなかっ

たからこそ、不良債権の山ができてしまったのだから、実際には簡単なことではない。

バブル崩壊後、企業の資金需要は低迷し、リストラの一環で借入金を返済する動きも広がっている。特に大企業は、証券市場から資金調達する傾向を強めており、銀行離れが加速している。

そんな中で改めて注目したのが、個人や中堅・中小企業との取引だった。このころからリテール（小口金融取引）マーケットの開拓という言葉を銀行界でよく聞くようになった。

新しい中期計画をスタートさせた1993年は、預金金利の自由化が最終局面を迎えているときでもあった。橋本は、1993年度下期の支店長会議でこう述べた。

「商品、店舗、広告などの自由化が進み、我々の経営の自由度がますます広がってきている中で、本部、営業店ともに、着意と実践力が決め手になってくるのであります。

本部はお客様から喜ばれる新しいサービス、商品の開発とこれらをお客様に提供しやすい体制づくりに一段と知恵を絞り、また、営業店は、お客様のニーズを的確に把握し、それぞれのお客様に満足していただける商品、サービスをタイムリーに提供していくことに一層努力してほしいのであります」

1993年6月に定期性預金、94年10月には当座預金を除く流動性預金の金利自由化が完了した。翌95年10月には、定期預金の預入期間も自由になった。

1993年7月、学生や若年層をターゲットに「Jリーグ・キャンペーン」を展開。サッカーJリーグの各チームのキャラクターを掲載した「Jリーグ通帳」と「Jリーグカード」はヒット商品となる。Jリーグ通帳は、発行から1年弱で95万冊に達した。

銀行に初めて口座を持つ年齢は、平均すると18歳から23歳。学生のときに作った口座を社会人になっても給振口座として使う人が多く、Jリーグ通帳は銀行への入口として機能した。

1994年2月、「スーパー総合口座」の取り扱いを始めた。従来の総合口座に、口座振替の不足分を5万円まで自動的に融資する機能と、月別に預かり金と支払金額を自動的に集計して通帳に表示する機能を追加したところ、主婦層を中心に利用が急増した。93年1月、業務開発室内に発足させた女性商品開発チームの発案による新サービスだ。女性のチームは、店内用のベビーカー、手数料ミニガイドなどのサービスを生み出した。

1994年10月には、1カ月複利で運用する「スーパー貯蓄預金」、95年4月に5年物定期預金、10月に10年物定期預金の取り扱いを始めた。

リテールマーケットは、新たな柱となったか

個人取引の柱として注目したのが住宅ローンである。1994年夏以降、各銀行が独自の商品を提供し、競争が激しくなっていく。94年9月、金利や返済額の自由度を高めた住宅ローン「自由計画」の取り扱いを始めた。

企業との取引では、中堅・中小企業に重点を置いた。1992年1月、良質な中堅企業との取引を推進する「法人第二部」を設置し、本部と営業店が協力しながらオーナー経営者らとの関係を強化しようとする。

1995年5月、法人第二部の中に、法人戦略チームを立ち上げた。売上高、利益、純資産で一定の基準を満たす企業をセールス対象として狙いを定め、本部主導で取引を深めようとした。

個人や中堅・中小企業との取引強化は一定の成果を上げた。ただ、リテールマーケットに注目したのは他行も同じで、激しい顧客の争奪戦が起きる。

バブル期の不動産担保付き融資とは異なって地に足が着いた取引ではあるし、他行との差

別化を意識するようになったが、一歩引いてみれば、各銀行が提供する商品やサービスにそれほど大きな違いはなかった。

リテールマーケット重視は目新しい戦略でもない。1980年代に入ると、産業界の資金需要が全般に細る中で、大手企業は証券市場から資金を調達する傾向を強め、銀行はその穴を埋めるべく、個人や中堅・中小企業との取引を拡充しようとしてきた。

バブル期には、土地や株式を保有する個人や中堅・中小企業に狙いを定めて過剰な融資に走り、バブル崩壊で銀行は大きな痛手を被った。

バブル崩壊後、大手企業を中心に資金需要が一段と細る中で、各銀行は改めてリテールマーケットに注力したのだが、そもそもパイが限られているうえに、競争が激しく、不稼働資産がもたらす損失をカバーするだけの良質な資産を積み上げることはできなかった。

海外戦略、頼みの綱は欧米からアジアへ

国内の不良債権が経営を圧迫する中、邦銀は内向きになりつつあったが、1990年代前半まではまだ、海外戦略に注力する余裕があった。

１９９０年代に入ると、欧米の主要国の景気は低迷し、日本でも企業の活動が停滞する。対照的に、アジア諸国は急成長を遂げ、輸出主導型の産業構造を確立した。日本企業はアジアへの直接投資を急増させ、経済発展に貢献した。１９９０年度と95年度の日本企業による直接投資件数の地域別シェアを比べると、欧米向けが57％から31％に下がる一方で、アジア向けは25％から55％に上昇している。

アジア諸国の政治・経済情勢の安定、インフラ整備、外資規制の緩和を背景に、労働コストが安いアジア諸国に生産拠点を移して、総コストを抑える狙いがあった。

日本企業の動きをにらみ、邦銀もアジアに照準を定めた。富士銀行は東アジアの主要都市にすでに16の拠点があり、中国、マレーシア、ベトナム、ミャンマーに重点を置いて拠点をさらに増やす。

１９９３年4月以降、ラブアン、大連、上海、台北、ムンバイ、マニラ、ハノイの7支店、クアラルンプールに出張所、ホーチミン、天津、南京、ヤンゴンの4駐在員事務所を設け、１９９７年3月末時点で、12支店、10駐在員事務所、海外グループ会社の9拠点の計31拠点を持つ体制となった。人員配置も手厚くし、１９９２年度以降の3年間で、アジア拠点には日本人行員を約40人派遣し、現地行員は7割増の４６７人となる。

海外での拠点設置は大蔵省の認可事項だった。例えば、ベトナムに支店を出すとき、大蔵省は「今度、2行の進出を認めることにした。1行は東京銀行で、ホーチミンに決まっている。ハノイでよければ富士銀行にも認める」と伝えてきた。

橋本は自らハノイを訪問して現地の様子を見に行く。銀行の支店を開けるようなビルは全くない。宿泊先のホテルの角に新しいビルが建設中であった。とにかく、このビルのスペースを確保するようにと指示して帰国した。

せっかくのチャンスだから出店しようと決意し、1996年9月の支店開設にこぎつけたのである。

大蔵省の「店舗行政」は、銀行の箸の上げ下ろしまで指導すると揶揄《やゆ》された行政手法を象徴する存在として、本書でもこれまで何度か触れてきた。橋本が頭取を務めていたときはなお、旧来の仕組みであった。その後の動きを先取りして説明しよう。

大蔵省は1997年、のちほど詳述する「日本版金融ビッグバン」と呼ばれる規制緩和の一環で、国内店舗の設置数や新設店舗の基準を細かく定めた「店舗通達」を廃止。銀行は自分の判断で自由に国内店舗を設置できるようになった。

引き続き、大蔵省の認可を得る必要はあったが、2002年の銀行法改正で国内店舗の設置を許可制から届け出制に移行し、自由化が完了した。

海外での店舗の設置は、外国為替及び外国貿易管理法に基づいて大蔵省が統制していた。1998年4月の改正法の施行後、銀行が海外に店舗を設けるときは海外当局と直接、やり取りができるようになったが、銀行法に基づいて大蔵省（現在は金融庁）が認可する仕組みは残った。

銀行は海外の当局と、日本の金融庁の認可を得て海外拠点を設けている。銀行は国内外とともに、かなり自由に店舗を展開できるようになったといえよう。

海外でプロジェクトファイナンスの主幹事目指す

1994年10月、アジアに対する戦略や施策を立案する目的で「アジア委員会」を発足させた。国内担当の業務総括部、海外担当のアジア部、米州部、欧州部と、証券や財務商品のプロダクト担当部が参加し、アジアに関する情報を横断的に把握するようにした。

日系企業が特に重点を置いたのは中国で、現地のマーケット、資金調達、法律、税制に関する情報を求めた。そこで、アジア部内に「中国営業推進チーム」を設け、取引先に情報を提供した。

アジアでは、企業の成長に比べると金融部門が未整備な国が多く、邦銀にとっては、現地通貨との為替リスクの軽減が課題となる。国際資金為替部「アジア通貨デスク」、富士キャピタル・マーケッツ香港の設置、シンガポール、香港の両支店のディーリングルームの拡充、インドネシア富士銀行のディーリングルーム新設と、相次ぎ手を打つ。

急成長するアジア諸国では、発電所や道路、港湾といったインフラの整備が急務となった。インフラ整備の資金を各国の財政支出だけでは賄えないため、開発プロジェクトの収入を返済原資とし、多くの金融機関が共同で融資するプロジェクトファイナンスが活発になる。

富士銀行は、1970年代からプロジェクトファイナンスに取り組み、1980年代前半から米国や豪州で実績を増やした。1994年6月、アジアの案件を推進する目的で、国際営業部を「プロジェクトファイナンス第一部〜第三部」に衣替えした。外国人スタッフを登用して国際機関や欧米の金融機関との連携を強化する。

同年10月、シンガポール支店にプロジェクトファイナンス担当チーム、香港支店にシンジケートローン担当チームを設けた。

対象となるプロジェクトがそもそもビジネスとして成り立つのか、社会にとって価値があり、地元に還元できる案件なのかを見極めたうえで、融資のスキームを作り、実行していく。

邦銀の場合、海外でのプロジェクトファイナンスやシンジケートローンでは、欧米の金融機関が組成する案件に参加する形態が多かったが、リードアレンジャー（主幹事）としての参画を目標とした。金融機関としてのステータスが向上するだけでなく、手数料収入も大きくなる。

「世界の資本と金融技術をアジアの産業発展につなぐトッププレーヤーになる」という目標のもとで、フィリピンでサンロケ水力発電所建設ファイナンスの主幹事、台湾での高速道路建設プロジェクトのファイナンシャルアドバイザーになるなどの実績を上げた。

欧米でも、得意分野のプロジェクトファイナンス、航空機ファイナンスに取り組み、資産を積み上げた。

米フロリダ州タイガースベイでの発電プロジェクトで単独主幹事、世界最大のリース会社GECC向け航空機ファイナンスのアレンジャー、ユナイテッド航空向け新型航空機リース、シアーズ・ローバック向けレバレッジドリースのアレンジ、英国の国鉄民営化にかかわる案件の組成などの成果を上げる。

プロジェクトファイナンスの実行残高は、1988年度末の16億5700万ドルから、1993年度末には34億8300万ドルに増えた。

3．2信組が開けたパンドラの箱

不良債権問題は、日本の金融システムの基盤を揺さぶりつつあった。全国銀行の不良債権処理による損失額は、１９９２年度から99年度までの間で、累計65兆７１００億円にのぼった。

この過程でまず、体力が弱い中小金融機関の経営が立ち行かなくなり、徐々に大手銀行にも経営危機が広がっていく。

中小から大手へ、経営難に陥る金融機関が急増

バブル崩壊後に最初に経営が破綻した中小金融機関は東邦相互銀行だ。取引先の経営不振が原因で自力再建を断念し、１９９２年４月、伊予銀行が吸収合併した。

預金保険機構は、預金者保護の観点から、合併行に資金を援助して合併を円滑に進めるよ

うにした。その後も、多くの中小金融機関が破綻し、預金保険機構が資金を援助した。

経営難に陥った金融機関を別の金融機関に吸収合併させ、預金保険機構が資金を援助して預金を全額保護して信用不安を抑え込む——。こうした「個別処理」のシナリオを描き、舞台回しをしたのは、監督官庁の大蔵省である。

金融機関の経営難が表に出ると、預金の取り付け騒ぎが起きて大混乱に陥る可能性がある。その金融機関だけではなく、金融界全体に信用不安が広がると、金融システムの機能が麻痺しかねない。

そうなる前に、救済してくれる金融機関を探し、事前に交渉をまとめた。神業のような動きができたのは、大蔵省が長く銀行経営を牛耳り、有無を言わせぬ力を持っていたからにほかならない。

経営難の金融機関を救済する白馬の騎士としての役割を積極的に引き受けた金融機関は少ないだろう。しかし大蔵省の要請とあれば、断るわけにはいかなかったのだ。

2つの信用組合が破綻、受け皿銀行設立へ

経営難の金融機関が急増するにつれ、個別処理は限界に近づいていた。端緒となったのが、東京協和信用組合と安全信用組合の破綻処理である。東京都の金融検査の対象であった両信組は、不良債権の著しい増加や資金繰りの悪化で経営難となった。

1994年12月9日、日銀は、東京都の業務改善命令を受けて自力再建を断念した2信組の処理スキームを発表した。日銀は、日本の信用秩序に与える悪影響を懸念し、日銀法第25条の規定に基づき、蔵相の認可を得て受け皿銀行（後に東京共同銀行と命名）を設立し、同行に出資した。

処理のスキームは以下の通りである。

1　日銀は民間金融機関とともに、両信組の事業譲渡を受ける普通銀行を設立する。
2　同銀行は、両信組から譲渡された不良債権を処理し、その一部を社団法人、東京都信用組合協会に移管する。
3　上記の事業の譲渡及び不良債権の処理に当たり、同行は、預金保険機構からの資金援助

を求めるとともに、民間金融機関からの支援を受ける。

１９９５年1月13日、日銀は民間金融機関とともに発起人となり、東京共同銀行を設立した。日銀は同日、資本金４００億円のうち２００億円を出資した。

東京共同銀行は、1月17日、蔵相から銀行法に基づき、銀行業の免許を受ける。資本金のうち、残りの２００億円は、2月３日までに全国１５２の民間金融機関が全額を払い込んだ。

1月19日、両信組から貸出債権、預金などすべての資産及び負債の譲り受けについて、両信組との間で事業譲渡契約を締結する。３月20日、資産及び負債（ともに２５６２億９７４８万円、このうち貸出債権は１３２５億６１５３万円）の譲渡を受け、同日、営業を開始した。

同行は、３月20日、東京都信用組合協会との間で、両信組から譲り受けた貸出債権のうち、不良債権の一部を譲渡する契約を締結し、同日、東京都信用組合協会に譲渡した。３月31日、譲渡価額を６５２億２４００万円と確定する。同行は貸出債権を差し引き６７３億３７５３万円、継承した。

また同行は、預金保険法における救済金融機関として、３月20日、預金保険機構から一括して４００億円の贈与を受ける。全国１５２の民間金融機関と一括または15年の分割払いにより総額387億1100万円の資金贈与を受ける契約を締結し、これに基づき3月30日および31日、計25億8540万円の贈与を受けた。

信用組合の破綻処理にこれだけ大掛かりなスキームが必要になったのは、不良債権の規模が大きかったのに加え、2信組の経営があまりにも杜撰《ずさん》であり、救済合併する金融機関が見当たらなかったためだ。

東京協和信組は、バブル紳士として知られ、後に背任容疑で逮捕されるイ・アイ・イ・インターナショナル社長の高橋治則が理事長、安全信組は高橋の知人である鈴木紳介が理事長を務め、乱脈経営を続けていた。

預金保険法上の資金援助を実施するためには受け皿金融機関が必要であり、大蔵省と日銀、東京都、民間金融機関が協議し、2信組の事業をすべて譲り受ける普通銀行を日銀と民間金融機関が新設するスキームを作ったのだ。

2信組の「救済」に公的資金を投じる意味

2信組のスキームを発表する直前の12月6日、橋本は次期全国銀行協会連合会（現・全国銀行協会）会長として、全銀協会長の森川敏雄《もりかわとしお》（住友銀行頭取）とともに、日銀の氷川寮（東京都港区）の一室に呼び出された。

全銀協会長は、上位都銀6行が1年交代の輪番で務めており、翌年4月の会長交代は既定路線であった。全国152の銀行が加盟する業界団体のトップであり、様々な行事に引っ張り出され、定例の記者会見に臨む必要もある。

大役ではあるが、業界団体のトップとしてできることには限りがあり、きりきり舞いをさせられるほどのポストではなかったといえる。

しかし、バブル崩壊後の景気低迷が長引き、不良債権問題が銀行経営に重くのしかかってきた時期の会長職は、従来にない緊張感と使命を強いられる、重いポストになっていた。

部屋で待っていたのは、大蔵省銀行局長の西村吉正と日銀理事の小島邦夫だ。西村は、「預金の流出が激しく、放置できなくなりました。そこで、新しい銀行を作って両信組の資産と負債を継承、両信組を解散します。新銀行の資本金400億円は、日銀が200億円出しますので、残りの200億円は民間銀行で出してもらいたいのです」と要請した。

2人とも驚いたが、大蔵省と日銀の要請をはねつける力はない。やむなく受け入れるしかなかった。

蛇足になるが、銀行担当の記者だった筆者は、こうした水面下の動きを察知し、12月9日の発表当日の新聞朝刊1面で「日銀出資で〝救済銀行〟」という記事を書き、銀行界を揺るがす出来事を発表直前に報じることができた。

いわゆるスクープ記事であり、記者としては栄誉なことではあった。いずれは発表される内容を、少し前に報じることに意味があるのかという議論はさておき、記事を執筆する過程で筆者が悩んだのは「見出し」である。

記事を書くに当たり、取材した相手の一人は、大蔵省や日銀が銀行界に「奉加帳」を回して受け皿銀行への出資を求めることに憤っていた。2信組の乱脈経営は銀行界に知れ渡っており、なぜ、2信組のために、何の関係もない銀行が金を出さなければならないのか、という疑問を筆者に投げかけた。

日銀総裁の三重野康《みえのやすし》は記者会見で、「2信組は清算されるのだから、2信組を救済するわけではない。大蔵省と日銀は2信組の預金を全額保護し、信用不安の連鎖を防ぐことによって日本の金融システムを救済したのだ」と説明した。

しかし、2信組の高金利預金にお金を預けていた人には全く責任がないのだろうか。処理スキームの発表後、2信組の預金者を救済する必要があるのかとの声が広がる。

2信組問題はあくまでも個別の問題であり、「2信組を経営破綻させ、預金がカットされる事態になると、金融システム全体に影響が及ぶ」という大蔵省や日銀の説明に納得する人は限られていた。

「救済銀行」以外の見出しは考えられなかったが、取材、記事の執筆と完成、記事掲載後の反響を通じて、公的資金の投入を報じる者としての責任の重さを痛感した。

倒産処理をためらった2信組

両信組の経営危機が明らかになったのは、長銀がイ・アイ・イへの支援を打ち切った1993年7月である。大蔵省と日銀は、経営破綻は時間の問題と判断し、連携しながら処理方法を検討した。

日銀はプロジェクトチームを組み、過去の事例を分析した。検討の結果、今回の方式は1993年秋ごろには最有力の案となったが、実行に移すには時間が必要だった。他の金融機関への波及が読みづらく、両信組が大口融資規制に違反しているにもかかわらず、事実上の倒産処理を躊躇したためだ。

監督当局である東京都は１９９４年夏、両信組に検査に入った。この間、両信組の預金と貸し出しは急膨張していた。高金利で預金をかき集めていたからだ。

１９９４年９月末には、資金量が安全、東京協和とも、１年半前の１・５倍に膨れ上がり、新規に集めた分はイ・アイ・イ関連の企業への追加融資に回したとみられている。

検査の結果、安全信組のイ・アイ・イ関連のゴルフ場開発やホテルなど約20社への融資のほとんどが焦げ付いている実態もはっきりした。

加えて、秋に検査開始が明るみに出て、両信組の預金の流出も始まった。安全では２００億円の預金が解約となり、両信組は自力再建を断念した。

密室でのスキーム作りは副作用をもたらす。その後、住宅金融専門会社の処理も重なって公的資金の注入に対する国民のアレルギーを生んだ。

地方の金融機関にも負担を求める、いわゆる「奉加帳」方式が大蔵省への不信を招いた。同行は１９９６年３月のコスモ信用組合の処理でも利用され、96年６月の預金保険法改正を受け、同年９月に整理回収銀行に生まれ変わった。

4．住専問題に明け暮れる

全銀協の会長に就任

１９９５年4月25日、橋本は全国銀行協会連合会会長に就任した。理事会で新会長に選ばれた後、初の記者会見に臨んだ。

新会長として取り組む課題として、①証券子会社の業務範囲の拡大など、自由な競争環境の整備、②デリバティブ（金融派生商品）など、新しい金融技術を活用した業務領域の基盤整備、③銀行経営の健全性維持と自己責任原則の徹底、④肥大化する公的金融機関や郵便貯金の見直し、を挙げた。

金融自由化や業務範囲の拡大への対応はもちろん重要だが、銀行の経営者が最も頭を痛めていたのは不良債権の処理である。会見でも、「１９９５年度も、不良債権処理を進めることが金融界の最重要課題になる。不良債権の早期処理と健全性向上につながるように基盤整備をしたい」と強調した。

橋本は全銀協会長に就任後、複数のメディアのインタビューを受け、2信組問題についてこう説明している。

「今までは一番関係の深いところが救済し、それに伴い預金保険から資金援助する方法が中心だった。東京協和、安全の旧2信組の場合は初めて日銀が出資して新銀行を作る方式をとった。

批判もあるが、今回はこの方式でないと金融システムは守れなかったわけで、やむを得ない措置。今後も公的資金が必要なケースが出てくるかもしれないが、いきなり公的資金に頼るという考え方は持つべきでない。まずは自己責任で対応することを徹底すべきだ」

「破綻銀行が生じた場合どう対処するかは、一般的に言えば、いろいろな処理の仕方があって、ケース・バイ・ケースで、処理していくことだと思う。

東京共同銀行を作って、2信組から事業譲渡を受けてやっていくというやり方、このケースでは、あのやり方しかなかったと思う。したがって、我々も若干の負担はあるが、金融システムの安定を維持するために必要だということで協力することにした。

株主代表訴訟との絡みでいえば、単に金融システムの安定維持のためにいくらでもお金を負担するかというと、そうではない。やはり、負担とメリットのバランスの問題が重要だ。金融システム全体の安定化を図ることが我々個別の銀行にとってもメリットになる。このメリットはなかなか計量化できないが、私どもとしては、あれだけの収益支援をし、出資をしても、日銀と大蔵省の言われたような形でご協力するのが、我々の銀行にとってもメリットになると判断した。

したがって、これは株主の利益にもつながると思う。2信組を救済したのではない。2信組の理事長は経営責任を問われて解任され、刑事訴追まで受けている。2信組そのものはなくなってしまうのだから、これは解散に等しい。

そして、金融システム全体を救済するために東京共同銀行を作る。そこに預金保険機構から資金支援がなされる。この資金支援と、我々の出資などによって、2信組の預金者は一応救済された。

しかし、大口預金者の救済が第1の目的であったわけではなく、金融システムの安定が目的で、その副次的な効果として大口預金者まで救済された」

迫り来る、厄介な「住専」問題

2信組の処理は終わったが、金融界にはもっと厄介な問題が迫っていた。住宅金融専門会社（住専）の経営不安である。

住専は、1971年6月に発足した日本住宅金融が第一号で、8社まで増えた。都市銀行、地方銀行・第2地方銀行、信託銀行、証券会社や生命保険会社が設立母体となり、小口の個人向け住宅ローンの専門会社としてスタートした。既存の銀行は産業界に資金を提供するのが使命であり、個人向け融資は別のルートで提供すべきだとの考え方が根づいていた。ところが、住専が発足して間もなく、高度成長期は終わり、企業の資金需要は細ってしまう。

個人の資金需要は安定しており、住宅金融公庫の住宅ローンが急伸した。銀行はこうした情勢を見て、自ら個人向け融資に乗り出し、住宅ローンを増やすようになった。住専各社は1980年代以降、住宅開発業者や不動産業者向け融資を増やしたのである。

１９９０年3月、政府が土地関連融資の総量規制を導入すると、銀行は不動産融資を抑制せざるを得なくなる。一方、ノンバンクである住専は規制の対象外だったため、その後も不動産関連融資を増やし、傷を深くする。住専8社の借入金は13兆円にのぼった。

金融機関が多額の融資をしており、住専が経営破綻すれば、金融機関に多大な損失をもたらすのは確実だった。

橋本はインタビューで、住専問題への対応を問われた。

「全銀協としての対応はなく、個々の住専で処理していく問題だ。ただ、住専は預金を集めて経営しておらず、金融機関から資金を借りてやっているのだから、貸し手は自己責任原則の徹底を基本にしなくてはならない」

「現に返済が計画通り行えなくなっているところも出てきている。このままで解決できるということはないだろうから、いずれ新しい解決の方法が必要になる。

私は住専の問題も含めて、貸し手の自己責任をベースにして考えていかなければならないと思う。貸し手のモラルハザードの問題だ。

住専の場合は、単なる預金者ではなくて、資金は全部プロの金融機関からの貸し付けに依存しているから、貸し付けのプロとしての貸し手責任は当然、ベースにある。これをベースにいわゆる「母体行」もそれに入って一緒に解決方法を探っていくということではないか。したがって、公的資金の投入については、私ども貸し手、あるいは母体行の立場から政府の公的資金を入れてくれと言うべきではないし、言うつもりもない。母体行の責任を主張する農林系統金融機関とは見解がぶつかるところだ。

粘り強く話し合いをし、適切な落としどころを作っていかなければならないと思う。貸し手に全く責任がないとは言えないし、母体行としては全部保証しているわけではない」

貸し手責任か、母体行責任か、公的資金の投入か

全銀協会長としての橋本の時間は、ほとんど住専問題に取られることになる。5月30日の記者会見でも、住専問題について「基本的には、貸し手責任で考えるべき問題である」と述べ、公的資金の投入を要請する可能性について「考えていない」と断言した。

橋本が強調する「貸し手責任」とは何か。金融機関が資金を貸し出している取引先が経営難に陥って元利金の返済が難しくなったとき、貸出残高に応じて損失を負担するという考え方だ。

ごく当たり前の考え方のようだが、物事はそれほど単純ではない。金融機関が「母体行」として自ら資本金を出したり、経営者を派遣したりしたノンバンクが経営難に陥ったときは、母体行が支援する慣行があったからだ。母体行以外の金融機関は、母体行の信用保証があると信じてノンバンクに融資をしているのだから、母体行、つまり親が子どもの面倒をみるのは当たり前という理屈である。

銀行系の住専7社には、農林系統金融機関が計5兆5000億円を貸し込んでいた。農林系は住専7社の母体行ではないため、仮に住専が破綻して借入金を返済できないのなら、母体行が損失を負担すべきだと主張したのである。

「母体行責任」には法的な根拠はなく、あくまでも慣行である。しかも農林系統金融機関は母体行ではないにしても、プロの金融機関として住専に資金を提供したはずである。母体行に責任をすべて押し付け、損失を負担せよというのはおかしいと、橋本は反論した。

農林系統金融機関は強く反発した。農林中央金庫理事長の角道謙一《かくどうけんいち》と全国信連協会会長の杉浦與曽松《すぎうらよそまつ》は8月3日、住専問題について記者会見し、「住専問題は母体行中心に解決するべきだ」と強調した。

会見では、①住専は母体行の金融子会社である、②母体行が住宅ローンに参入して住専の業務を侵食し、経営を悪化させた、③農林系は再建計画に従い、残高維持や金利減免など貸し手責任を果たしている、と指摘。母体行が経営責任を明確にし、負担を負うべきだと主張した。

貸し手責任か母体行責任か、あるいは公的資金の投入か。住専がこのままでは立ち行かなくなり、多額の損失が発生するのは確実だ。

できる限り損失負担を減らしたいと考える銀行と農林系統金融機関の主張がかみ合うはずもなく、堂々巡りの議論が続く。

銀行や農林系統金融機関が住専処理に伴う損失を負担しきれないのなら、公的資金を使って処理をするしかないはずだが、銀行、農林系ともに公的資金の投入には否定的だった。公的資金すなわち税金を投入するとなれば、国民の批判が強まり、経営者の責任問題に発展する可能性が高い。経営トップの辞任や人員削減を求められ、傷を負う。監督官庁の大蔵省の責任も免れない。

農林系による住専向け融資が膨れ上がったのは、大蔵省が不動産融資の総量規制とノンバンク融資規制を始めた1990年3月以降である。住専と農林系が規制の対象外だったためだ。

１９９３年初めに、大蔵省銀行局長と農林水産省経済局長との間で「農林系による融資の元本を保証する」とする、住専の経営再建計画をまとめた覚書の存在も明らかになり、大蔵省は守勢に回った。

大和銀行ニューヨーク支店事件、大蔵省・銀行界に追い打ち

日本の銀行界および大蔵省に追い打ちをかける事件が発生した。

１９９５年９月26日、大和銀行はニューヨーク支店の不正取引による11億ドルの巨額損失を、10月９日には、米信託子会社、大和トラストをめぐって組織的な損失隠ぺい工作があったことを公表したのだ。

大和銀行はニューヨーク支店の巨額損失を、８月８日には大蔵省銀行局長の西村らに報告していた。しかし、直前に東京のコスモ信用組合が経営破綻し、８月末には大阪の木津信用組合と兵庫銀行が経営破綻を発表すると知っていた西村は、混乱を回避する狙いから事件の公表をしばらく待つように示唆したのだ。

大蔵省としては、立て続けに大きな案件が表に出ると金融システムが混乱すると心配した

うえでの判断だったが、時代錯誤であった。影響が国内だけでおさまる問題でもないのに、行政の裁量で発表の時期をずらせるという考え方がそもそも誤りだったのである。

ニューヨーク事件は、巨額損失そのものよりも日本の官民一体となった悪質な隠ぺい工作として米国政府の怒りを買い、大和銀行は全米からの撤退に追い込まれた。国際金融市場で日本の銀行への不信が高まり、外貨を供給する際に金利を上乗せして要求するジャパン・プレミアムが拡大したのである。

橋本は10月17日の記者会見で、大和銀行ニューヨーク支店事件に関するコメントを求められ、「あくまで個別銀行の内部管理体制の問題だ」と突き放さざるを得なかった。米信託子会社の損失隠しについては、「あってはならないことで、非常に残念」と語った。ジャパン・プレミアムにも触れ、「こういう状態が長く続くと、経営に問題が出てくる可能性がないわけではない」との懸念を表明した。

記者会見では、住専問題への対応も必ず問われるようになっていた。この日は、「貸し手責任がベースとなるが、修正母体行責任も処理方策の一つである」との考えを初めて示した。銀行界が主張する貸し手責任と、農林系が主張する母体行責任を折衷する案である。

住専の設立母体となった母体行と、それ以外の金融機関との負担割合に差をつける処理策で、銀行界として歩み寄りの姿勢を見せたといえる。

それでも、母体行と農林系との溝は埋まらない。両者は協議を続けたが、母体行責任を主張する農林系は一歩も譲らず、農林族と呼ばれる議員を味方につけて政治決着を図ろうとする動きを強めている。

連立与党の金融・証券プロジェクトチームは、11月20日、銀行界の代表を呼んで意見を聞いた。貸し手責任を主張するが、母体行による住専向け債権の全額放棄を柱とする修正母体行責任を容認する声も出た。農林系とは異なり、もともと政治家の間に応援団が少ない銀行の言い分がどこまで通るのか不透明さを増していた。

翌11月21日、橋本は記者会見で、住専処理について「当事者間の話し合いが合意に至らず、行政や政治の解決案が理不尽な場合、法的な手続きで住専を整理する可能性はある」との考えを示した。

裁判所を通じた法的整理の手続きに入れば、損失負担の割合は債権額に応じて決まる「貸し手責任」がベースとなる。政治を巻き込んで損失負担を避けようとする農林系に対する強烈な一手だった。

ようやく決まった住専の処理策

11月24日、富士銀行は1995年9月中間決算の発表で、通期で4400億円の最終赤字になるとの見通しを明らかにし、金融界に衝撃が走る。住専問題が紛糾しているさなかの発表だった。

結局、銀行が法的整理に踏み切ることはなかった。政府は12月19日、住専問題の処理策を閣議決定した。

政府案では、住専の損失見込み約7兆5000億円のうち、母体行がまず債権（3兆5000億円）を全額放棄する。残る4兆円について、母体行以外の一般金融機関と農林系金融機関の貸出残高に応じて分担すれば、農林系が2兆3000億円、一般行が1兆7000億円となるが、一般行の負担はそのままに、農林系の負担は5300億円まで減らし、6800億円の財政支出（預金保険機構への出資50億円と合わせると、公的資金の総額は6850億円）と合わせても足りない分は2次損失に回した。1次損失は、6兆4000億円という計算になったのである。

橋本は、同日の記者会見で政府案を受け入れる考えを示し、「住専経営に関与してきた母体行が貸出債権を全額放棄することで、経営責任を果たすことになる」と指摘した。

一般行と農林系との損失分担にも触れ、「貸出額に応じて分担するプロラタが筋だが、農林系が5300億円しか負担できないと言うのなら、財政資金で穴埋めするしかない」と強調した。公的資金を投入したのは、農林系が負担しなかった分だと明言したのである。

政府案の決定を受け、橋本は複数のメディアのインタビューに応じている。

「住専の整理・清算で直ちに発生する6兆4000億円について損失分担が固まったことで、前向きには評価している。海外からも評価の声は上がっており、日本の金融システムを覆い続けてきた不透明さ、不安感はある程度、解消に向かうと思う。積み残しはあるが大きな前進と受け止めており、この処理策が逆に日本の金融システムの不透明さを露呈したとはいえない。」

確かに処理策をみると、農林系金融機関に課せられた課題と母体行のそれとはかなりの温度差がある。1次損失で母体行が貸出債権の全額放棄を迫られるのに対し、農林系金融機関が5300億円まで減額された根拠が不明瞭なままだ。財政資金投入の前提となるべきそれが国民に分からないし、議論もなされていない。責任問題でも農林系には、以前から議論されている内部再編の検討が求められたにすぎない。

農林系も審査して融資したわけであり、元本保証されるのが金融機関たり得るのかという根本論を問いたい」

「住専向け貸出債権の全額放棄は経営に大きな痛みを伴う。それをもって責任を全うするものと判断している。住専処理を赤字決算という形で明確化するのは、逆に金融問題の透明性を増すということであり、これによって不安が増幅されることはない」

「赤字決算を決断したのは、芙蓉総合リースなど関連3社や住専向け不良債権を処理することで、経営に一つの区切りをつけるためだ。

ただ、赤字決算で信用力を維持するには、翌年の業績回復が確実でないといけない。無配も選択肢にはあったが、安定配当を基本的には維持したいと考え、来期以降の業績回復を視野に入れながら2円の減配とした。1997年3月期には配当水準を戻すべく努力したい。

破綻先・延滞債権のいわゆる公表分に対する引き当ては3月期で60％を突破、金利減免債権も関連ノンバンク処理に4700億円弱の支援損を計上することで大幅に減少する。

ただ、これはあくまでも帳簿上の処理に過ぎず、担保不動産の流動化といった最終処理はこれからが本番だ。これを強力に推進しなければ処理は完了にはならない。あくまでもヤマ

住専処理問題を審議する衆議院予算委員会で、質問に答えるため手を挙げる参考人の橋本徹・全国銀行協会連合会会長
（朝日新聞社/amanaimages）

は越したということだ」

橋本が住専処理への財政支出は農林系の負担を減らすためだと強調したのは、処理策ができるまでの過程を振り返れば、ごく当たり前の認識だが、母体行がすべて負担せよと唱えていた農林系からすれば「許しがたい発言」ということになる。

農林系の反発が予想される中で、あえてこう発言したのは、「公的資金を投入する事態になったのだから、経営責任を取って辞任せよ」という風圧をはね返す意図もあった。

1996年1月9日、橋本は記者会見で住専処理策について、「本来は農林系統金融機関が負担すべき額の一部を、肩代わりするものだ」と述べた。

母体行の経営責任については、「住専問題の早期処理・解決に全力を挙げることが責任を全うすることだ」と責任論を退けた。

政界に広がる、銀行の経営責任を問う声

住専処理の政府案が固まり、焦点は国会に移った。

衆院予算委員会は2月15、16日、住専への貸し手や住専からの借り手、住専の経営者、大蔵、農林水産両省の関係者を参考人として招致した。

橋本は15日午前の質疑に応じた。住専の母体行としての責任について、「本年度の役員賞与を全額返上し、役員報酬についても減額を考えている」と発言した。

役員賞与の返上と報酬カットで責任を明確にしたつもりだったが、蔵相の久保亘《くぼわたる》は衆院予算員会で、銀行の経営責任について、「明確にしなければいけないし、取るべき責任は取ってもらう」と発言する。

久保は社会民主党の議員。村山富市の首相退陣に伴い、1月に発足した橋本龍太郎内閣の

蔵相に就任したばかりだった。久保は2月20日の記者会見でも、「責任が果たされたとは誰も思わない。道義的責任がある」と、銀行トップの進退に言及した。

一方、橋本は同日の記者会見で、この点に関し「辞めるつもりはない。不良債権問題を解決し、信頼回復していくことで責任を全うしたい。責任の取り方はいろいろあるが、最高経営責任者として住専の処理、解決に全力を挙げることが重要。これらを通じて金融システム安定化を図ることが私の責務」と述べた。

だが、蔵相の発言は政界に広がっていく。やはり1月に大蔵事務次官に就任したばかりの小川是《おがわただし》も、2月23日の記者会見で蔵相にならうように、銀行の経営責任を明確にするよう求めた。

橋本は同日夜、「我々は株主に選ばれている。銀行法に違反したなら別だが、大蔵省に銀行経営者の進退を決める権限はない」と突っぱねた。小川は2月28日、橋本をはじめとする住専の母体行首脳を集め、経営責任を取るようたたみかけた。会合での主なやり取りはこうだ。

橋本　小川次官から久保蔵相の発言について説明したいとのことで、お集まりいただいた。この会議は秘密会議というわけではない。

小川　与党は来週にも予算案の衆院通過を予定している。その後に住専処理法を成立させ、早く債権回収にかかりたい。関係当事者の責任は、次のように考えている。住専各社については、解散し、会社を存続させない。住専からの借り手に対しては、住専処理機構で強力に債権を取り立てる一方、時効中断の議員立法も検討されている。大蔵省の行政責任については、予算成立の際に蔵相から発言があると思う。農林系金融機関も、当然、責任はあり、次期国会で制度面の法的措置を講じたい。さて、母体金融機関だが、世論は極めて厳しい。今のままでは納得しない。金融機関が自ら責任を明らかにする必要がある。単に金融機関が株主に責任を果たすだけでは済まされない。国会審議、国民の批判を謙虚に受け止めてほしい。国会審議の一応の区切りをめどに判断してほしい。

都市銀行頭取　国会審議の一応の区切りとはいつか。

小川　予算成立の時期と考えている。その段階が一番意味がある。

長期信用銀行頭取　理解できない。責任は株主に対しての有無を判断するもので、大臣に言われる筋合いはない。次官がこんなことを言うとは意外だ。

小川　大臣の意向を伝えただけだ。

橋本　昨日、次官から「大臣の意向は伝わっているか」との問いがあった。

都銀頭取　次官が話すというのは次官の発案か、橋本会長の発案か。

橋本　次官の発案だ。しかしながら、大臣の真意はつかみかねる。

小川　金融機関の認識と世の中の認識にはズレがある。金融機関が主体となって設立された住専がこれだけ問題を起こしたのだから自分のこととして責任を考えるのが筋だ。

長期信用銀行頭取　母体行としては債権の全額放棄でぎりぎりの責任を果たした。

橋本　全額放棄が法的にはぎりぎりの負担だ。さらに金融秩序を維持するために出資と低利融資をする。これ以上何をしたらいいのか。名案はない。

とにかく責任を取って辞任せよと迫る小川に、母体行の首脳は反発し、話し合いは物別れに終わった。同日夜、橋本は全銀協会長としてのコメントを発表した。

「世間をお騒がせし、国民の皆様には大変なご迷惑、ご心配をおかけしたことについて、関係当事者の一員として誠に申し訳なく、その責任は十二分に感じている。

経営者の責任についてはわれわれ経営者自身が考え、決めることだ。住専問題の解決に全力を傾注することで、経営者としての責任を全うしたい。

母体行としては、法制上許される限度、貸出債権の全額放棄を行うことによって責任を果たしたい。さらなる負担については名案がないのが現状で、具体的なめどはないが、何ができるか引き続き一生懸命考えたい」

橋本の頭取辞任は、「引責辞任」ではなかった

3月4日、住専処理への公的資金の投入を盛り込んだ1996年度予算案に反発し、新進党は衆院予算委員会の委員会室前で座り込みの抗議を始めた。

政府・与党は50日間の暫定予算を組み、3月25日、予算案は強引な採決をしないことで与野党が合意し、新進党は座り込みを解除した。4月1日、ようやく衆院予算委で予算案の審議が再開し11日、予算案が衆院を通過した。

全銀協会長の任期は1年。4月23日の任期終了が近づいていた。4月16日の最後の記者会見で、住専問題に対する経営責任について、「かつてないほど国民から批判を浴び、金融機関のあり方が厳しく問われた1年だった」と振り返った。

予算案の衆院通過に関し、「政府案に沿って住専処理を進めていくうえで大きな一歩。関連法案が成立し、住専処理機構の枠組みが整えば予算を執行する条件が整う」と評価した。公的資金の投入については、「農林系統金融機関の預金者を保護し、金融不安の広がりを防ぐためと説明することが大事だ」との認識を重ねて示した。

全銀協は、銀行の利害を代表する組織ではあるが、大蔵省の指導を受けながら銀行業界の利益を守る機能は低下しつつあった。住専問題は全銀協の地盤沈下を顕著に物語っていた。「貸し手責任」を求める銀行界の主張は結局、通らなかったうえに、大蔵次官の小川は、銀行トップの辞任を迫る蔵相の久保の意向をそのまま銀行界に伝え、猛反発を招いた。

銀行界も一枚岩ではない。都市銀行、長期信用銀行、信託銀行や地方銀行といった業態の考え方は必ずしも一致せず、「母体行責任」を主張する農林系の圧力をはね返す論理を展開できなかった。

橋本は、16日の会見で全銀協という組織についての感想を求められると、「大方の問題はうまくまとまっているが、全部が全部、コンセンサスを得るのは難しい」と正直に語った。

4月23日、さくら銀行頭取の橋本俊作が全銀協会長に就任した。

全銀協会長の任期終了を見据えていたのだろう。富士銀行は4月26日の取締役会で、橋本が代表権のある会長に就き、後任の頭取に、副頭取の山本恵朗が昇格する人事を内定した。正式決定は6月27日の株主総会後である。

住専の母体行のトップとしての経営責任を再三、求められていただけに、引責辞任との見方もあったが、同日午後の記者会見では引責辞任ではないと明言した。

記者会見での主なやり取りは、以下の通りである。

問　96年3月期決算が赤字、減配となったことと辞任の関係は。

答　直接は関係していない。不良債権の思い切った処理で大幅な赤字になった。減配で、株主に大変迷惑をかけるが、役員賞与を全額返上し、役員報酬も相当のカットをすることで一つのけじめをつけた。頭取を辞任して会長に就任しても、引き続き不良債権の処理に注力していきたい。

問　国会の証人喚問と辞任の関連は。

答　影響していない。辞任決定は先週末だ。山本副頭取に話したのは23日で、喚問が決まる前だ。16日に全銀協会長として最後の記者会見が終わるまで辞任は考えていなかった。

先週末の20日、父親の一周忌で故郷の岡山に帰省した際、電車の中で銀行の経営体制を考え、交代を決めた。

問　住専問題を含め不良債権問題で銀行界の負担が足りないとの批判があるが、全銀協会長の任期を終え、けじめをつけたのか。

答　私の仕事は、バブル崩壊後に生じた住専問題を含む不良債権問題を解決し、処理していくことだと申し上げている。3月末に大幅な償却をやって財務的なメドをつけ、不良債権問題はこれでヤマを越した。私なりに責任を全うしたと考えており、あくまで引責辞任ではない。私の役割を終えて、会長になると思っている。

問　日本興業銀行の黒沢洋頭取は代表権のない会長に就任するが、代表権のない会長や取締役相談役に就任する考えはなかったのか。

答　念頭に浮かばなかったわけではない。過去に代表権のない会長の例もあるが、会長になって頭取を助けていくことを考えると、代表権を持った会長のほうが力が発揮できると考えた。副頭取の意見もそうしてもらいたいということだった。

問　久保蔵相は住専問題で、銀行の経営者が責任を取って辞任することを求めている。責任を取るようなニュアンスの受け止め方もあるが。

答　いろんな取り方があり、大蔵大臣はそういう言い方をされているが、私は住専問題の責任を取って辞めるという考え方は毛頭ない。

たまたまこういう時期に辞めるのは、全銀協会長の任期を全うできたし、前々から会長不在で不十分な面もあり、この際、一つの区切りとして、会長—頭取という体制に戻したいと思った。また、自らに課した課題がほぼ達成でき、たまたまこういうタイミングになった。いろいろ誤解を生む恐れも考えたが、それよりも富士銀行にとって何がベストかを考えた結果だ。

銀行経営者の進退は経営者自身が主体的に判断すること。大臣に言われて辞めるものではない。あえてこの時期に退任して会長になりたいということだ。

蔵相の久保は、同日夕の記者会見で富士銀行のトップ人事に触れ、「橋本頭取の退任は本人の判断によるもので、私からは何も申し上げることはない」としながらも、「私の話を大変まじめに受け止めてくれたと思っている」と述べ、住専問題の責任を明確にしたとの認識を示す。

さらに、「住専問題の処理について、ぜひ最後までかかわってもらいたかったが、代表権のある会長なら、今後も銀行業界のトップリーダーの一人であることは間違いなく、私が要請した銀行の追加負担などについて、機会をみて話をすることもあると思う」と付け加えた。

頭取辞任の会見前日、橋本の思いは

橋本の辞任については、様々な受け止め方がある。真相は本人のみぞ知るというところだが、代表権のある会長への就任は、「経営責任を取れ」と迫る蔵相および大蔵次官の圧力をかわしつつ、引き続き経営の一翼を担うことで混乱を回避する、巧みな一手だといえる。

余談になるが、筆者はこの当時、都市銀行の担当記者として、橋本の一挙手一投足をウォッチする役割を担っていた。

橋本が全銀協会長に就任した後、東京・中目黒にあった頭取用社宅に夕刻にしばしば取材に行き、様々な質問をぶつけた。全銀協会長、富士銀行頭取として、分刻みのスケジュールをこなす橋本を日中につかまえ、かつ単独で話を聞くのはほぼ不可能だからだ。

といっても、自宅内に入れるわけではなく、インターホンでやり取りをし、取材でつかんできた事実関係を確認するのが常だった。自動シャッター付きの社宅であり、専用車で帰宅途上の本人を門前でつかまえることはできない構造になっていた。もちろん不在のこともあったが、在宅のときはインターホンできちんと話をしてくれた。

在任中の主なテーマは住専問題であり、インターホンでの質問も住専関連が多かった。公的資金の投入を伴う住専処理策が決まったあと、「経営責任を取れ」という圧力が強まり、記者会見では「辞めない」と繰り返していたものの、本当にこのまま続投ですむのか、という疑念はぬぐえない。

全銀協会長としての最後の記者会見でも「辞めない」と強調したので、銀行界では、このまま突っ走り、3期6年の任期満了となる来年まで続投するのだろうとの見方が広がっていた。

もう1度、頭を整理してみた。橋本は一貫して「引責辞任するつもりはない」と強調してきたが、「経営者の出処進退は経営者自身が決める」とも語ってきた。頭取を辞めるのか、辞めないのかにばかり焦点が当たってきたが、仮に頭取を辞めると、新体制はどうなるのだろう。

赤坂支店事件の責任を取って会長の端田が辞任して以来、会長ポストは空席のままだ。新頭取は1人で難局に立ち向かわなければならないのだろうか。

橋本が会長に就き、新頭取を支える体制にする可能性があるのではないか。そうすれば、少なくとも頭取は辞任するので政治家や世間からの批判に応えることにもなる。このまま頭取を辞任せず、風圧に耐え続けるのは、いくら楽天家の橋本でもつらいのではないか。

1年近く自宅通いを続け、橋本の柔軟な考え方や行動に接してきた記者としての直感は、「交代はある」であった。現時点で新頭取を選ぶなら、副頭取の山本しかいないというのが衆目の一致するところだった。「橋本は会長に就き、山本恵朗が新頭取に」という予測を立て、4月25日夜、中目黒の社宅に向かった。

他社の記者の姿は見えない。インターホンを押すと本人が出た。しばらく別の話題を振ったあと、本題に入った。

「頭取は常々、住専問題で辞任をしないとおっしゃってきましたが、今、会長は空席ですね。

ご自身は会長に就任され、山本さんを頭取にするという考えはありませんか」。

するると、ふだんはどんな質問に対しても滑らかに答えるのに、しばらく間があいた。「いいえ、そうは考えていません、私は頭取を辞めません」と語った。

一瞬のとまどい、かしこまった口調。「これは当たりかもしれない」と感じたが、「辞めない」と明言している以上、記事にはできない。諦めて社に戻るしかなかった。

翌日午後、橋本は頭取交代の記者会見を開いた。先ほど紹介した記者会見のやり取りの中には入れていないが、会見で「昨夜、一部のメディアの方が、本日の会見の通りの内容を確認に来られましたが、本当のことは言えませんでした。申し訳ありません」と謝罪する場面があった。

記者会見に出席していた筆者は、前日のインターホンでのやり取りを反芻しながら無念さを感じていたが、この一言を聞くとわだかまりがすっと消えてしまった。

その後、この件で本人と直接、話す機会もあった。「翌日発表する予定の人事を、どんぴしゃりと当ててくるものだから、非常に驚いたが、ここで情報を漏らすわけにはいかず、否定せざるを得なかった」と苦笑いをしながら振り返った。

頭取交代の人事を1日なり半日早く報じることに、どれほどの意味があるのか、という議論はあるだろう。当時、筆者はこう考えていた。

トップ人事は、企業にとって最高機密の一つであり、その機密に迫れるようでなければ、担当記者として企業に食い込んでいるとは言えない。トップ人事は、取材対象の企業を深く理解するうえで欠かせないテーマである。

橋本が、相談役として健在だった松沢にトップ交代の報告に行くと、「引責辞任ととられるので、辞めないほうがよい」と諭されたが、「区切りをつけるためですから、その心配はありません」と押し通したという話も後に聞いた。松沢や端田らに取材する方法もあったはずだが、そこまで手が回らなかった。取材が足りなかったのだ。

そして、住専処理法が成立

全銀協会長としての重責を終え、ほっとする間もなく、参院予算委員会から証人喚問の要請を受ける。後任の橋本俊作氏と同性なので、間違いではないかと一瞬思ったが、住専問題に対処してきたのは前会長だから、国会で証言せよという。

衆院に呼ばれたときは参考人質疑であり、証人喚問は虚偽の証言をすれば偽証罪にも問われる、重い場である。農林中央金庫理事長の角道謙一も同時に呼ばれた。

5月2日の証人喚問での橋本の主な発言は、以下の通りである。

井上裕委員長　住専処理スキームはどのような経緯で策定し、全国銀行協会連合会はどうかかわったか。母体による住専への経営関与や紹介融資はどのようだったか。

橋本　住専問題は関係者が多く、全銀協加盟150行のほか、生損保、証券会社もかかわっている。住専7社は経営事情が異なり、全銀協が取りまとめられる問題ではなかった。大蔵省が各母体と話し合ってスキームが出来上がり、私は全銀協会長として相談にあずかった。経営関与では会社の設立、出資、役員の派遣などの度合いが大きかった。住専は営業拠点が限られ、当初からいろいろな金融機関に取引先の紹介を依頼していた。私どもの営業店も住専各社に案件や取引先を紹介していた。

関根則之（自民）　富士銀行が母体として放棄する債権はいくらか。

橋本　401億円だ。

関根　501億円の間違いではないか。

橋本　間違いではない。93年5月の第2次再建計画で、母体は金利をゼロ、一般行は2・5%、農林系は4・5%にすることになったが足りず、母体7行は100億円ずつ無利息資金を提供することになった。この100億円を減額した。

関根　富士銀行の融資残高は501億円なのに、放棄するのが401億円ではおかしい。大蔵省の了解は得たのか。

橋本　得た。

関根　大蔵省も母体も、住専への貸し付け債権は全額放棄すると言ってきたではないか。あなたたちだけで議論しても国民は分からない。100億円は債権ではないのか。

橋本　債権ではあるが、預金担保をとってあるので、放棄の対象にはならない。

関根　大蔵省ではだれが了解したのか。

井上　証人は本日中に（該当する）大蔵省の役職、名前を報告してもらいたい。

関根　（住専への）紹介融資の額に応じ還元融資があったか。

橋本　取引先紹介のお礼として、住専が協力預金したケースは富士銀行にもあった。

白浜一良（平成会）　母体は住専の整理・清算には責任がないと主張したのか。

橋本　責任を考えた結果が債権の全額放棄だ。

白浜　母体行の出向者が（住専の融資を）審査した。反省はないか。

橋本　母体行から持ち込まれた案件を何でも取り上げるルーズな形にはなっていなかった。きちんと審査したが、地価暴落で不良資産が増えた。

白浜　地価が下がったことがすべての責任か。

橋本　経営責任がないとは言えない。だから住専は清算する。

白浜　（1993年5月、）第2次再建計画の策定に際し、母体（富士銀行を含む住宅ローンサービスの母体7行）が大蔵省に差し入れた念書は、何のために大蔵省が欲しいと言ったのか。

橋本　決意表明であって法的義務を負うものではない。元本保証を意味しないのは大蔵省も承知しているはずだ。（念書の目的は）よく分からなかったが、とにかく（念書を）出さないと再建計画に「うん」と言えないということだった。

白浜　昨年末の処理スキームの大綱を示されたのは。

橋本　12月16日だったと思う。

白浜　負担割合が変わったのを知ったのは。

橋本　12月18日ごろ、突如として「農林系が1兆1000億円を負担できないので、6800億円の財政資金が入る」という説明があった。青天の霹靂で、大変なことだと思った。しかし、金融システムの安定のためにはやむを得ないと思った。

白浜　富士銀行頭取を辞任したのはなぜ引責といえないのか。

橋本　断じて責任をとって辞めたのではない。富士銀行の経営体制の問題であって、富士銀行固有の問題だ。

前川忠夫（社民）　なぜ銀行はバブルの時代に不動産融資にのめり込んでいったのか。

橋本　バブル時代に収益競争に走り、地価は下がらないという認識で不動産融資をやったが、政府の総量規制と金融引き締め策などで地価が暴落し不良債権を抱え込んだ。金融機関の経営を預かる者として大いに恥じ、反省している。

前川　住専処理を先送りし負担を大きくした責任は。

橋本　法的に許される最大限の負担をする。

前川　今後、（追加負担について）名案が出れば協力するか。

橋本　現時点では名案がなく、これ以上の負担は極めて難しい。

筆坂秀世（共産）　3兆5000億円の債権を放棄することが株主代表訴訟に訴えられないという保証はあるのか。

橋本　訴えられないとは思わないが、訴えられても勝つ自信はある。

佐藤道夫（二院クラブ）　債権放棄は法的に許されるのに、6850億円の支出は法的根拠がないと主張するのはなぜか。

橋本　取締役の忠実義務が商法254条にある。3兆5000億円の債権の全額放棄しかできない。それ以上は法的根拠がない。

5月21日、衆院で住専処理法案、金融関連法案など6法案が審議入りし、6月7日、衆院を通過。10日には参院で審議入りし、18日、参院本会議で住専処理法が成立した。

橋本は予定通り、27日、代表取締役会長に就任した。

【参考文献】

12．由井常彦『都鄙問答　経営の道と心』（日経ビジネス人文庫、2007）：46～59、66～70＝由井『清廉の経営』（日本経済新聞社、1993）に加筆、改題して発行。

第5章

海外市場で再起を期す

――危機の連鎖で金融再編が加速

1997~2017年の重要な出来事

1997年 7月 タイ、変動相場制に移行、アジア通貨危機の発端に
1997年 7月 大蔵省、「店舗設置取扱通達」を廃止
1997年 11月 三洋証券、北海道拓殖銀行、山一証券が経営破綻
1998年 4月 大蔵省、早期是正措置を導入
1998年 6月 欧州中央銀行（ECB）発足
1998年 6月 金融監督庁が発足
1998年 8月 ロシアがデフォルト（債務不履行）
1998年 10月 日本長期信用銀行が経営破綻
1998年 12月 日本債券信用銀行が経営破綻
1999年 1月 欧州単一通貨（ユーロ）誕生
1999年 2月 日銀、ゼロ金利政策を実施
1999年 3月 政府、大手銀行15行に資本注入（総額約7兆5000億円）
1999年 4月 住宅金融債権管理機構と整理回収銀行が合併、整理回収機構が発足
1999年 8月 第一勧業銀行、富士銀行、日本興業銀行が統合計画を発表
2000年 7月 金融庁が発足
2000年 9月 みずほホールディングスが発足
2001年 3月 日銀、量的緩和政策を開始
2001年 4月 住友銀行とさくら銀行が合併、三井住友銀行が誕生。
東京三菱銀行、三菱信託銀行、日本信託銀行が
三菱東京フィナンシャル・グループを設立。三和銀行、東海銀行、
東洋信託銀行がUFJホールディングスを設立
2001年 9月 米国で同時多発テロ
2001年 12月 アルゼンチンがデフォルト
2002年 11月 金融庁、「金融再生プログラム」の工程表を発表
2003年 5月 初の金融危機対応会議を開催、りそな銀行に公的資金注入を認定
2005年 10月 三菱UFJフィナンシャル・グループ発足（三菱東京フィナンシャル・
グループとUFJホールディングスが合併）
2007年 8月 仏大手銀行BNPパリバ傘下のサブプライム関連ファンドが売買凍結
2008年 9月 リーマン・ブラザーズが経営破綻、リーマン・ショック勃発
2008年 10月 株式会社、日本政策投資銀行設立。指定金融機関として
危機対応業務を開始

2009年	12月	欧米の格付け会社がギリシャ国債の格付けを引き下げ、欧州債務危機が勃発
2010年	7月	米国でドッド・フランク法成立
2011年	3月	東日本大震災が発生
2013年	3月	キプロスで預金封鎖
2014年	1月	中国、タイ、アルゼンチン、トルコの通貨暴落
2015年	1月	スイス、対ユーロの無制限為替介入を破棄、長期金利がマイナスに
2016年	2月	日銀、マイナス金利導入
2016年	6月	英国、欧州連合（EU）離脱の国民投票を実施
2017年	1月	トランプ米大統領、環太平洋経済連携協定（TPP）から離脱する大統領令に署名
2017年	12月	バーゼル銀行監督委員会、銀行に対する新たな自己資本比率規制（バーゼルⅢ）で各国が最終合意と発表

解説

1990年代後半から現在まで、世界経済はたびたび危機に直面している。1997年、タイ・バーツ暴落に端を発したアジア通貨危機と、日本の金融危機が同時に発生した。1998年にはロシア、2001年にはアルゼンチンがデフォルト（債務不履行）に陥る。

とりわけ世界への影響が大きかったのは、2008年のリーマン・ショックで、「100年に1度の危機」と評された。危機の内容や原因はそれぞれ異なるが、経済のグローバル化が加速し、世界各国の経済が依存し合う傾向が強まったために、どこかで危機が発生すると他国に悪影響が及びやすくなっている。

バブル崩壊後、不良債権の処理を進めて経営体質を強化してきた邦銀は、欧米の金融機関に比べてリーマン・ショックの影響が小さく、相対的に優位に立つ。3メガバンクは、少子高齢化が進む国内市場には限界があると判断し、海外市場に積極的に乗り出している。欧米の金融機関の追随ではなく、自ら海外市場を切り開いて一定の成果を上げているが、リスクの高まりを指摘する声もある。

橋本は、1997～1998年の日本の金融危機には富士銀行会長、2008年にリーマン・ショックが発生したときはドイツ証券会長、東日本大震災の発生後は日本政策投資銀行社長として危機に対峙する。世界各地で発生する様々な危機に銀行はどう対処したらよいのか、模索し続けてきた。

1．山一と安田信託のくびき

橋本が富士銀行の会長を務めた1996年6月から2002年3月は、日本の金融界に嵐が訪れた危機の時代である。大手銀行や証券会社の一部が経営破綻し、富士銀行も経営危機と呼べる状況に陥った後、経営統合に踏み切った。

橋本は代表権のある会長として、頭取の山本から様々な報告や相談を受けたが、経営の根幹部分に口をはさんだり、注文をつけたりしたことはなく、基本はすべて山本の判断を受け入れたという。

山本は6月の支店長会議で就任メッセージを伝えた。

「これから21世紀に向けての経営環境について特に重要なものは、バブルの後遺症、新しい時代のうねりの2つがあると思います。新しい時代のうねりで特に注目すべき点は、規制緩和・自由化、金融サービスの技術革新、グローバル化、インフォメーションテクノロジーの進歩の4つが主要な問題として認識しておくべきものであります。
まず、規制緩和・自由化の進展でありますが、これは、自らの業務分野を拡大できるチャンスである一方、他業種からの参入もまた容易になる、すなわち金融界の競争から、他業種を含めた、大変な、多面的な競争になる、ということを意味します」

住専処理が決着し、金融界はやや落ち着きを取り戻していた。1993年秋から国内景気は回復軌道に乗り、95年頃から内需が拡大して景気回復が本物になりそうな気配であった。山本も、バブルの後遺症をメッセージの冒頭に置いているが、その後には他業種との競争に備えるための前向きな言葉を並べている。

金融ビッグバンがあおった市場主義

そんな金融界に大きな影響を及ぼしたのが、1996年11月に首相の橋本龍太郎が表明した日本版の金融ビッグバン構想である。

1996年1月に首相に就任した橋本龍太郎は、6大改革（当初、改革の対象は行政、財政構造、金融システム、経済構造、社会保障の5つで、後に教育を加えて6大改革に）に取り組む決意を表明し、その一つとして金融システム改革の実行を指示した。

東京の金融市場の空洞化が懸念されるなか、フリー、フェア、グローバルの3原則に従って大規模な規制緩和を実施し、今後5年の間にニューヨークやロンドンに匹敵する国際金融市場に育てる、という構想だ。

1996年12月、首相の諮問機関である経済審議会は、金融機関の自己責任原則を軸に、幅広い競争の実現、資本取引の自由化、規制・監督体制の見直しを通じて、「効率的かつ革新的な金融システム」を構築するよう求めた。

1997年5月、規制緩和の第1弾として、外国為替および外国貿易法が成立し、翌98年4月の施行が決まった。為替管理を全廃し、外為業務、資本取引、対外直接投資を自由化する画期的な内容だった。

金融制度に関する改革案は、金融制度調査会や証券取引審議会、保険審議会で検討し、1997年6月、最終答申がまとまった。

金融制度調査会では、金融持ち株会社の活用、投資信託の銀行窓口での販売解禁、業態別子会社の業務範囲の制限撤廃など16項目、証券取引審議会は、株式手数料の自由化、証券総合口座の導入、証券業の免許制から登録制への移行など26項目、保険審議会では、損保保険料の自由化、銀行などの保険販売、業態間の参入促進など7項目を挙げた。

多岐にわたる規制緩和の大半は、1998年12月に施行された金融システム改革法で実現する。

規制をできるだけ緩やかにして金融機関に自由に行動させ、競争を通じて東京市場を活性化しようという発想は正しいのだろう。2信組や住専処理を通じて、国民の間に大蔵省に対する不信感が広がったため、護送船団と呼ばれた行政手法を転換しようとする意図もよく分かる。

ただ、不良債権問題がなお重くのしかかっている時期に、規制緩和や自由化を高らかに宣言したのはタイミングが悪かった。

消費税増税後、戦後最悪の景気後退へ

タイミングの悪さという点では、1997年4月からの消費税率の3%から5%への引き上げも、回復しつつあった景気に冷や水を浴びせたとして、後に批判を受けた。

消費税引き上げがきっかけとなり、1997年度と98年度は内需が減少して深刻な景気後

退期に入ってしまう。公共事業の削減、アジア経済の不調、金融機関の経営不安が重なり、後に戦後最悪と評された景気後退期に入った。

富士銀行は金融ビッグバンによる環境の変化を踏まえ、1996年度から展開していた中期経営計画を97年度で中断した。

1997年夏以降、新たな中期計画「戦略の革新」（1998～2000年度）を検討し、同年11月、骨格を固める。金融技術と情報、個人ローン、資産運用、決済、トレーディングの5分野に重点を置いた。

その前提として生産性の向上と不良債権の処理を課題として挙げ、国内外の拠点、人員、経費削減の目標を明示した。前向きな強化策とリストラ計画のバランスに配慮した計画といえる。

会長に就任した橋本は、財界や社会での活動に軸足を移す。1997年、日本経営者団体連盟の副会長、経済団体連合会の評議員会副議長、中小企業研究センター理事長、日米経済協議会の副会長に立て続けに就任した。

富士銀行のトップとしての人脈、卓越した英語力に目をつける団体が多いのに加え、何より本人が「頼まれたら断れない」というように公職を引き受け、活動するのが好きなためである。１９９７年9月、ワシントンの国際金融協会（ＩＩＦ）の副会長に就任する前、秘書に「もうこれくらいにしてください」と懇願されたほどだ。

経営は頭取の山本に任せ、会長はサポート役に徹するという役割分担が機能し、外部からは、「富士銀行は会長と頭取が一体だ」とみられるようになった。

アジア通貨危機は、突然やってきた

１９９７年7月1日、橋本は英国が香港を中国に返還する式典に富士銀行会長として招かれ、香港に出張していた。式典にはチャールズ皇太子が出席した。

式典が終わった翌日、タイ・バーツの為替レートが急落した。バーツとドルの交換レートを固定するドルペッグ制を廃止して、変動相場制に移行した日だった。

同年5月頃から、海外のヘッジファンドから激しいバーツ売りを仕掛けられたタイの中央銀行は、バーツ買い・ドル売りの市場介入をしてバーツを防衛してきたが、買い支えを断念したのだ。アジア通貨危機の始まりである。

タイで勃発した通貨危機は、マレーシア、インドネシア、フィリピンに伝播し、台湾、香

1997年8月のアジア通貨危機時、預金引き出しのため銀行に殺到するバンコク市民
（共同通信社/amanaimages）

港、韓国にも波及した。海外の投資家が資金を回収できなくなる恐れがあるとみて、アジア諸国に投資していた資金を一斉に引き揚げたのが原因だ。

タイ、インドネシア、韓国は通貨下落にとどまらず、国内の金融問題と対外的な流動性の枯渇により、深刻な経済危機となって国際通貨基金（ＩＭＦ）に支援を求めた。

アジア通貨危機は、日本にも大きな影響を与えた。アジア向け輸出を増やしていた日本にとって、アジア各国の経済の低迷は輸出の減少につながり、景気が低迷する要因となる。

１９９０年代前半、邦銀はアジア向け融資を増やしていた。アジア通貨危機後、多くの借り手が不振に陥った。通貨価値の下落に伴う米ドル建て債務の膨張もあいまって、邦銀のアジア向け債権は不良債権に転じる。

アジア通貨危機が発生した当初、日本はアジア諸国を支援する側だった。アジア諸国の不振はやがて日本にも影響を及ぼすとみられたが、日本では通貨危機は起きていなかったからだ。

シティバンクの副会長、ビル・ローズは富士銀行に対し、韓国の銀行から資金を引き揚げないよう要請してきた。大蔵省国際金融局長の榊原英資《さかきばらえいすけ》（後に財務官）からも同様な依頼を受けた。

日本では、準大手の三洋証券、北海道拓殖銀行が破綻

日本にはもっと恐ろしい危機が迫っていた。

1997年11月3日、準大手証券の三洋証券が会社更生法の適用を申請した。同年には中小証券2社の自主廃業があったが、三洋証券は規模が大きいうえに、上場証券の会社更生法申請は初めてであり、衝撃が走った。

ただし、一般顧客の資産は保全処分の例外とされ、三洋証券の経営難は周知の事実でもあ

り、金融危機には至らなかった。それでも、海外の金融市場ではジャパン・プレミアムが拡大し始める。

三洋証券は、短期金融市場の無担保コール取引で調達していた資金を弁済できなくなり、コール市場で初めて債務不履行が発生した。このため、短期金融市場では、取引した相手が決済を履行できなくなるカウンターパーティーリスクを警戒する動きが強まったのである。

11月17日、北海道拓殖銀行は自主再建を断念し、北海道の第2地銀である北洋銀行に営業を譲渡すると発表した。「短期金融市場における調達環境の悪化」から業務の継続が困難になったという説明だった。

発表の前の週の金曜日、日銀への準備預金の積み期間の最終日であるにもかかわらず、必要な残高を確保できなかった。

バブル崩壊で不良債権を抱え込んでいた拓銀は、三洋証券の経営破綻で高まっていたカウンターパーティーリスクを回避する動きの犠牲になったともいえる。14日時点では、債務不履行になったわけではないが、準備預金を積み切れず、過怠金を課されるのは異例であり、このまま17日に営業を始めれば資金繰りがつかなくなると判断したのだ。

拓銀が多額の不良債権を抱えていたのは確かだが、破綻の直接の原因は資金繰りであった。

金融ビッグバン構想の実現までにはなお時間があったが、マーケットはビッグバンを極端な形で先取りし、経営が危ないとされる銀行や証券会社をなぎ倒していったのである。

山一証券も自主廃業に追い込まれる

次の標的は山一証券だった。

山一は1997年3月、96年度決算でノンバンク支援に伴う特別損失を計上し、1647億円の最終赤字になると発表した。

同年7月、総会屋への利益供与疑惑で東京地検特捜部と証券取引等監視委員会が強制捜査に乗り出す。8月、会長、社長ら役員11人が引責辞任し、取引先からの発注停止が相次いだ。10月に発表した1997年度中間決算では、27億円の経常赤字となる。

11月15日、米国の格付け会社、スタンダード・アンド・プアーズ（S&P）は山一の格付けを引き下げた。11月21日、同じく米国の格付け会社、ムーディーズ・インベスターズ・サービスは山一の格付けを「投資不適格」とし、山一の資金繰りは厳しくなっていく。

4大証券の一角である山一の経営危機は、日本の金融システム全体に多大な悪影響を及ぼしたが、山一のメーンバンクである富士銀行にとってのダメージはひときわ大きかった。

富士銀行は山一の経営が悪化する過程でも、従来の貸出枠を維持し、支援する構えを続けてきた。山一には、多額の簿外債務（いわゆる「飛ばし」）が存在するとの風評があり、財務内容の開示を求めたが、十分な情報を得られない。

１９９７年3月、山一は劣後ローンによる支援を求めたが、富士銀行は拒否せざるを得なかった。10月に入って「簿外債務」の存在を明らかにし、再び支援を要請したが、支援には応じられなかった。

この間のやり取りについて、両者の言い分には若干の食い違いがある。富士銀行側は「早期の情報開示と再建計画の策定を求めたが、十分な情報が返ってこなかった」と主張し、山一側は「富士銀行は時間稼ぎをするかのように、様々な情報を要求した。要求に応じて様々な資料を提供したが、一向に支援に応じようとしなかった」と反論する。

どちらも真実であろう。富士銀行には、赤字決算や利益供与事件に加え、巨額の簿外債務まで発覚した山一に手を差し伸べる余裕がなかったのだ。橋本は、山本を通じて山一の窮状を知ったが、「巨額の簿外債務の存在が明らかになり、どうしようもなかった」。富士銀行は山一の支援を打ち切った。

11月24日、山一は臨時取締役会を開いて自主廃業を正式決定し、大蔵省に営業休止届を提出した。

マーケットの矛先は、山一のメーンバンクである富士銀行に向かう。山一を支援する余力がないというだけでなく、富士銀行自身の財務内容にも疑問符を突きつけたのである。

「安田」の看板掲げる安田信託を守れ

富士銀行にとって山一以上に大きな問題は、安田信託銀行の経営不安であった。

1997年11月、安田信託は富士銀行や安田生命保険など、芙蓉グループの主要企業に対して、総額で500億円の第三者割当増資を実施すると発表する。財務体質を強化し、内外市場での信用を回復する狙いがあった。

同時に、大幅なリストラを実施し、保有不動産の売却、海外での貸し出し業務からの撤退、国内の貸出資産の圧縮に取り組む方針を示した。

しかし、1997年度中間決算で942億円の不良債権を処理した結果、755億円の経常赤字となったと明らかにすると、S&Pは同行の長期格付けを「投機的格付」に引き下げた。

S＆Pは格下げの理由を、「不安定さを増す国内株式市場などが、同行の比較的弱い財務状況に悪影響を与える懸念がある」と説明する。安田信託は、「不良債権処理を着実に進めており、さらにこの格付けには、自己資本増強策などが織り込まれていないし、経営実態を反映したものではない」と反論するが、安田信託の株価は一時、50円の額面を割り込んだ。

山本と橋本の意思ははっきりしていた。「安田信託は芙蓉グループの会社であり、安田財閥の名前を背負っている。あらゆる手を尽くして救済しよう」というのが共通の認識であった。マーケットの風圧が強まる中で、安田信託は１９９８年2月、自己資本の増強、事業戦略の抜本的な見直し、不良債権の全額処理を盛り込んだ計画を発表する。

１９９８年3月、前年に発表した第三者割当増資に５００億円を上乗せし、芙蓉グループ5社が計１０００億円を引き受けた。この結果、富士銀行の持ち株比率は20％弱となり、筆頭株主となる。

山一の経営破綻と安田信託の経営不安は、富士銀行に対するマーケットの信認を低下させた。１９９７年後半に入ると、富士銀行の株価は急落し、6月末の１７２０円から10月末には１０４０円、11月末は６８５円、12月末には５２８円まで下がる。

海外マーケットでの資金調達も厳しくなったが、外貨建て資産を圧縮したり、円ベースでの調達を増やしたりして、何とか難局を乗り切った。

金融不安は収まらない。政府は１９９８年1月、金融システム不安の解消を目指し、預金保険法改正案と金融機能安定化措置法案を国会に提出し、2月に成立した。総額30兆円の公的資金活用の枠組みを整え、金融危機を乗り越えようとした。２００１年3月末までの時限立法である。

金融安定化法では、一般の金融機関や、経営破綻した金融機関の受け皿金融機関が発行する優先株や劣後債を国が購入し、自己資本の充実を支援する。金融機関は期限が来れば、優先株や劣後債を買い戻さなければならないので、国からお金を借りている状態に近いのだが、安定化法の活用に乗り気ではなかった。

一時的な支援とはいえ、自ら手を挙げれば「経営基盤が弱いから手を挙げたのだろう」と勘繰られる可能性がある。しかも、返済義務があるとはいえ、公的資金の投入である点は、住専処理と世間のイメージはあまり変わらず、世間から批判を浴びかねない。

政府の水面下の働きかけに応じ、3月、都銀、長信銀、信託銀行の大手18行と地銀3行は預金保険機構と整理回収銀行（１９９９年4月、住宅金融債権管理機構と合併し整理回収機構に衣替え）に対し、公的資金による優先株や劣後債の引き受けを申請する。

預金保険機構に設置された「金融危機管理審査委員会」が個別に審査し、21行合計で1兆8156億円を承認した。大手銀行が抱える巨額の不良債権からみると、極めて不十分な資本増強にとどまった。

富士銀行は、永久劣後債1000億円の資本注入を申請した。資本注入の前提として提出する「経営の健全性の確保のための計画」には、リストラ計画を盛り込んだ。内容は以下の通りである。

拠点の統廃合（国内38拠点の削減、海外4拠点の削減）、人員の削減（1997年度末現在で1万4630人を3年間で850人削減）、経費の圧縮（投資＝重点分野に厳選投下し、全体の投資水準は抑制、人件費＝2000年度の総人件費を1997年度実績比7％削減、物件費＝1997年度実績比10％削減を早期に実現）、役員関係（役員数＝1997年3月現在42人を4人減、役員報酬＝10％削減、役員賞与＝前年度に引き続き、1997年度返上、相談役＝1～2人に絞り込み）、リストラ計画の増益効果（2000年度には、1997年度比で年間180億円の増益効果見込み）

公的資金の注入を受ける以上、身を切るリストラで経費を削減せよという要求が強まるのは当然であった。

不良債権の重荷に苦しんでいた銀行にとって、国の圧力がなくてもリストラは必要だったが、健全化計画という形で国に約束するとなると、重さが違う。この時点で、大手銀行は国に手足を縛られ、リストラに邁進するしかなくなった。

下がり続ける富士銀行の株価

1998年5月、大手銀行は相次ぎ、98年3月期（1997年度）決算を発表する。この期から、米国の証券取引委員会（SEC）の基準に合わせた「リスク管理債権」を不良債権として開示した。

大手18行のリスク管理債権額は21兆7779億円となり、従来の基準による不良債権に比べて39％増加した。18行のうち13行が経常赤字となり、全体で10兆円を上回る不良債権を処理する。

富士銀行は9803億円の不良債権を処理し、5187億円の最終赤字となった。199

6年度決算では、不良債権の処理額は3232億円、539億円の最終黒字と少し持ち直していたが、97年度決算は、過去最悪の決算だった1995年度よりもさらに落ち込んでしまう。

ちなみに、1998年度決算でも不良債権の処理額は6014億円にのぼり、3929億円の最終赤字を記録した。黒字転換は1999年度まで待たねばならなかった。

富士銀行は他行より早めに不良債権の処理に取り組んだ影響もあり、1997年9月中間決算で株式含み益がマイナスに転じ、中間配当を見送った。マーケットは、富士銀行に厳しい視線を送り続けたのである。

富士銀行の株価は1998年4月の825円をピークに値を下げ、7月下旬には400円台、8月には300円台となる。

9月、「富士銀行にデリバティブ取引で巨額の損失が発生した」といううわさが広まり、否定コメントを出した。それでも、マーケットの疑心暗鬼は収まらず、9月末の株価は275円、10月1日には過去最安値の252円まで下がった。

日本の金融危機を、米国も強く懸念していた。橋本が副会長に就任した日米経済協議会は、年に1回、日米の主要な企業の経営者らが集まって討論する「日米財界人会議」を運営するための日本側の組織である。

富士ゼロックス会長の小林陽太郎が会長のとき、橋本と、キッコーマン社長の茂木友三郎《もぎゆうざぶろう》が副会長となった。1997年6月、会長が小林から三菱商事社長の槙原稔《まきはらみのる》に交代したときも副会長の2人は留任した。橋本はサービス部会の部会長。

1998年7月12～14日、東京で開かれた日米財界人会議では、日本の不良債権問題が大きなテーマとなり、米国側は「表に出ているよりも本当は何倍もあるのではないか」と追及した。

3日間の討議の後、日本政府に注文をつける異例の共同声明を採択する。①銀行が抱える不良債権の思い切った処理、②恒久減税の早急な実施、③規制緩和と市場開放の積極的な継続と実施、を要求した。

会議に出席した橋本は、「アジアの経済危機を解決するためにも、日本の景気回復が不可欠だ」と語った。

金融再生法で、長銀と日債銀が国有化

1回目の資本注入の後も、金融不安は解消しなかった。

１９９８年６月、日本長期信用銀行が債務超過に陥っているとの観測記事が雑誌に掲載されると、同行の株価は急落し、資金繰りが厳しくなる。銀行株全体が下がり続けた。

政府・与党は危機感を強め、銀行の再編や破綻処理を進めるための制度を検討した。「金融国会」と呼ばれた国会での与野党の審議は難航したが、９月中旬に合意ができた。

①野党３党提案の金融再生４法案をベースに法を整備する、②長銀は特別公的管理などで対応する、③財政と金融を完全に分離し、次期通常国会で法を整備する、④金融システムの早期健全化スキーム（破綻前の処理）を早期に検討する、が骨子だ。合意に基づき、「金融機能再生緊急措置法」（金融再生法）と「金融機能早期健全化緊急措置法」（早期健全化法）が10月に成立した。

金融再生法は新設する金融再生委員会が中核となり、特別公的管理（一時国有化）などの新たな破綻処理を可能にする法律だ。

長銀は10月23日、特別公的管理を申請して国有化され、日本債券信用銀行も金融監督庁の検査結果を受ける形で12月13日、特別公的管理が決まった。経営危機が指摘されていた２行の処理が決まり、マーケットは落ち着きを取り戻していく。

１９９８年度下期の支店長会議で、山本は「市場や社会から正しい理解と評価を得るために、何よりもまず、行員自身が当行の現状をきちんと理解し、お客様に対して、当行の実態を自信を持って説明し、信頼回復に努めてほしい」と呼びかけた。

山本がマーケットの信頼を回復するには積極的な情報開示しかないと強調したのは、経営の厳しさがマーケットで増幅され、行員たちも自信を失っていると感じていたためだ。

1998年11月、「リストラ計画の強化」を発表した。国内外の拠点の統廃合と人員の大幅な削減で増益効果を狙う内容であった。

国際業務の見直しも急ピッチで進めた。日系企業との取引や、M&Aファイナンスやプロジェクトファイナンスといった強みのある分野に特化し、非日系企業との取引からは一部の主要先を除いて撤退する。

海外拠点（1998年3月末で47＝支店25、駐在員事務所21、出張所1を、2000年3月末に29＝支店17、駐在員事務所9、出張所3）を削減する。

橋本が国際部門を歩んできた過程では、国際業務や拠点は年を追って拡大してきたが、バブル崩壊の痛手はあまりにも大きく、縮小均衡を目指さざるを得なくなった。1990年代後半、邦銀は相次ぎ国際業務を縮小し、時計の針は逆回転を始めたのである。

1999年1月、富士銀行は芙蓉グループ企業をはじめ、大株主や親密な取引先企業など

60社を引受先とする2170億円の第三者割当増資を実施した。マーケットの信頼を回復するための措置であった。

健全化法により、総額7・5兆円の公的資金を銀行に注入

早期健全化法は、1998年3月に実施された公的資金注入の仕組みを拡充する法律である。公的資金の注入を希望する銀行が申請し、金融再生委員会が審査・承認する。銀行の優先株、劣後債、劣後ローンを公的資金で購入するという内容だ。

1999年3月、都銀、長信銀、信託銀行の大手14行と地銀1行は預金保険機構に対し、総額7兆5000億円弱の公的資金注入を申請した。

富士銀行の申請は優先株8000億円、永久劣後債2000億円であった。資本注入の条件となる経営健全化計画を1998年度から2002年度までの5年計画とし、2000年度までの3年間を「重点化とリストラの3年間」、2001、02年度を「21世紀のリーディングバンクとしての飛躍期」と位置づけた。

健全化計画の枠組みはこうだ。

1　事業再構築

①業務の重点化＝法人・個人マーケットへの経営資源の重点投入などによるコア収益の飛躍的増強

②グループ金融機能の再編強化＝安田信託銀行との多面的シナジー効果の追求

③リストラの徹底推進＝拠点、人員、経費の圧縮に加え、行員処遇見直し、厚生施設売却なども計画

2　財務体力の強化

①不良債権の前倒し処理＝7000億円

②株式含み損の処理＝3000億〜4000億円

③資本増強＝公的資金1兆円、第三者割当増資2170億円

3　市場との認識ギャップの是正

①自己査定の開示＝1998年9月に自己査定による資産の分類結果を都銀で初めて開示

②米国監査法人による特別検査の実施＝市場リスク取引や資産内容について実施し、結果発表

山本から報告を受けた橋本は、「経営を立て直すには、公的資金をきちんと入れるべきだ。早めにいろいろなことを処理し、前向きに進めていくには公的資金は必要だ」と応じた。

公的資金に対する世間の受け止め方も、少しずつ変化してきていた。「住宅金融専門会社の処理に公的資金を投入したことで、公的資金に対するアレルギーが起こったが、金融システム不安を解消するために公的資金の投入はやむを得ないという認識が徐々に広がってきた」。

第一勧銀との戦略的連携、経営統合の呼び水に

2回目の公的資金の注入を受けるのと並行し、富士銀行は安田信託への支援をさらに強化する。

1998年11月6日、富士銀行、第一勧業銀行、安田信託銀行の3行は、「第一勧銀と富士銀行の信託業務における戦略的提携、ならびに安田信託の財産管理部門の営業譲渡について」正式合意したと発表した。

①富士銀行と第一勧業銀行の両信託子会社の合併、②新信託銀行に対する、安田信託銀行の財産管理部門の営業譲渡、が合意の柱だ。

１９９９年3月、富士銀行は安田信託の第三者割当増資３０００億円を引き受け、連結対象子会社とした。持ち株比率は56％となった。同年4月、新信託銀行「第一勧業富士信託銀行」が誕生し、同年10月、安田信託から財産管理部門の営業譲渡を受けた。営業譲渡の対価は１４００億円。安田信託の財務体質を強化する狙いがあった。この提携を通じ、富士銀行と第一勧業銀行の間に太いパイプができたのである。

１９９９年4月、山本は支店長会議で１９９８年度をこう振り返った。

「日本経済の低迷、金融システムの不安定の中で、当行もいろいろな問題に直面してまいりました。特に１９９８年度は、当行の株価が根拠のない風評などによって下落するなど、マーケットの信認回復に、全行員が一致団結して当たらなければならない極限の状況となりました。

当行は、厳しい状況のもとで、矢継ぎ早にいろいろな手を打ってまいりました。（中略）振り返ってみれば、激動する時代であったが故に、これだけ多くの課題を、これだけの短期間で成し遂げられたのだと思います。まさに、全員が力を合わせて、逆風を正面突破したものであります。

年初来、当行のマーケットでの信認は、急速に回復しつつあります。（中略）3月末の当行の自己資本比率は、7000億円強の不良債権処理、約3500億円の株式含み損償却後で約11%となり、大幅な財務基盤の強化を実現することができました。

財務上の不良債権最終処理に完全に目処を付け、99年度以降、収益の拡大に全力で取り組める体制が整ったのであります。99年度を攻勢に転ずる年と致します」

2．みずほ誕生の真相

山本が強調した「攻勢に転ずる」ための有力な選択肢は金融再編であった。

山本は１９９６年６月の就任後、直ちに欧米金融機関の戦略を調査するよう指示した。欧米の有力な金融機関は好業績を背景に、事業の拡大や合従連衡に取り組んでおり、まず実態をつかもうとしたのだ。

復活果たした米銀、秘訣は大型再編と総合金融化

１９８０年代前半までに途上国向け融資でつまずいた米銀は、80年代後半から不動産融資と、買収資金を貸し出すＬＢＯ（レバレッジド・バイ・アウト）と呼ばれるＭ＆Ａ融資にのめり込み、80年代末からの不況で不動産バブルが崩壊すると再び痛手を被った。

それでも、米銀はめげずに復活する。途上国向け融資の失敗による第1次危機を脱出した決め手は、不良債権の思い切った処理とリストラであった。

シティバンク会長のジョン・リードは、途上国向け債権の30％相当の貸倒引当金を積み、他行も追随する。バンク・オブ・アメリカは、復帰した前会長のトム・クローセンが資産の売却や人員削減を徹底し、収益力を回復した。

不動産融資とLBO融資の失敗で2度目の経営危機に陥ったときも、大手米銀は総崩れとなり、シティバンクのダメージも大きかった。

ジョン・リードは株主から退陣要求を突きつけられたが、不動産やLBO融資に携わった役員を退陣させ、1991年にはサウジアラビアの王子に5億9000万ドルの増資を引き受けてもらい、ファイブ・ポイント・プランと称する再建計画を発表する。

経営再建のための資源の集中、徹底した経費削減、自己資本の強化、コアビジネスの確立、顧客中心主義の徹底からなる2年計画だ。

シティは計画に基づき、従業員を2年間で全体の15％にあたる1万4000人削減し、クレジットカードや個人ローンに経営資源を集中させる。海外では2年間で営業拠点を200カ所以上増設した。

営業利益が急増し、株価が回復したのを受け、1992年末、リードは再建計画が成功したと宣言したのである。シティに続き、チェースやケミカルなども、経営資源の集中やリストラで業績や株価が回復し始める。

その次のステップが大型再編と、投資銀行業務を含む総合金融（ユニバーサルバンク）への変身であった。

山本のもとには、以下のような調査報告が届いた。

1　事業ポートフォリオの多様化

世界の有力な金融機関は1990年代前半にはコアビジネスへの回帰や特定分野へのフォーカス戦略に目が向いていたが、1995年頃から「総合化」の道を進み始めた。

その際に、事業領域を①伝統的な商業銀行業務（コマーシャルバンキング業務）、②投資銀行業務（インベストメントバンキング業務）、③資産運用業務（アセットマネジメント業務）、④個人富裕層向け業務（プライベートバンキング業務）、⑤保険業（インシュアランス）に切り分け、何をコアにするのか、真剣に検討している。

伝統的なコマーシャルバンキング業務の質的な転換を目指している。インベストメントバンキング業務の開拓、強化に向け様々な取り組みをしている。

2　合併、買収、提携

各金融機関が理想とする事業ポートフォリオを早期に実現するため、合併、買収、あるいは提携戦略がきわめて重要となってきた。

チェース・マンハッタン銀行とケミカル銀行の合併（1995年8月）は米国内のコマーシャルバンキング業務で圧倒的な基盤を築き、インベストメントバンキング業務への展開を図ろうとする戦略であった。

その後、バンク・オブ・アメリカとネーションズ・バンクの合併（1998年4月）、バンク・ワンとファースト・シカゴＮＢＤの合併（1998年4月）なども実現し、米国の商業銀行の合併は最終段階に進んだ。

他方、欧州系の合併戦略はよりダイナミックで、ドイツ銀行（1998年11月、米バンカース・トラストを買収）のように大西洋を越えた、あるいは銀行、証券、保険の業態を超えた再編もみられた。

こうした合併や買収などを通じて欧米金融機関は様々な事業ポートフォリオを構築しようとしていた。また、大きな方向性としては「総合化」ということでも、事業ポートフォリオの構成はまさに各金融機関の方針により様々であり、特色ある経営を目指していた。

地域戦略についても、リテールを軸として世界中に展開を図るシティグループのような戦略や、香港上海銀行グループやオランダ系銀行のように、国際展開を図りながらも、特定の地域に軸を置く、いわばマルチリージョナル戦略がある一方で、ロイズ銀行のように、国際業務や証券ビジネスは撤退ないし縮小し、国内のコマーシャルバンキング業務に特化する戦略もあり、実に多様であった。

このように戦略は様々でも、強い金融機関の戦略はそれぞれ合理的であり、明確なコンセプトに裏打ちされたものであった。

3　ROE（株主資本利益率）重視の経営

規模ではなく収益性を重視する。しかも表面的な収益額ではなく、リスク調整後の収益と資本効率を追求して株主価値を高める。フィービジネスの重要性が高まる。

典型例はインベストメント業務の強化であるが、伝統的なコマーシャルバンキング業務の分野でもビジネスの構造を変えることで、フィービジネス化しているケースが多くみられた。また、必要な自己資本額をコントロールするためにも統合的なリスク管理の重要性が高まってきていた。

4　経営インフラの整備、拡充に積極的に取り組む

経営インフラは戦略面の改革とワンセットになっており、その内容は金融機関によって異なるが、共通しているのは、①変化に迅速に対応するために、あるいは、事業部門ごとの特色に対応するために事業グループ制を導入しているところが多い。

また、②インベストメントバンキング業務など新しいビジネスの導入や既存のコマーシャルバンキング業務の改革を図るために人事制度改革ならびにそれによる意識改革を進めているところが多い。

また、部門別ROEを計量し、社内のパフォーマンス評価の軸に据えている金融機関も多く、管理会計インフラの強化も共通の取り組みとしてみられた。

山本は報告を踏まえ、合併や戦略提携を通じた「総合化」の必要性を痛感した。

トップ主導で進んだ興銀、第一勧銀との統合

富士銀行が、日本興業銀行、第一勧業銀行との3行統合に至るまでの過程を駆け足で再現しよう。

山本がまず、アプローチした相手は第一勧業銀行であった。1997年2月、頭取の近藤克彦を訪ね、銀行再編が必要だとの認識で一致した。ところが、同年6月、総会屋への不正融資事件で近藤は引責辞任し、杉田《すぎた》力之《かつゆき》が後任となった。事件への対応に追われる杉田には再編を考える余裕がなかった。

1997年後半になると、今度は富士銀行に強い逆風が吹く。同年11月、富士銀行がメーンバンクの山一証券が経営破綻すると、山一を支えきれなかった富士銀行に対するマーケットの評価が著しく下がり、株価が暴落した。

芙蓉グループの安田信託銀行の経営難が注目を集めるようになり、信用不安に拍車がかかってしまう。山本は山一の破綻直後、杉田に合併を申し入れたが、杉田は慎重だった。

1998年初め、第一勧業銀行は富士銀行に分野別の提携を逆提案した。富士銀行からの打ち返しを受けた3月、第一勧銀は安田信託の分離・分割案を申し入れる。

富士銀行はいったん断ったものの、事態の深刻さが増す中で、ほどなく交渉の再開を要請し、同年11月、信託部門での提携を発表する。

1999年2月、日本興業銀行は第一勧銀に再編交渉を申し入れた。興銀頭取の西村正雄は、日本長期信用銀行と日本債券信用銀行の経営破綻をみて危機感を強め、都銀各行と接触していた。相手の反応を見極めながら、第一勧銀に照準を絞る。

一方、安田信託の救済で富士銀行と手を組んだ杉田は、１９９８年末から、さらなる再編のシミュレーションを重ね、興銀も加えた3行の組み合わせがベストだとの結論を得る。

興銀からの申し入れを受けた杉田は、3行統合の構想を描く。担当役員らをまず、興銀の担当役員に接触させた。富士銀行との間にはすでに信頼関係ができているとの自信があった。

第一勧銀との合併を申し入れてきた興銀が話に乗ってこなければ、3行統合構想は実現しない。興銀の担当役員らは当初、2行合併にこだわったが、担当役員から3行統合の構想を聞かされた西村は「いいじゃないか」と賛同する。

5月5日、西村と杉田は会談し、3行統合で合意する。安田信託問題で苦労した山本を慰労するつもりで、たまたま翌5月6日の懇談をセットしていた西村は、杉田にも合流するよう誘う。

翌朝、杉田は急遽《きゅうきょ》、山本を訪ねて前日の西村との会談の内容を披瀝し、3行統合への参加を促す。山本はこの提案を受け入れる。同日夕刻の山本と西村との懇談に、杉田が遅れて加わった。この席で、3頭取は3行統合で合意したのである。

3行統合、それぞれの思惑

3行統合の伏線になった出来事がある。

1991年8月29日夜、橋本は東京・大手町のパレスホテルに泊まっていた。翌日の衆院証券・金融問題特別委員会の参考人質疑に備えるためだ。

同様に、翌日の参考人質疑を控えていた日本興業銀行頭取の黒沢洋も、たまたまパレスホテルに宿泊していた。黒沢はしっかり寝ておこうと思い、早めにベッドに入った。

しばらくすると、フロント経由で部屋の電話に連絡が入る。「頭取ですか？」と聞きなれない声がした。要領を得ないやり取りの末、電話の主は富士銀行の人間だと分かった。

富士銀行総合企画部の人間が橋本に連絡を取ろうとしたのだが、なぜか黒沢につながってしまったのだ。橋本はホテルに宿泊するとき頭取の肩書は使っていなかったので、オペレーターが取り違えたのかもしれない。

1991年末、市中銀行の頭取や日銀総裁が集まる忘年会の席で、黒沢は「橋本さんには貸しがあるよ」と話しかけ、このエピソードを初めて披露した。そこで、「食事でもしよう」

と誘った。以来、誘ったり誘われたりの間柄となる。

付き合いを深める中で1995年春、橋本は「合併しませんか」と黒沢に水を向けた。興銀は企業金融の雄である。富士銀行には芙蓉グループの取引先があるが、興銀と合併すれば産業界全体に資金を供給する強い銀行になれると考えたのである。

黒沢は「なかなかいい話ですね」と応じ、話を持ち帰った。

1カ月後、黒沢から食事の誘いが入る。「内部で話をしたが、なかなかうまくいかない。この話はこれまでにしよう」と断ってきた。富士銀行と一緒になると、規模で勝る富士に飲み込まれてしまうのではないか、と懸念する人間が多かったようだ。

「将来、金融持ち株会社が認められ、その下に2行がぶら下がる形なら、もっと抵抗が少ないかなあ」とも語り、「将来、再編ということになったら、第一番に富士銀行にお話をすることになるでしょう」と約束した。

富士銀行側は、興銀との合併話は延期の扱いと受け止めていたが、興銀からその後、具体的なアプローチはなく、山本はむしろ第一勧銀との合併に期待をかけていた。杉田から3行統合の構想を聞かされた山本は、「興銀と継続審議にしておいてよかった」と感想を漏らした。

5月7日午前、山本は橋本に3行統合での合意を報告する。「西村さんからもう1回、考えませんかと提案がありました。会長が黒沢さんに持ちかけたことが、実を結びました」「それはいいね。どうぞ話を進めてください」。橋本は満面に笑みを浮かべた。

3行統合が実現すれば、経営基盤は強まるが、富士銀行という存在はなくなる。40年以上、富士銀行に勤めてきた橋本に一抹の寂しさはあったはずだが、「こういう金融情勢なので、割り切った。単独でやるよりも、有力な2行と一緒になってやったほうがいいだろうと思った。頭取がそうしたいということなので、僕も賛成した」。

合併寸前での破談を経験した富士銀行

富士銀行は、かつても他行との合併を検討した。

1度目は1978年頃、松沢が頭取のときである。松沢はこのときの経緯を、日本経済新聞の「私の履歴書」（1994年9月2日付）で明らかにしている。

合併して群を抜いて実力がある銀行になれば、やらなくてもいい過当競争の渦中から抜け出し、独自の路線を歩めると考えていた。「店舗の重複が少なく、国際業務の面でも補完し合う要素がある。財閥系でもなく、行風が合いそうな相手は、三和銀行ではないか」と狙いを定め、頭取の赤司俊雄《あかしとしお》と話し合いを始めた。「安定した基礎を築いて見本を示せば、業界の発展にも役立つ」と合併を検討することにした。

松沢は、公正取引委員会に都銀上位行同士の合併に問題がないかどうか、探りを入れ、問題なしとの感触を得る。迫、金子、岩佐、佐々木の歴代頭取にも異論はなかった。常務の端田（後に頭取）に先方との交渉を任せ、作業は順調に進んだ。

そんな矢先、赤司から緊急に話し合いたいとの連絡が入る、赤司は、「誠に残念だが、当分棚上げにしたい」と松沢に伝えた。松沢は即座にその意を察した。その場で打ち切りを決断し、「この話はなかったことにしよう」と返答した。

私の履歴書の記述はここまでだが、赤司が断ってきたのは、日銀出身で三和銀行の第3代頭取となり、頭取を13年、会長を16年務めた渡辺忠雄が反対したためだ。

大衆に基盤を置く「ピープルズ・バンク」路線を標榜して三和銀行の基礎を作り、中興の祖と呼ばれた人物である。松沢と赤司が話し合いをしていたときは、相談役名誉会長であった。

2度目は1980年代後半、端田が頭取のときである。国際業務の強化を目的に、東京銀行に合併を申し入れたが、先方から断ってきた。

富士銀行側は副頭取の楠川が窓口となり、東銀会長の柏木雄介にアプローチしたが、実を結ばなかった。富士銀行は、単独路線にこだわる銀行ではなかったのである。

山本は、3行統合の経緯をこう回想している。

「合併の具体的な相手としては、いろいろな組み合わせがありましたが、店舗統合などで最も大きな効果が狙える第一勧銀が適切だと思っていました。また、新規参入業務に関連して、たまたま、第一勧銀には親しい信託銀行はない。

そうすると、第一勧銀と合併して、合併銀行の信託部門として、安田信託に資産運用をやらせる。これは、なかなかいいのではないか。その結果、第一勧業富士信託銀行の誕生となりました。

第一勧銀の杉田頭取とは、いろいろと新しいことをやろうと話をしておりました。そんな中で、興銀との話が出てきました。主として効率化が図れるのは、富士銀行と第一勧銀の合併のほうですが、業務分野を広げる面では、大きなプラスはありません。

興銀は、例えば、証券業務には一日の長があるとか、そういう特徴があります。そんな意味で、興銀と一体になるのは、効率化よりむしろ、業務の多角化という面でプラスではないか。その両方を併せると掛け算になるというのが私の考えだったのです」

大手銀行4大グループ化の先鞭をつけた3行統合

3行統合は急ピッチで進む。1999年8月20日、3行は「全面的な統合により、新しい総合金融グループを結成することについて合意した」と発表した。

1999年3月末時点での総資産は、富士銀行が46兆円超、第一勧銀が52兆円超、興銀が42兆円超で、合計すると141兆円超の巨大銀行となる。米ニューヨークタイムズ紙は、「昨年のシティコープとトラベラーズの合併に匹敵する大型再編」と報じた。

1999年12月22日、3行は全面統合に関する契約を結び、グループ名を「みずほフィナンシャルグループ」にすると発表した。

みずほ（瑞穂）は、みずみずしい稲の穂を表す言葉で、「みずほ（瑞穂）の国」は実り豊かな国を意味する日本国の美称でもある。グループ全体の役職員から公募し、3行の頭取が最終決定した。

「旧行の名前は残さない」。西村は交渉の当初から語っていた。橋本は最初にこの名前を聞いたとき、「ずいぶん、古めかしい名前だな」と思ったが、名前とは不思議なもので使っているうちに慣れてくる。名前にもこだわりはなかった。

２０００年9月29日、金融持ち株会社、「みずほホールディングス」が発足し、３行が傘下に入る。同年10月1日、３行の証券子会社である富士証券、第一勧業証券、興銀証券が合併し、みずほ証券が発足した。

同日、第一勧業富士信託銀行と興銀信託銀行が合併し、みずほ信託銀行が誕生した。安田信託銀行は、みずほアセット信託銀行と行名を変更する。

当初は、みずほ信託がホールセール（大口取引）、みずほアセット信託がリテール（小口取引）を担う計画だった。２００３年3月12日、両行は合併し、現在のみずほ信託銀行が発足する。

２０００年10月、山本は支店長会議でこう語った。

「思い返せば中期計画『戦略の革新１２０』のスタートにあたって、諸君とともにボトムからの再建、第三の創業を誓い合ってから2年半が経過しました。

その間、いわれなき風評を要因とする社会的信認の回復に全員で血のにじむような努力をし、第三者割当増資と公的資金導入により資本の増強を図るとともに、攻勢に転ずる年とした平成11年度（１９９９年度）からは全行あげて収益の大増強に取り組んで参りました。

また、安田信託銀行の子会社化、第一勧業富士信託銀行の設立、そして昨年8月発表の３行統合と、金融再編についてもフロントランナーとして全力疾走して参りました。

統合準備に体力を割かれてしまった後半の1年間を含めても、諸君とともに歯を食いしばってきたこの2年半は、戦略の革新の名にふさわしく、富士銀行１２０年の歴史の中で最も激しい変革の期間ではなかったかと思っております。

そうした変革の中でキラキラ輝いてきた諸君とともに、世界にはばたく、みずほのスタートの日を迎えられたことは、私にとって最高の幸せであります。（中略）また、みずほとしても、力強いスタートダッシュ、統合効果の前倒し実現、新たな企業文化の創造など、大きく重い課題が山積しております。

しかし、我々には1昨年のあの難局を全員で力を合わせて乗り越えたエネルギーがあります。戦略の革新を推進してきた革新性と実行力があります。自信があります。また、第一勧業銀行と日本興業銀行という心強い仲間がいます。

全員がひとつのみずほとしてエネルギーのベクトルをひとつに合わせることができれば、必ずや克服できる課題であります」

3行統合は、大手銀行同士の「メガ再編」の導火線となる。1990年代に入ると、都銀同士の合併が起き始めていた。

1990年4月、太陽神戸銀行と三井銀行が合併して太陽神戸三井銀行（後に、「さくら銀行」に行名変更）、1991年4月、協和銀行と埼玉銀行が合併して協和埼玉銀行（後に、「あさひ銀行」に行名変更）、1996年4月、東京銀行と三菱銀行が合併して東京三菱銀行が誕生した。これで一巡した感もあったが、3行統合は他行を大いに刺激した。

1999年10月、住友銀行とさくら銀行による合併の発表、2000年4月、東京三菱銀行、三菱信託銀行などによる経営統合の発表、同年7月、三和銀行、東海銀行、東洋信託銀行による経営統合の発表と続いた。

2000年9月のみずほホールディングス発足後、2001年4月、三井住友銀行、三菱東京フィナンシャル・グループ、三和、東海系のUFJグループが同時に誕生した。

先回りすると、2002年3月、あさひ銀行が大和銀ホールディングスの完全子会社となり、2003年3月、大和銀行とあさひ銀行が合併して、りそな銀行に。

2005年10月、三菱東京フィナンシャル・グループは、UFJホールディングスを救済合併し、三菱UFJフィナンシャル・グループが誕生した。2006年1月、同グループ傘下の東京三菱銀行とUFJ銀行が合併し、三菱東京UFJ銀行となった。

3行統合は、現在の「3メガバンク+りそなグループ」からなる、大手銀行4グループの枠組みを方向づけたといえる。

訪米中に、同時多発テロが発生

3行統合が進行しつつある中、世界に衝撃をもたらす事件が起きた。

2001年9月11日（米国東部時間午前9時、日本時間午後10時）、ニューヨークの世界貿易センター第1、第2ビルとワシントンDCの国防総省ビルに、ハイジャックされた民間航空機が突入する、いわゆる「米国同時多発テロ事件」が発生したのだ。

崩落した世界貿易センタービルには、富士銀行ニューヨーク支店、富士銀行信託会社、みずほキャピタル・マーケッツ・コーポレーションをはじめ、多くの営業拠点が入居しており、行員700人のうち18人、みずほグループの関係者も含めると23人が犠牲になった。

橋本はそのとき、米アリゾナ州のフェニックスにいた。ニューヨーク支店に寄る予定は全くなかったが、事件発生を知って東京の人事部長の木川眞《きがわまこと》（後にヤマトホールディングス社長）に電話をする。

「ほかの用事でアリゾナ州のフェニックスにいるけど、必要ならニューヨークへ行ってもいいよ」と伝えた。「ぜひ行ってください。ご家族もこれから行方不明の人を探しに行きます」。

それで直ちに向かおうとしたが、すぐには行けない。当日、飛行機は全く飛ばない。翌日も飛ばないというので、ここでとどまっているよりは、ロサンゼルスに出ておいたほうが飛行機に乗れるチャンスが多いと判断し、ロスに向かう。

ハイヤーを頼み、秘書役、同行者2人の総勢4人で乗り込んだ。砂漠の中を猛スピードで向かうが、ほぼ10時間かかった。同行者2人はロスから日本へ帰国した。橋本は秘書とともに残り、ニューヨーク行きの便が取れるのを待つ。事件が起きたのは火曜日。その週末の日曜日にようやく飛行機に乗れた。

そもそもなぜ、橋本はフェニックスにいたのか。2001年は、サンフランシスコ平和条約（1951年9月8日に締結）50周年の年だった。

その2年ほど前に、米国に留学して米国に恩義を感じていた人から、この50年間の援助に対して感謝の意を表する行事を開きませんかと提案があり、橋本も賛同する。募金も集め、米国の学生を日本に呼ぶことにした。

多くの企業の協力を得て、5億円ほどの募金が集まり、毎年5人ずつ、5年間程度、呼べる規模に。運営は、フルブライトの日米教育委員会に委託した。プロジェクトを「Aフィフティ」（アメリカとアプリシエーション＝感謝、50周年の略語）と名づけ、参加者を募ったところ、45人が集まった。

45人は9月8日、東京・新宿の東京オペラシティでの記念式典に出席した後、成田空港からサンフランシスコへ。時差の関係で、現地時間はやはり9月8日の朝だ。ホテルで少し休んだ後、50年前に平和条約が結ばれたオペラハウスでの記念式典に参列した。日本からは、外相の田中真紀子らが出席した。

式典の後、45人のメンバーを3人ずつ15組に分け、それぞれの組がサンフランシスコ以外にも2つくらいの都市を回り、1週間後にワシントンDCで再会し、大統領のジョージ・ブッシュを表敬する計画だ。

橋本の組は、日米協会があるフェニックスで地場の人たちと交流し、フルブライトとクリントンの出身地であるアーカンソー州のリトルロックを経て、ワシントンDCへ向かう日程を組む。フェニックス滞在中に事件が発生し、予定をすべてキャンセルした。他のグループも同様だった。

1機目がビルに突入した直後、多くの人は事故ではないかと考えた。1機目が突入した後、富士銀行の行員はみなエレベーターで1階まで降りた。すると、「隣のビルに飛行機が突入しましたが、こちらのビルは今のところ大丈夫です。何か緊急のご用事がある方は、どうぞオフィスに戻ってください」というアナウンスが流れた。

それで一部の人が戻ったところへ、2機目が突入したのである。富士銀行のオフィスは第2ビルの79〜82階。ノンストップのエレベーターがあり、短時間で戻ることができたのが仇となった。

ニューヨークに到着した橋本は、犠牲者の家族を慰問した後、現場に向かおうとするが、規制が厳しくて近づけない。運転手は、川向こうのブルックリンハイツから見えるかもしれないと言う。そこから見ると、まだ煙がくすぶり、風に乗って匂いが漂っていた。

バックアップオフィスがあるニュージャージーにも向かった。生き残った行員は全員ここに移り、決済業務をはじめ仕事を途切れなく続けていた。「非常にモラルが高かった」。3行統合が決まっていた興銀は、ミッドタウンにオフィスがあり、全面支援をしてくれた。

10月9日、ニューヨークのセントパトリック教会でメモリアルサービス（追悼式典）を開き、不明者の家族ら約70人と関係者約1500人が参列した。橋本は主催者を代表して訪米し、「かけがえのない友を決して忘れない。この悲しみを乗り越えて第一歩を踏み出そう」と述べた。

みずほの船出を襲った、システム障害

２００1年10月11日、みずほホールディングスは3行を分割・合併して、個人や中小企業との取引を担う「みずほ銀行」、大企業との取引を担う「みずほコーポレート銀行」とする事業再編の計画を発表した。実施日は２００2年4月1日だ。

同年11月26日、みずほホールディングスは２００1年度中間決算と通期の業績予想を発表した。連結ベースの中間決算は、２６４６億円の最終赤字、通期は７２００億円の最終赤字の予想だった。

景況感が悪化する中で、地価下落に伴う担保価値の減少、借り手の業況悪化を踏まえて貸倒引当金を大幅に積み増し、株式償却も実施するためだ。グループを再編して新銀行が誕生する前に、不良債権問題を片づける狙いだった。

山本と橋本、西村、藤沢義之（興銀会長）、杉田は２００2年3月末で退任することにした。赤字決算の経営責任を明確にし、経営陣を若返らせるためだ。

みずほホールディングス社長には富士銀行副頭取の前田晃伸《まえだてるのぶ》、みずほ銀行頭取には第一勧

業銀行副頭取の工藤正《くどうただし》、みずほコーポレート銀行頭取にはみずほホールディングス常務執行役員の斎藤宏の就任が内定した。

退任を控えた金曜日、橋本のもとを総合企画部の人間が訪れた。荷造りと引っ越しを済ませた後だった。「会長、ちょっと来週、大変なことが起きそうです」「何だ?」「振り込みのデータが全然、届いてないんです。システムに何か問題がありそうです」

退任する以上、今さら手を打つこともできない。「じゃあ、帰るから」とあいさつをして銀行から去った。翌週からしばらくのんびりするつもりで、保養地に出かけた。

先週末の話が気にかかっていた橋本は、夫人に「変なことが起きるかもしれないから、テレビをつけておいて」と頼んでおいた。すると月曜日の早朝、「みずほ銀行に大規模なシステム障害が発生」というニュースが駆けめぐった。

みずほ銀行のATMに障害が発生。公共料金の自動引き落としにも遅延が生じ、トラブルが拡大していったのだ。

3．ドイツ証券流ダイバーシティ

橋本の新しいポストは名誉顧問である。橋本、山本と常勤顧問の端田の3人が同じポストに就いたが、報酬、秘書、部屋がつかない名誉職であった。

2000年から富士総合研究所の理事長を兼務していたため、そのポストは残ったが、2002年9月にみずほ総合研究所に統合することになり、理事長も退任。関連会社の富士アドシステムの特別顧問となった。特にミッションがあるわけではなく、ほぼフリーの立場であった。

橋本、ドイツ証券東京支店会長に就任

2002年10月、ドイツ証券東京支店の支店長、ジョン・T・マクファーレンから電話があり、昼食に誘われた。ドイツ証券は香港に本社を置いていたが、香港には実体はなく、東

京支店は事実上の日本法人であった。支店長は、日本法人の社長の位置づけだ。

マクファーレンは、「以前、エレベーターの中で握手をしました」と切り出す。記憶には残っておらず、思い出そうとしていると「富士アドシステムは忙しいですか」と尋ねた。「顧問なので、それほどでもありません」と率直に答えると、「ドイツ証券に会長の部屋を作って待っている。どうか、来てくれないか」と要請した。

以前の富士銀行なら、頭取や会長の経験者は相談役や特別顧問として処遇され、報酬や専用の部屋を与えられたはずだ。しかし、時代は変わり、こうした慣行はなくなった。手持無沙汰でもあるし、「やろう」と決意した。

「僕は、証券業務は知らないよ」と言うと、「あなたはロンドンで富士クラインワート・ベンソンを立ち上げているじゃないですか」とよく調べている。「面白そうだけど、僕にはそんなに自信があるわけではない。お互いに半年くらい、様子を見ましょう」と提案し、とりあえず2003年1月、特別顧問として入り、同年6月、東京支店会長に就任した。

転出に当たって、みずほの前田には電話をして仁義を切った。前田も「どうぞ、どうぞ」と容認した。橋本には退職金が出ていないこともあり、「自助努力で何とかするよ」と伝えた。

赴任すると、国際化とダイバーシティ（多様性）が組織の基盤になっていることに驚く。マクファーレンはニュージーランド人、数年後にその後任となったディビッド・ハットはアイルランド人である。

東京支店の従業員は約1000人。スタッフはほとんど日本人だが、中には外国人もいる。会議を開くとき、日本人だけなら日本語で話すが、1人でも外国人がいると言語は英語になる。ドイツ証券の社内公用語は英語なのだ。

年に1回、ドイツ銀行グループのシニアマネジメントが全部、集まる会合がある。ドイツ語は使わず、言語は英語である。

従業員のやる気を引き出すのに、精神的に鼓舞することもあるが、従業員の関心は、つまるところはボーナスの金額であり、成果主義を徹底していた。雇用の流動性も高く、2～3年で移っていく人も珍しくない。

廊下を歩いていると、「お久しぶりです」と声をかけてくる人がいる。「どこかで会った?」と尋ねると、「以前、富士銀行にいました」と自己紹介した。富士銀行のほか、興銀や長銀の出身者もいた。

優秀な人ほど、常に外部から声がかかる。定着してもらうために、報酬を増やしていた。「能力に自信がある人にとっては、極めていい職場だった」。組織はフラットで従業員の平均年齢は若く、30代の部門長も珍しくない。橋本は特異な存在だった。

証券トップセールス、銀行で築いた人脈生かす

銀行と証券会社の違いも実感した。銀行は長期の融資をすれば、融資の期間中は土日でも利ザヤを得られる。証券会社は手数料か売買益が収益源なので、常に自転車をこいでいないと利益を得られない。

橋本が担当したのはトップセールスである。ドイツ証券は橋本の人脈に期待したのだ。ドイツ証券のスタッフは若い人が多い。セールスする相手のトップにはなかなか会えない。橋本がトップとの面会をセットし、若い担当者を一緒に連れて行った。橋本は仲介役であり、商品の仕組みを説明するのは担当者であった。

若い担当者と一緒に回るので、日程はきつかった。1日のうちに神戸から広島に向かい、福岡経由で帰ってくるような出張も珍しくなかった。若い担当者との行脚は楽しくもあった。

富士銀行のトップとして築いた人脈を使って、証券会社のセールスをサポートしているわけだが、あまり抵抗感はなかった。ときどき旧富士銀行の取引先に会いに行くと、それが、みずほ側に伝わり、「橋本さん、あんまり働かないでくださいよ」と後輩から冷やかされたが、

「いや、お客様のために切磋琢磨してやっていこう」と切り返した。

セールスの主な対象は投資商品で、地方銀行や学校法人などの資産運用ニーズに応えようとしていた。橋本は担当者に、「相手がアマチュアなら、商品のリスクをよく説明してあげてからでないと売ってはだめだよ」と注意した。

後に世界経済に大打撃を与えたサブプライムローン（信用力が低い人向けの住宅ローン）の証券化商品が典型例だが、上澄み部分は高い格付けであるが、根元から腐ってしまうリスクを抱えた金融商品もある。

そうした金融商品の利回りが高いのは、利益の中にオプション料が入っているからだ。銀行がオプション料を払い、その分を上乗せして利回りをはじいているのだ。何かが起きれば銀行は権利を行使（プット）するから、投資家が損をする場合がある。橋本はこうした仕組みをきちんと説明する必要がある、と指導した。

アドバイザリー・ボードのメンバーへ、相次ぐ就任要請

２００５年12月、ドイツ証券東京支店は株式会社に衣替えして正式に日本法人となり、橋

本はそのままドイツ証券会長に就く。

ドイツ銀行はアジア、欧州、米国にアドバイザリー・ボードを設けていた。橋本はドイツ証券会長在任の途中から、アジアのアドバイザリー・ボードのメンバーにも名を連ねた。ドイツ銀行グループでは、事業のグローバル化が非常に進んでいた。トップのジョー・アッカーマンはスイス人。元クレディ・スイス副社長でマーケットにくわしかった。その後は、ドイツ人とインド人が共同CEOに就く。国籍は全く関係がなかった。

アドバイザリー・ボードの会合では、まずドイツ銀行がアジアでどんな活動をしているのかを説明する。その後、メンバーが質問をしたり、意見を言ったりする。

一緒に活動したメンバーの中で印象に残っているのはトニー・タンだ。様々なことに一家言あり、よくまくし立てていた。タンはシンガポールの大統領選に挑戦して当選し、2011年9月に就任するまでメンバーだった。

ちなみに橋本は、ドイツ証券会長を退任した後も、2011年6月に日本政策投資銀行の社長に就任するまでメンバーで、タンとは親しい間柄となった。

わき道にそれるが、橋本は富士銀行頭取のとき、赤坂支店事件の反省を踏まえて経営懇話会を立ち上げ、さらに欧州戦略を練るために欧州アドバイザリー・ボードを設け、社外の有識者の意見を積極的に経営に取り入れた。

めぐり合わせであろうか。その後、橋本は様々な企業からアドバイザリー・ボードのメンバー就任を要請された。ドイツ銀行の取引先であるドイツの硝子メーカー、ショット社や、ダイムラー・ベンツのアドバイザリー・ボードのメンバーも務めた。

ライバル社に「移籍」することもあった。日産自動車はフランスのルノーと手を組み、日産・ルノーのアドバイザリー・ボードを発足させた。

日産社長から会長になったばかりの塙義一《はなわよしかず》は橋本と大学の同期生であり、日産と富士銀行は同じ芙蓉グループでもある。ただ、橋本がダイムラー・ベンツのアドバイザリー・ボードのメンバーであることを知っていたので、「うちは興銀の黒沢さんに頼むことにした」「それはいいじゃないか」と話をしていた。

ところが、2000年初めに黒沢が突然、死去してしまう。塙から橋本に電話が入り、「黒沢さんが亡くなってしまったので、お前しかいない。ダイムラー・ベンツのほうを辞めてこちらへ来てくれ」と要請してきた。

頭を痛めたが、断るわけにもいかず、ダイムラー・ベンツのアドバイザリー・ボードの議長であるビクトル・ハルバーシュタット（オランダ・ライデン大学教授）に連絡を取って事情を説明した。ハルバーシュタットは、富士銀行の欧州アドバイザリー・ボードのメンバーでもあり、話をしやすい関係であった。「残念だが、分かった」と了解した。

財団の評議員、大学の理事長としても活躍

橋本の活動エリアはさらに広がる。

2002年、国際会計基準委員会財団の評議員となった。三井物産顧問の福間年勝《ふくまとしかつ》が、日銀審議委員への就任を機に、評議員を退任することになり、経団連会長の今井敬《いまいたかし》から就任を依頼された。日本の評議員は2人。1人は公認会計士、もう1人が経済人であり、橋本は経団連の代表として評議員になったのである。

2004年、国際基督教大学の理事長に就いた。前任理事長は元東芝社長の佐波正一《さばしょういち》だ。同大学理事だった速水優《はやみまさる》が日銀総裁に就任するため、代わりに理事に就任したのが、橋本が同大学との関係を深めるきっかけだった。速水とはキリスト教の関連で長い付き合いがあった。

同大学は国際性、キリスト教の考え方、リベラルアーツを重視している。理事長のとき、リ

ベラルアーツ教育をもっと徹底するための改革に取り組んだ。理系と文系に分かれ、6学科があったが、学科を全部取り外し、教養学部に一本化した。

入学後、最初の2年間は何を勉強してもよい。2年次の最後に主専攻を決める。主専攻は一つでも二つでもよい。主専攻と副専攻という形でもよい。教授会は大いに紛糾し、成立には、かなり骨が折れた。

学長の選び方も変えた。従来、学長は教授会で選んでいたが、理事会が主体性をもって決めるようにした。ただし、決定する前に、教授会の声を聞く。理事会が1人に絞り込み、投票で賛否を問い、教授会が支持する人かどうかを確かめる仕組みとしたのである。

２０１０年、元日本アイ・ビー・エム社長の北城恪太郎《きたしろかくたろう》に理事長のバトンを渡した。

橋本がドイツ証券会長を務めていたとき、マーケットの地合いは良かった。ところが、２００７年に入ると、サブプライムローンがおかしくなる危険性があるとの見方が徐々に広がってくる。サブプライムローンをベースにした金融商品には気をつけようと、ドイツ証券の社内で話をしていた。

２００８年初め、ドイツ証券に移籍してから5年が過ぎ、区切りをつけるつもりで後任を探すように社長に依頼した。後任探しに協力し、三菱東京ＵＦＪ銀行の元副頭取、金成憲道《かなりのりみち》に白羽の矢を立てた。

金成は旧東京銀行出身で海外勤務が長く、米子会社、ユニオン・バンカル・コーポレーションの会長を務めていた国際派である。橋本は後に、東大ESSの後輩だと知った。2008年9月末、金成にバトンタッチし、会長を退任した。

世界を揺るがしたリーマン・ショックが起きたのはこの直前からである。9月末での退任は後任が内定した7月時点で決まっていた。「全く予想しない事態に驚きながら、予定通り退任した」

会長退任直前に、リーマン・ショックが発生

リーマン・ショック発生までを簡単に振り返ろう。

住宅価格の上昇が続いていた米国では、サブプライムローン（信用力が低い人向けの住宅ローン）が急増していた。新興国の需要増や金融緩和を背景に資源価格が高騰すると、インフレを警戒する米連邦準備理事会（FRB）は金融を引き締めた。

この影響で米国の住宅価格は、2006年前半から下がり始める。サブプライムローンの返済が滞り、まず住宅ローンを扱うモーゲージ会社の経営が悪化した。住宅ローン担保証券（RMBS）や債務担保証券（CDO）といった住宅ローン債権を証券化した商品を世界の投

2008年9月16日、米国各紙はリーマン・ブラザーズの破産申請による市場の混乱を一斉に報じた（Sipa USA/amanaimages）

資家が購入していたため、影響は世界中に広がる。

２００８年3月、米国第5位の投資銀行、ベア・スターンズが苦境に。米当局はニューヨーク連邦準備銀行による特別融資を実施して危機を乗り切った。

同年7月、証券化商品を大量に購入していた連邦抵当金庫（ファニーメイ）と連邦住宅貸付抵当公社（フレディマック）に信用不安が生じ、米政府は両社の株式を購入して管理下に置いた。

米国第4位の投資銀行、リーマン・ブラザーズは公的な支援の枠組みができず、同年9月15日、米国連邦倒産法

第11条の適用を申請した。大手投資銀行の経営破綻で、金融市場ではカウンターパーティーリスクが強く意識され、市場の機能が麻痺してしまう。リーマン・ショックが発生したのである。

米国では２００８年10月、緊急経済安定法が成立し、米財務省は７０００億ドルの公的資金枠のもとで、金融機関への資本注入を実施した。ＦＲＢは政策金利を引き下げ、リスクが高いとみられている金融資産を購入して資金を供給した。

各国の努力で金融危機からは脱したが、２００９年10月、ギリシャの財政赤字問題が明るみに出て、欧州債務危機に火がつく。

世界各国は緊急対策を講じてリーマン・ショックを何とか乗り越えたが、再発防止のために金融規制の強化に動く。

金融安定化フォーラム（ＦＳＦ）は２００８年4月のＧ7で、自己資本、流動性、リスク管理に対する監督の強化や信用格付けの役割と利用法の変更などを提案する。

２００９年12月、バーゼル銀行監督委員会がバーゼルⅢ案を公表。自己資本の質・量の向上、リスク捕捉の強化、景気との連動性を抑制する資本バッファーの枠組み、レバレッジ比率の導入、流動性基準の導入を盛り込んだ。

　Ｇ20は２００９年９月、金融システム上、重要な金融機関（ＳＩＦＩｓ）に対する追加資本、流動性と健全性規制の提案を金融安定理事会（ＦＳＢ）に求める。米国では、２０１０年７月、大統領の署名により、金融市場の規制強化や消費者・投資家保護を盛り込んだドッド・フランク法が成立した。

　橋本はドイツ証券会長を退任し、完全に引退するつもりだったが、少しずつ外部から声がかかった。

4. 政投銀の存在意義は

２００８年10月、橋本は日本政策投資銀行（政投銀、英文名の略称はＤＢＪ）のアドバイザリー・ボードのメンバーとなった。

小泉純一郎政権は２００５年、政投銀を完全民営化する方針を打ち出した。２００８年10月、政投銀は完全民営化をにらんで株式会社に転換した。株式会社のトップは民間出身がよいとの判断から、元伊藤忠商事社長の室伏稔《むろふしみのる》が初代社長に就いた。

室伏は東大ＥＳＳと柔道部の先輩であり、橋本に協力を求めたのである。アドバイザリー・ボードには、橋本のほかに新日鉄会長の三村明夫、トヨタ自動車会長の張富士夫、東大教授の植田和男、ヘッドハンターの橘・フクシマ・咲江らが加わった。

２００９年1～7月、フィナンシャル・クライシス・アドバイザリー・グループ（ＦＣＡＧ）のメンバーとして活動した。Ｇ20が２００８年のリーマン・ショックを踏まえ、会計基準にも問題があったのではないかとの問題意識から発足させたグループである。

英国の国際会計基準審議会（ＩＡＳＢ）と米国の財務会計基準審議会（ＦＡＳＢ）が合同で主催した。メンバーは世界から各国1人ずつ計18人で、橋本はみずほグループの財務担当者にアドバイスを受けながら参加した。

ロンドンとニューヨークで1カ月に1度、交互に開催。朝9時から夕方5時頃まで、みっちり議論し、会計基準が原因ではないとの結論に達した。

イタリアの元蔵相が、「株式の評価をするのに、3月末とか9月末とか、一時点だけの株価で評価すると、株価は上がったり下がったり変化が激しいから、実態を表さないのではないか。例えば、9月の1カ月の平均株価で評価すべきではないか」と問題を提起した。

すると議長が、「そうは言うが、あなたの家を売ろうとするとき、平均値で売れるか？」と切り返すと「そうだなあ」と納得する場面もあった。

国際会計基準の根本的な考え方では、日本のように当期利益を重視するのではなく、バランスシートを評価する。株価が上がると含みが増えるが、増えた分は当期利益にして計上してしまう。

そもそも、日本の会計基準でいう当期利益の欄をなくしたらいいのではないか、という議論が出た。議論の結果、当期利益の欄は残すが、その下に包括利益という欄を作るという案が出た。

例えば、3月末と9月末のバランスシートを比べ、純資産がどれだけ増えているのかを示す。増えた分が利益だと判断するのだ。橋本は、「国際会計基準は投資家からみた基準だ。投資家が企業を比べるときに、今、いくらで売れるのかという視点に役立つ」とみる。こうした議論を横目に、日本企業は今もなお大半が日本の会計基準を守っている。

2011年、政投銀の社長に就任

2011年6月、日本政策投資銀行の社長に就任した。室伏から強い要請を受け、「頼まれたら断れない」性格が出た。

社長に就く前に、同行のアドバイザリー・ボードのメンバーを務めていたため、どんな銀行かは分かっていた。政府が100%株を持っているが、完全民営化の方針が決まっていた。しかし、本当にこの銀行は完全民営化できるのかと疑問を持っていた。

2008年のリーマン・ショック、さらに2011年の東日本大震災の後、大企業でもなかなか資金調達がうまくいかなくなった。政府は「危機対応業務」の担い手を探したが、民間金融機関は手を挙げない。結局、大企業と中堅企業は政投銀、中小企業は商工組合中央金庫が指定金融機関となった。

政投銀の危機対応業務は２０１７年3月末で融資額（累計）は6兆１３０６億円、日本政策金融公庫から損害担保を受けた出融資（累計）は47件・２６８３億円、コマーシャルペーパー（ＣＰ）買い取りが68件・３６１０億円に達している。

営利目的で動く民間金融機関は、有事であっても特別な動きをするのは難しい。政投銀が完全民営化すれば、他の金融機関と同様に、手を挙げられなかったかもしれない。危機対応ができる金融機関として存在意義があると考えていた。

橋本は6月23日、就任にあたって記者会見に臨み、「民間銀行と外資系証券会社で勤務した経験を生かし、東日本大震災からの復興支援に貢献したい」と抱負を語った。

記者の関心は、原子力発電所の事故を起こした東京電力への支援問題に集中した。「東電は、日本の産業のインフラを支える重要な会社。（新規融資について）要請があれば前向きに考える」としながらも、「原子力損害賠償支援機構法案が成立したうえで、各金融機関の役割分担が明確になる必要がある」と条件をつけた。

政投銀には、危機対応業務のように公的な色彩が強い業務と、そうでもない通常の中長期融資や投資業務もある。

民間金融機関には、株式会社への出資を5％までとする制限があるが、政投銀にはない。仮に完全民営化すると、現在の投資業務もできなくなる可能性が高い。完全民営化の旗を掲げているが、なかなか難しいというのが率直な印象であった。

室伏の後任として橋本に白羽の矢が立ったのは、完全民営化をするにあたり、トップは民間出身のほうがよいという政治判断が働いていた。政投銀のトップは、前身の日本開発銀行も含めると、室伏の前まで歴代11人のうち8人が大蔵省（現・財務省）の事務次官ＯＢが務めてきた。

橋本は、完全民営化に邁進しなければならない立場なのだが、引き受ける時にも、完全民営化を急ぐことにあまりこだわらず、柔軟に対処する構えだった。

「官から民へ」のスローガンのもと、特殊法人の整理・合理化が進行

ここで、政投銀の歴史を簡単に振り返り、完全民営化が先送りになった現在までの流れを整理しておこう。

政投銀の前身は、日本開発銀行（開銀）と北海道東北開発公庫（北東公庫）である。いず

れも、政府が全額出資する特殊法人（政府系金融機関）で、開銀は1951年、北東公庫は1956年、発足した。

開銀は、戦後の経済復興を目的に産業の基盤となる電源開発、石炭、鉄鋼、海運といった分野に資金を供給した。北東公庫（北海道開発公庫として発足し、翌年、北海道東北開発公庫に改組）は、北海道と東北の産業振興を促す投融資に取り組んできた。

日本が戦後復興を遂げ、高度成長期が終わった1970年代以降、開銀は公害対策、地域開発に力を入れる。石油ショックに対応した石油代替エネルギーの導入、省エネの推進への投融資を実行した。

1980年代は、対外経済摩擦の激化を背景に、技術開発や産業構造の転換を支援する投融資に注力する。1990年代以降は、社会資本の整備、環境対策に引き続き重点を置きながら、ベンチャー企業の支援、阪神・淡路大震災の復興融資に乗り出す。

日本の金融危機をにらみ、金融システムの安定化を目的とする融資にも取り組むようになった。発足以来の社会インフラの整備に加え、ベンチャー支援や危機対応という、現在に通じる新たな役割を担うようになった。

開銀と北東公庫は、社会インフラ整備に資金を振り向け、戦後の経済復興を加速するために発足した政府系金融機関であり、戦後復興が完了した時点で存在意義が弱まったが、新たな機能を加えて組織として存続する道を模索してきたといえる。

多大な資金需要があり、資金不足だった戦後復興や高度成長期とは異なり、現在の日本は資金余剰の状態である。

政府系金融機関に頼らなくても民間金融機関が資金を提供できる分野は多く、国の信用や財政資金をバックに活動する政府系金融機関の存在は、「民業圧迫」だとの批判が次第に強まった。こうした声を受け、1997年、政府は「特殊法人の整理・合理化方針」を閣議決定した。

この決定に基づき、1999年10月、開銀と北東公庫は統合し、政投銀が発足した。このとき、日本輸出入銀行と海外経済協力基金が統合して国際協力銀行、国民金融公庫と環境衛生金融公庫が統合して国民生活金融公庫が発足した。

政府系金融機関の統廃合は加速する。小泉純一郎政権は、「官から民へ」のスローガンのもとで政府系金融機関の統廃合を促し、民営化を進めようとしたのである。

2001年12月、政府は政府系金融機関を念頭に、「特殊法人合理化計画」を閣議決定した。民業補完、政策コストの最小化、機関・業務の統合・合理化の原則を打ち出した。

２００５年12月、「行政改革の重要方針」を閣議決定し、政府系金融機関の機能を、①中小零細企業・個人の資金調達の支援、②国策上、重要な海外資源の確保、国際競争力の確保に不可欠な金融、③政策金融機能と援助機能を併せ持つ円借款、に限定した。

政府は、「おおむね5~7年を目途とする移行期間」を経て、政投銀と商工中金を完全民営化する方針を明確にした。さらに政府は２００６年6月、「政策金融改革に係る制度設計」を決定する。

①政策金融として必要な機能に限定し、政策金融の貸出残高を対国内総生産（ＧＤＰ）比で半減させる、②民間金融機関も活用した危機対応体制を整備する、③効率的な経営を追求する、との目標を示した。

２００７年3月、住宅金融公庫を廃止し、独立行政法人・住宅金融支援機構に継承した。２００８年10月、国民生活金融公庫、農林漁業金融公庫、中小企業金融公庫、国際協力銀行の国際金融業務が統合し、株式会社・日本政策金融公庫が発足する（２０１２年4月、国際協力銀行は、日本政策金融公庫から分離・独立した）。

公営企業金融公庫を廃止し、政投銀と商工中金は株式会社に衣替えした。政投銀と商工中金は、この時点から5~7年後をめどに完全民営化する方向となる。

ところが、新組織が船出するとほぼ同時にリーマン・ショックが発生し、世界全体で信用収縮が起きた。政府は内外の金融秩序の混乱や大規模な災害の発生時に、企業に資金を円滑に供給する「危機対応業務」の制度を創設した。

政府は日本政策金融公庫に出融資や補給金の交付で資金を提供し、「危機対応円滑化業務勘定」を設ける。政策金融公庫は指定金融機関に、「ツーステップ・ローン」という融資を実行する。指定金融機関は、要件を満たす企業に資金を提供する仕組みだ。結局、指定金融機関を希望する民間金融機関は現れず、政投銀と商工中金の出番となった。

こうした事態を重くみた政府は２００９年、再び法改正し、政投銀と商工中金への政府出資を２０１２年3月末まで延長可能としたうえで、同年4月から「おおむね5～7年後を目途として完全民営化する」と民営化の時期を先送りした。

２０１１年の東日本大震災で再び危機対応業務の重要性が増し、政府は3度目の法改正に踏み切った。政府出資の期限をさらに3年延長して２０１５年3月末とし、同年４月から「おおむね5～7年後を目途として完全民営化する」としたのである。

同時に、２０１５年3月末を目途に、政府による株式保有のあり方を見直すことにした。政府が政投銀と商工中金を完全民営化する方針を初めて示してから、10年の歳月が流れていた。

政投銀の完全民営化、さらなる延期へ

政府の検討を踏まえ、橋本が社長を退任する直前の2015年5月、政投銀と商工中金の完全民営化をさらに先送りする法律が成立した。政府は政投銀株と商工中金株を当分の間、持ち続ける。2015年度から5～7年後としていた完全民営化の時期も示さなかった。

新たな法律では、大規模な災害や経済危機に対応するための資金の供給に万全を期すため、政投銀に当分の間、危機対応業務を義務づけた。また、地域経済の活性化や企業の競争力の強化につながる成長資金を供給するため、国からの一部出資を受け、「競争力強化ファンド」を強化、発展させる形で新たに「特定投資業務」を創設した。

2015年6月の第1号案件である静岡ガスの海外ＩＰＰ（民活型電力開発）事業へのリスクマネーの供給を手始めに、2017年3月末で累計33件、1667億円の出融資を決定している。

改正法は、政投銀の業務に関連づける形で、政府が政投銀株を一定の比率以上、保有し続けるように制限を設けている。新設した特定投資業務は2015年5月の法施行から10年間

の時限措置であり、この期間中、政府に政投銀株の2分の1以上の保有を義務づけた。

さらに、危機対応業務を民間金融機関が担えるようになるまで「当分の間」、政府は政投銀株の3分の1超を保有する義務があるとしている。

つまり、政府は「特定投資業務」が完了する2026年3月末までは、政投銀株の2分の1以上、その先も「危機対応業務」が必要だと判断すれば、政投銀株の3分の1超を保有し続けることになった。

現時点で、政府が政投銀株を売却しようとする動きは全くない。完全民営化の旗を降ろしてはいないものの、限りなく遠のいたといえる。


リーマン・ショック以来の経済危機の連鎖が、政投銀と商工中金の存在意義を浮き彫りにし、政府系金融機関としての存続が決まった。

民間金融機関との役割分担がうまく機能すれば問題はないが、政府系金融機関の個々の業務が「民業補完」なのか「民業圧迫」なのか、見極めるのは難しい。

そんな中で、政府系金融機関の足元が揺らぐ事件が発生した。2017年1月、商工中金が国の制度融資を不正に利用していた事実が発覚したのである。

職員が危機対応融資の実績を上積みするために、融資先の業績を悪く見せるようにデータを改ざんしていた。同年5月、経済産業省、財務省と金融庁は業務改善命令を出した。不正行為はほぼ全店に及んでいたことがその後、明らかになっている。

民間金融機関にはできない危機対応業務を担っているとアピールするために、データを改ざんしていたわけで、自己保身以外の何物でもない。政投銀にとっても対岸の火事ではない。

「公的な色彩のある株式会社銀行」のスタンスを貫く

橋本の足跡に話を戻そう。政投銀の社長に就任し、改めて政投銀の存在意義を考えてみた。就任直前の2011年3月末でみると、総資産は約14兆円、貸出残高は約13兆円、従業員数は約1100人。銀行の規模は地銀のトップクラスと同水準だが、メガバンクや、りそなグループには遠く及ばない。

政投銀には預金を集める業務がない。仮に完全民営化するなら、資金の調達力を強化する必要が出てくる。現在は、運用資金の半分は、財投機関債の発行や借入金で自力調達しているが、残りの半分は財政資金で賄っている。

財政投融資で賄っている財政資金は、政府からの借入金と政府保証付きの社債発行からなる。2015年度のデータでみると、財政投融資による資金調達額は約6300億円。一方、自力調達分は、財投機関債の発行が約３９００億円、長期借入金が約３５００億円だ。

一方で、株式会社としてのよい部分もある。前身の日本開発銀行は、政府の予算で活動が制約されていた。毎年の事業計画を所管官庁の財務省に提出する必要はあるが、株式会社になったため、融資先の決定をはじめ、日常の経営は自由なのである。

いい案件を取ってきて融資を増やすといった努力が求められており、経営者として腕を振るうことは可能だ。社長に就任後、「公的な色彩のある株式会社銀行」というユニークな存在として生きていくしかないとの見方を強めた。

政投銀の最高意思決定機関は株主総会ではあるが、株主は政府だけである。取締役会が毎月1回あり、その前に経営会議を開く。個別には、部店長権限の案件がかなりあるが、部店長権限を超える大型案件の場合は、経営会議を開き、社長以下、すべての常勤役員が出席している。

投融資案件について最もくわしいのは担当部長であるが、役員が疑問を持てば経営会議で質問し、納得できればゴーサインを出す。

民間の金融機関とは異なり、自己資本利益率（ＲＯＥ）を限りなく高めたいとは考えていないが、きちんと収益を出して法人税を払い、政府への配当も払うのが目標だ。赤字になれば納税者に負担をかける。
上場企業は短期志向の株主が多いので、四半期ごとに成果を求められるが、そういうプレッシャーはない。

橋本は社長就任後、複数のメディアのインタビューに応じている。内容を要約する。

・東日本大震災への対応

被災地の復旧復興について資金面で支援しようと、仙台市の東北支店に復興支援室を設けた。岩手、宮城、福島の3県の地方銀行と組み、各50億円規模の復興ファンドを作った（後に茨城県にも設立した）。地元に必要で、経済復興に役立つような会社に資金を提供しようと考えている。地域の有力企業の資本が毀損しており、長期の資金を供給する。

基幹産業である自動車産業のサプライチェーンを支える企業に対し、資金を供給することで震災復興を支援するのを狙いとして、6月には日本自動車部品工業会と一緒にサプライチェーンファンドを作った。

中部電力に1000億円を融資し、ほかの電力会社の融資もこれから出てくると思う。電力各社の社債市場への復帰が一番望ましいが、それまでは危機対応融資を実行する。

金融支援に加え、被災自治体が進める街づくり計画にアイデアを出したい。

・完全民営化と政投銀の役割

株式会社になった途端にリーマン・ショックがあり、今回は震災。かなり公的な仕事が増えている。

民営化は震災の影響もあり先に延びているが、純然たる民間の銀行にはならないと思う。危機が起きない時代は考えられない。危機に対応できる金融機関は必要で、公的な色彩を強く持った銀行になるのではないか。

政投銀には、「長期・大口・中立性」という金融面の特色がある。これらの機能を生かして取引先からの円高対策の要求に応じ、産業基盤の強化に協力したい。一方で、企業の成長にはグローバル化は避けられない。海外企業の買収など国境を超えたM&A（合併・買収）の助言機能を強化する。助言サービスで手数料収入を増やす。そこに長期資金を出して金融支援すれば収益拡大の種になる。

富士銀行では、個人から大企業までの融資を扱い、ドイツ証券では証券中心の投資銀行業務に当たった。これに対して政投銀は、投融資一体の金融サービスに特徴がある。

中立的な立場から、企業グループの枠を超え、長期・大口の資金を供給できる。現在はこうした業務と、危機対応業務の両方を手掛けるハイブリッド型の金融機関となっている。

２００８年のリーマン・ショックでは、他の金融機関が対応できない場合の危機対応融資に当たり、東日本大震災では、復旧復興や電力会社への支援に取り組んでいる。

・ガバナンス

株式会社になった後、取締役会や経営会議などガバナンスは整備されてきた。私は株式会社になった年にアドバイザリー・ボードのメンバーになった。これまで会社の外から、好き勝手なことを言ってきた。今度は言うばかりでなく、自分でやってみろという中でやっている。

政投銀は２０１１年版の「ディスクロージャー」誌で自らの役割を、①長期、大口、投融資一体、中立性といった特色を活かしたリスクマネーの供給、パートナーシップ、②日本の産業の空洞化を防ぐための産業基盤の再構築、③成長分野に対する金融サポート、④金融危機や自然災害の際に機動的に行動する金融市場のセーフティーネット、の４つに整理している。

政投銀は、「民業圧迫」との批判を受けやすいだけに、つねに「民間にできないことは何か」と自問自答しながら事業を展開している。④の危機対応業務は、リーマン・ショックや東日本大震災が発生する中で拡大し、政府が完全民営化を先送りする要因となったが、それだけなら株式会社として存続する意味がない。

④以外の業務をどのように拡充し、世の中から評価されるのか。政投銀の存在意義を左右するポイントとなるだろう。

投資銀行業務では、巨大案件も手がける

2012年1月、橋本は年頭のあいさつで、足元の厳しい経済環境に触れたあと、中期経営計画の再認識、グローバルな視点の重視、職員の連携と総合力の向上の3点を強調した。さらに、社長としての抱負を次のように語った。

「色々と皆さんにお願いをして参りましたが、私自身も、自身の知見やネットワークを生かしたトップセールスを行っていくつもりです。

昨年は、内外の取引先に加え、本支店、グループ会社の現場で活躍されている皆さんとお話しする機会を通じて、私自身、大きな気づきと学びがありました。今年も、時間の許す限り、皆さんとのコミュニケーションを大切にしていきたいと思います。

当行にとって、皆さんこそが最も重要な経営資源、財産です。皆さんなくして当行は成り

立ちません。社長に就任してまだ半年ですが、これからも皆さんと一緒に、この組織を、自立性のあるユニークな金融機関として確立し、わが国の経済・社会に貢献できるよう、努力していきたいと思っています」

橋本が着任して最初に驚いたのは、①に当たる投資業務である。「バリュー・グロース」という目標を掲げ、投資業務に積極的に取り組んでいて、いきなり大きな案件が出てきた。ソニーが、経営はうまくいっているが、コアビジネスではない分野の子会社の売却を検討していた。ソニーケミカルという化学会社である。

政投銀の担当者は、全額を買い取る案を上げてきた。「銀行に化学会社の経営ができるのか」と不安を感じたが、「現在の経営陣はしっかりしている。会社としてはうまくいっている。売られる会社の社長は、政投銀の傘下に入っても（社長を）続けると言ってくれている」。人員を補強し、政投銀がいろいろなアドバイスをすれば、企業価値はさらに高まり、3～4年後にはＩＰＯ（株式公開）ができる会社だとの説明であった。

企業買収を推進するＤＢＪ—ＩＡ（投資アドバイザリー）という子会社を設立し、投資本部が全体を統括している。子会社のトップは、投資ファンドのサーベラスにいた村上寛《ひろし》であり、この案件を主導していた。

村上が有能なことは、ドイツ証券にいた頃から知っていたが、「本当に１００％買って大丈夫かな」と不安を漏らすと、「一部をプライベートエクイティファンドに持ってもらいます」。

政投銀が60％、プライベートエクイティファンドのユニゾンキャピタルが40％出資することになった。政投銀の投資額は数百億円にのぼった。同社の経営は、その後も順風満帆で出資の２年半後にＩＰＯを果たし、政投銀にも大きな利益をもたらした。

駐日米大使のジョン・ルースは２０１３年、大使を退任して米国に帰国するとき、「シリコンバレーで何かをやりたいと思っている」と話をしてきた。ジオデシックという名のベンチャーファンドを設立し、ファンドへの投資を要請してきたので、10億円を投資した。スタートアップ企業ではなく、２段階目くらいの企業に投資をするファンドで、シリコンバレー企業と日本の産業界を結びつける意図があった。

ＧＥとの協力案件もあった。ＧＥがボーイングの新型航空機に搭載するエンジンを開発するための資金の提供を求めてきた。通常の融資とは異なり、当初は金利を徴収しない「リスク・アンド・レベニュー・シェアリング」という仕組みを採用した。

エンジン開発には時間がかかり、５～６年は利益を生まない。開発したエンジンを航空機に搭載し、その航空機が売れて初めて資金を回収できる。しかし、いったん利益が出始めると急速に伸びる。

政投銀は、カナダ・オンタリオ州の年金ファンドとともに投資した。エンジン工場を見せてほしいと頼むと、会長のジェフ・イメルトは快諾し、米シンシナティの工場を視察した。高利回りの案件だったが、GEは途中で資金が潤沢になってきたと説明し、全額を返済した。

社長在任中に、新機軸を次々に打ち出した橋本

橋本が社長を務めたのは、２０１１年６月から２０１５年６月。投資業務を含め、矢継ぎ早に新機軸を打ち出した。

２０１１年６月、中堅企業のアジアへの進出を支援する地方銀行に対して、現地情報やコンサルティングサービスを提供する「ＤＢＪアジア金融支援センター」を開設した。アジア各国の開発銀行や公的な金融機関とも連携し、地域経済の国際化を支援する狙いだ。

同年11月、「女性起業サポートセンター」を設置した。新ビジネスを発掘・育成するため、毎年、女性経営者を対象とするビジネスコンペティションを実施する。最大１０００万円の奨励金を支給し、コンペ終了後も、計画の実現を支援する。

２０１２年５月、環境への配慮や防災、事業継続計画（ＢＣＰ）に取り組む病院を支援する「ＤＢＪビジョナリーホスピタル」制度を創設した。公益財団法人、日本医療機能評価機構による病院機能評価の認定を受けた病院を対象に、政投銀が開発した独自の評価システムを活用して、「ビジョナリーホスピタル」を認定し、融資の条件に反映させる制度だ。

２０１３年の年頭あいさつでは、新本店ビルへの移転や、自民党の安倍晋三政権の誕生に言及したあと、政投銀の前身である日本開発銀行の初代総裁、小林中《こばやしあたる》の言葉を引用しながら役職員に奮起を促した。まず、小林の経歴を紹介した。

日本開発銀行の設立は１９５１年。初代総裁の小林は、富国徴兵保険（現・富国生命保険）社長、東京急行電鉄社長、アラビア石油社長、日本航空社長を歴任した財界の重鎮だ。

小林の回顧録には、首相の吉田茂に、総裁を引き受ける条件として吉田個人から紹介された案件でも断るものは断るといった話や、復興金融公庫が原因となったインフレに懲りたＧＨＱ（連合国軍最高司令官総司令部）から、開銀による企業への直接融資の停止、市中銀行の肩代わりへのシフトを指示されながらも、日本の産業金融のあり方から説き起こして直接融資を認めさせた話などが載っている。

小林は経営に関する基本的な考え方と、将来に向けた期待について以下のように述べている。

「当行は政府金融機関でありますが、政府の代弁者であってはなりません。大枠は政府の方策、方針などに即応していきますが、我々は金融機関として自主的に、また自己の責任において、融資業務を行うべきだと私は考えておりました。

思うに我々のような政府金融機関が民間企業に直接融資するという制度は、産業復興期において大きな役割を果たすものでありますが、時代の変遷とともに市中の力がついてくれば、当行の性格、役割は変化してくるのが当然でありましょう。

しかしどこまでも金融機関としての建前をくずさず、自主性を持ち、熱意を持って責任ある融資活動を行うことを心から望んでおります」

小林の言葉を、今の役職員はどのように受け止めればよいのか。橋本は続けてこう語った。

「当行は、民営化を目指す中で、自立した組織として、公益と収益のバランスをしっかり取る、ということを標榜してまいりました。

昨年12月4日にこのホールでご講演くださったハーバード大学のマイケル・ポーター教授

のCreating Shared Valueという考えに即して言えば、我々はもう一歩進んで、公益、あるいは社会の課題のために金融活動をすることが、当行の収益機会そのものになるようなビジネスモデルを模索する、というところまで進化しなければなりません。

50年前に発せられた先ほどご紹介した小林中の言葉を、この文脈で捉え直せば、国や外部から条件付けられた制約として公益をとらえるのではなく、金融機関として当たり前に、目標とする公益を主体的に考え、責任を持った投融資活動をせよ、ということを、現在の当行に求めているということができると思います」

「今日は世界経済も不安定であり、国そのものの方向性についてもいろいろな議論がありま す。こうした状況では、例えばグローバルな競争環境にさらされているお客様の経営課題やニーズを的確に捉え、競争力強化に貢献することや、グローバルな視点で地域の課題解決に取り組んでいくといったことを通して、国や社会に貢献していくことが求められます。

その際、公益と収益規律をよりよくバランスさせる当行業務のあり方を、私を含め、役職員一人ひとりが、主体的かつ責任を持って、日々しっかり考えることが大変重要です。

まさに小林中が50年前に発した『自主性を持ち、熱意を持って責任ある活動を行う』という言葉は、今こそ、我々ＤＢＪグループの一人ひとりが肝に銘じるべきものであると思います」

役職員に求める3つの精神とは

２０１３年3月、オープンイノベーションに取り組む企業にリスクマネーを供給する「競争力強化ファンド」を創設。同年4月、オープンイノベーションの場として、「大手町イノベーション・ハブ」も立ち上げた。

同年4月、従来、業務提携をしてきた調査・コンサルティング会社の価値総合研究所（東京都千代田区）を子会社とした。

橋本はこの頃から、役職員に3つの点が大事だと強調するようになる。

第1は、心の持ちよう。常に誠心誠意、社会やお客様のお役に立とうという心、すなわちパブリック・マインドを堅持する。

第2は、大局観。世界の動きを俯瞰し、同時に個々のお客様をなるべく頻繁に訪問して経営課題をよく聴取し、変化する社会やお客様のニーズを的確に把握する。

第3は、既成概念にとらわれない自由で創造的な発想。社会やお客様のニーズにいち早く対応して新しい金融商品や金融サービスを他に先駆けて創造し、提供する、の3点である。

政投銀を取り巻く政治や経済の環境を見据え、経営者としての経験や信条も加味しながら経営方針を固めていった。

２０１４年5月には、３年間の中期経営計画を公表し、「リスクシェアファイナンス」「市場活性化ファイナンス」「ナレッジバンク」の３機能を明示した。リスクシェアは他の金融機関とリスクを分かち合う協調融資、市場活性化ファイナンスは投資家の運用ニーズに応えるサービスなどを指す。ナレッジは経験知を活かした知的サービスの意味で、中立的なネットワークや産業調査力を生かした新たなビジネスの場づくりを目指す。そして、３機能を使い、成長への貢献、インフラ・エネルギー分野への対応、地域の活性化、セーフティーネットの強化に取り組むと宣言した。

地域の活性化を目指す取り組みの一つが、２０１０年度にスタートした「地域元気プログラム」である。北海道から南九州まで全国を11エリアに分け、各地域の産業構造を踏まえて特色ある分野や事業に光を当てる試みだ。

全国の各地域は現在、人口、財政、環境の制約や、グローバル競争の激化に直面している。様々な情報を提供しながら、各地の地域金融機関と協調して資金を供給し、地域の強みや潜在力を引き出そうとしている。

例えば、北海道エリアでは、成長を牽引する食のバリューチェーン強化、魅力を発信する観光産業の発展、持続的成長を支える環境・インフラの構築に重点を置いている。

橋本が影響を受けた陽明学者・山田方谷

橋本が地域の活性化（地方創生）の手本にしたのが、故郷の偉人である陽明学者・山田方谷《やまだほうこく》である。ここで簡単に方谷を紹介しよう。

方谷は１８０５年、備中《びっちゅう》松山藩領の阿賀郡西方村（現・岡山県高梁《たかはし》市中井町西方）で生まれた。先祖は武士だったようだが、何代か前の当主が不祥事を起こして武士の身分をはく奪され、方谷の父、五郎吉は農業と菜種油の製造販売で生計を立てていた。

五郎吉は自分の息子には武士の身分を回復して家を再興してほしいと願い、貧しいながらも方谷には学問をさせる。学問がよくでき、神童と呼ばれた。

ところが、14歳のときに母、15歳のときに父が亡くなり、16歳のとき家業を継ぐ。その後、21歳のときに藩主の板倉勝職《いたくらかつつね》に学才を認められ、学問に励むようにとの沙汰書を賜り、２人扶持（1日玄米1升）の禄を給せられた。

さらに29歳のとき、藩主から名字帯刀を許され、武士への復帰が実現した。江戸への遊学を許され、儒学者、佐藤一斎《さとういっさい》塾に入門。たちまち頭角を現し、佐久間象山《さくましょうざん》を差し置いて塾頭に抜擢されたのである。

1836年、32歳で一斎塾を退いた方谷は帰国し、藩校「有終館」の学頭（校長）に就任する。

1849年、藩主の婿養子、勝静《かつきよ》（松平定信の孫）が新藩主となる。当時、備中松山藩は積年の赤字財政の結果、絶望的な借金地獄に陥り、深刻な財政危機に瀕していた。勝静は方谷を元締役兼吟味役（現在の財務大臣にあたる）に抜擢し、藩財政の立て直しを命じた。

方谷は1850～57年、7大政策と呼ばれた藩政改革を断行し、財政再建に成功する。10万両にのぼる債務を7年間で完済し、かつ10万両の余剰金を残したのである。その後、江戸幕府の老中となった勝静の顧問となり、「大政奉還」の上奏文の原文を起草した。明治維新後は、新政府からの任官の誘いを断り、岡山での教育に力を入れた。

方谷の改革を貫く思想（陽明学）のキーワードをまとめておこう。

陽明学は、中国・明の時代に王陽明（1472～1528年）という儒学者が唱えた思想で、孟子の性善説の系譜に連なるとされている。形骸化した朱子学を批判し、時代に適応した実践倫理を説いた。方谷は佐藤一斎のもとで、以下のような思想を学んだ。

・「心即理《しんそくり》」＝朱子の「性即理《せいそくり》」に対する反論。朱子は、天から賦与された純粋な善性を指す「性」と、感情として表れる心の動きを指す「情」を分別し、「性」のみが「理」に当たると主張した。

王陽明は、「性」と「情」をあわせた心そのものが「理」にほかならないという立場をとった。ただし、心の中の私欲を去ることが必要で、私欲を去れば心は天の理で満たされると唱えた。

・「知行合一《ちこうごういつ》」＝「知」とは認識、「行」とは実践を指し、認識と実践は不可分と考える。しばらくは、よく勉強して知り尽くしたうえで行動に移ろうと思う人は、遂に死ぬまで行わず、また死ぬまで知り尽くさない。

・「致良知《ちりょうち》」＝「良知」とは、貴賤にかかわらず万人が心の内に持つ先天的な道徳知であり、また人間の生命力の根元でもある。「致良知」とは「良知」を致す、すなわち全面的に発揮することを意味し、「良知」に従う限り、その行動は善なるものとされる。

・「至誠惻怛《しせいそくだつ》」＝至誠（まごころ）と惻怛（いたみ悲しむ心）があれば、やさしくなれる。目上には誠を尽くし、目下には慈しみをもって接する。心の持ち方をこうすれば、物事をうまく運ぶことができる。

今なお大きな示唆をもたらす、方谷の藩政改革

具体的には、どんな方法で財政再建を進めたのか。

方谷は経済論である『理財論』と政治論である『擬対策』という著書で、基本的な考え方を示している。理財論の一部を紹介しよう。

それ善《よ》く天下《てんか》の事《こと》を制《せい》する者《もの》は、事《こと》の外《そと》に立《た》ちて事《こと》の内《うち》に屈《くつ》せず。而《しか》るにいまの理財《りざい》者《しゃ》は悉《ことごと》く財《ざい》の内《うち》に屈《くつ》す。

［口語意訳］国家の経営にあたり、国家全体を正しく導いてゆける者は、胆識を持ち、大所高所に立った判断をするものだ。小さな局面での理屈や、目先の判断に惑わされる事はない。これを、〈事の外に立ちて事の内に屈せず〉という。いわんや、様々なしがらみ

や、私利私欲に影響されるなどはあり得ない。それがどうだろう。最近の財務担当者は、すべて目先の経済問題にはまり込み、失敗を重ねている。

［解説］「事の外に立ちて事の内に屈せず」とは、大局に立ち、本質を見つめ、歴史に学んで、目先の問題だけにとらわれない心を持つことが重要だという意味です。この中で肝心なのは、必ず大局観を持て、という事です。（中略）

大局観とは、小さな個々の問題にとらわれず、広い視野で客観的に全体を見渡す事の出来るものの見方と言って良いでしょう。

君子《くんし》は其《そ》の義《ぎ》を明《あき》らかにして其《そ》の利《り》を計《はか》らず。ただ綱紀《かうき》を整《ととの》へ、政令《せいれい》を明《あき》らかにするを知《し》るのみ。

［口語意訳］聖人はその道をはっきりさせるだけで、自分自身の利益を求めようとはしないものだ。ただ、国の基本を明確に示し法を正しくする事だけしか知らない。

然《しか》りといへどもまた利《り》は義《ぎ》の和《わ》なりと言《い》はずや。未《いま》だ綱紀《かうき》整《ととの》ひ政令《せいれい》明《あき》らかにして、饑《き》寒死亡《かんしばう》を免《まぬか》れざる者《もの》あらざるなり。

［口語意訳］ しかしながら又、〈利は義の和なり〉、即ち正しく利益を追求してゆけば、究極的には、〈義〉の哲学の到達点と同じ所に、〈利〉の追求は到達すると言わねばならない。国家の基本が整い、法が整備されれば、餓死する人などいる筈がない。（13）

方谷の6代目の直系子孫である野島透《のじまとおる》は、自著で方谷の7大政策を紹介し、改革の要諦を解説している。

・7大政策

1　産業振興
新しい時代の潮流に乗った産業政策、有効な公共投資、鉄製品など特産品の育成、藩の事業部門新設（専売事業の推進）、船を使い江戸に直送

2　負債整理
緻密な返済計画策定・実行、大坂商人への借金返済延期願い、大坂蔵屋敷の廃止

3　藩札刷新
信用のなくなった旧藩札焼却、新藩札発行

4　上下節約

藩士の穀禄を減ずる、役人への饗応禁止、贈答の禁止

5　民政刷新改革

凶作に備え領内40カ所に貯倉設置、贈賄を戒め、賭博禁止、目安箱の設置

6　教育改革

学問所、教諭所、寺小屋、家塾など75カ所

7　軍制改革

近代的な銃陣、新式砲術の採用、農兵の組織化（里正隊）

「事の外に立って事の内に屈しない」とは、言い換えれば、「財政問題の外に立って財政問題の内に屈しない」ということであり、方谷は、財政の窮乏という、数字の増減にのみ気をとられることを強く戒めているのである。財政改革といえば、とかく収入の増加と支出の削減をいかにするかということのみにとらわれてしまい、その他のことは財政再建の名の下に片隅に追いやられてしまいがちになる。しかし、これではいけない。風紀やモラルが荒廃し、教育水準が低下し、社会が閉塞した状態では、いくら財政の算盤勘定が合っても長続きはしない。あとで大きな反動が返ってきて、前よりも一層悪い状態に陥ってしまう。

厳しい倹約と緊縮財政だけでは、経済が、社会が委縮・停滞してしまう。額に汗して

働く領民が報われ、豊かになるよう、いかにして経済に、社会に活力を与えていくかということに心を砕かなければいけない。つまり、領民（国民）を富ませ、幸福にさせ、活力のある社会をつくることが必要なのである。今でいえば、国民の立場に立って財政・税制等の社会制度を考えるということであろう。そうすれば、自然と財政は豊かになると主張しているのである。（14）

橋本は、方谷の藩政改革は現在の日本に多くの示唆をもたらすと説く。２０１６年の講演では「地方創生」への示唆について以下のように語っている。

「方谷は藩財政の再建を藩直営の事業から生ずる利益によって成そうとしましたが、その際まず、何を作ったら売れるのか、即ち世の中は何を必要としているかを考えました。そのためには情報収集にも力を入れたことだろうと思います。

その結果、①日本全国で農業の効率化につながる備中鍬へのニーズが高いこと、②江戸では大火（事）が頻発していて、家屋を建て直すための釘が大量に必要とされていることが分かりました。

一方、藩の強みは何か。それは鉄製品の原料となる砂鉄が豊富に採れるということでした。そこで、その砂鉄を原料にして、備中鍬や釘を大量生産し、これを江戸に運んで直売して大きな利益をあげたわけです。

したがって、地方創生への示唆は『地方の強みを生かして、世界が求めている財、サービスを創り出すこと』ではないかと考えます。観光資源も地方の強みの一つだと存じます。日本政策投資銀行も、その金融力と情報力、あるいはコンサルティング力をもって地方創生のお役に立ちたいと考えております」

ＡＮＡホールディングス相談役の大橋洋治《おおはしようじ》も岡山県高梁の出身で、方谷を信奉する経営者の一人だ。２００１年、全日本空輸社長に就任したときも、「義を明らかにして利を計らず」という言葉を羅針盤にして、従業員との直接対話やコスト削減に取り組み、苦境を乗り越えた。橋本と大橋は、「方谷さんを広める会」の共同代表を務めている。

様々な新機軸を打ち出しながら、政投銀の存在意義、役割を再確認する4年間であった。危機対応業務の柱として東日本大震災の復興支援に継続して取り組んだ功績が認められ、政投銀が加盟するアジア太平洋開発金融機関協会（ＡＤＦＩＡＰ）が２０１６年、「気候変動・防災」をテーマに開いたサモア総会で、橋本は、開発金融の分野で業績をあげた人を顕彰する「ADFIAP Distinguished Person Award」を受賞した。

政投銀社長を退任、後任は生え抜き役員

最後の課題はトップ人事である。民間出身者も検討したが、適任がなかなか見つからない。政投銀生え抜きの副社長、柳正憲《やなぎまさのり》にバトンタッチする人事が固まった。

2015年6月26日、柳が社長、元財務次官の木下康司《きのしたやすし》と、生え抜きの渡辺一《わたなべはじめ》が副社長に就任。橋本は相談役となった。

橋本は後任人事に関して、「自分が望んでいた人事になった。初の生え抜き社長の誕生で、政投銀の生え抜き社員のモチベーションが高まったのではないか。財務省出身の役員と生え抜き役員がうまく連携する理想的な体制になった」とみている。

6月29日、橋本は役職員に向けた退任のあいさつで、こう語りかけた。

「社長に就任した当時は、リーマン・ショックの影響から世界経済が立ち直り切れていない中で、東日本大震災が発生し、わが国は非常に難しい経済・社会環境にありました。そうした状況において、当行は、世の中からの期待を受け、その使命を着実に果たしてきたものと

自負いたしております」

そして、在任中に印象に残った施策を例示した。

・東日本大震災の直後に地方銀行と共同で震災復興ファンドを立ち上げた。危機対応融資で企業の再建に尽力した。「競争力強化ファンド」を組成し、企業の成長・競争力強化を支援してきた。

・投資業務が軌道に乗り、いくつかの大きなＥＸＩＴが成功し、収益に大きく貢献した。航空機ファイナンスが完全に軌道に乗り、国際業務が大きく伸びてきた。

・健康経営格付融資などの評価認証型融資の拡大に加え、女性起業家を支援する「女性新ビジネスプランコンペティション」、オープンイノベーションを推進する「大手町イノベーション・ハブ」、地域創生のための「地域みらいづくり本部」発足。

最後に、完全民営化を先送りする結果となった法改正に触れ、「ここ数年の当行の活動が、政官財の各方面から高く評価され、第3次中計の方針に沿う形で、企業の競争力強化を支援する『特定投資業務』や危機対応業務などに、より一層注力していくこととなったわけであります。今後、当行が、柳新体制のもとで、引き続き、投融資一体型の特色ある金融サービスを提供することを通じて、わが国経済・社会の発展に貢献することを確信しています。また、法改正を受けたリスクマネー供給拡大などにより、企業にとって必要な成長資金の提供という当行の使命が、着実に実践されていくものと期待しています」と締めくくった。

2017年6月、橋本は政投銀グループのシンクタンク、日本経済研究所の理事となり、金融の第一線から退いた。

橋本の60年間は、日本の金融の国際化の歴史そのものだった

1957年に富士銀行に入行して以来、60年間、金融の最前線を走ってきた橋本の歩みは金融の国際化の歴史そのものであると「はじめに」に書いた。本書の最後に、邦銀の国際業務の歴史を総括してみよう。

1950年代から70年代前半まで、邦銀は、海外に進出する日系企業へのサービスとして国際業務を細々と手掛けていた。その後も、日系企業向け融資を継続するが、70年代後半から80年代前半は、2回の石油ショックでドル資金が流れ込んだ産油国のオイルダラーを調達

し、中南米をはじめとする途上国に供給する「リサイクリング」が活発になる。

もちろん主役は欧米の金融機関だが、邦銀も加わる。邦銀は自力で海外案件の与信を判断する能力が乏しいため、欧米の有力な金融機関が組成するソブリン（海外の政府や公社）向けをはじめとするシンジケートローン（協調融資）に参加した。

ただし、日系企業向け融資やシンジケートローンは、邦銀の融資額全体の中では規模も限られており、利ザヤも大きくないので、邦銀の収益全体の中で国際業務が占める割合は数%にとどまっていた。

1980年代に中南米の累積債務危機が発生すると、欧米の金融機関は軒並み苦境に陥る。邦銀も痛手を被るが、欧米の金融機関に比べれば損失は少なかった。

80年代後半から90年代前半、米銀はLBO融資や不動産融資に乗り出す。邦銀はバブル経済の勢いにまかせて海外のLBO融資、欧米の金融機関との協調融資、ローン・サブパーティシペーション（シンジケートローンなどの一部債権の売買）を急増させた。

都市銀行の上位行では、業務粗利益（一般企業の売り上げに当たる数字）ベースでみて、国際業務は全体の20%程度まで増えた。しかしながら、欧米の金融機関が組成するシンジケートローンに参加する程度では利ザヤは小さく、国内で不動産融資が急拡大していたこともあり、収益への貢献はそれほどでもなかった。

１９８０年代末の景気後退で、ＬＢＯ融資や不動産融資が不良債権となり、米銀は再び苦境に陥る。邦銀がバブル期に手掛けた海外案件も不良債権となり、経営の足を引っ張った。

１９９０年代後半から２０００年代前半、バブル崩壊で多額の不良債権を処理しなければならなくなった邦銀は、国際業務を縮小せざるを得なくなる。邦銀の国際的な信用力が低下し、国際金融市場から資金を調達する際に金利を上乗せされるジャパン・プレミアムが発生した。

公的資金の資本注入を受けた大手銀行は、「経営健全化計画」の中に国際業務のリストラを盛り込み、政府に提出した。邦銀は、バブル期までは欧米の金融機関が主導する途上国融資やＬＢＯ融資といった、その時々のブームに便乗し、のちに痛手を被るパターンであった。

１９９７年5月26日号の「日経ビジネス」誌のインタビューで、橋本はこう語っている。

「１９８4年から2年間、買収した米国の金融会社ヘラー・インターナショナル・コーポレーションに出向したときから、不良債権問題につきあうことになりました。ヘラー社は、いままでは隆々とした企業ですが、当時は不動産金融で非常に大きな不良資産があって破綻しそうになっていました。予想した以上に資産の内容が悪く、したがって予想以上に不良債権がどんどん顕在化してくる。財務諸表の倍はあるだろうと覚悟していましたが、3倍くらいありましたね。

この処理に苦労して帰国したら、日本ではバブルがちょうど始まった時期でした。各支店から貸し出しするかどうかの判断を求める稟議書には『不動産がしっかりしているから大丈夫だ』というようなものが多かった。こっちはヘラー社の経験があるもんだから『不動産といっても値下がりすることはある』というようなことを言いました。でも、やっぱり、まだ不動産の右肩上がり神話があって、米国みたいに広大な土地のあるところと、日本、しかも東京の都心みたいに狭いところと同じはずはないと思ってしまったんです。

頭取になって4年たった95年、全国銀行協会連合会の会長についたら、住宅金融専門会社の問題が直撃しました。めぐりあわせですが、この問題を解決するために自分はそこにいるんだと覚悟しました。しかしこのときほど銀行に対する反感が先鋭に出たのは初めてではないでしょうか。バブルのときの営業姿勢というものが、お客様のことを考えずに、自分の銀行の収益を上げることのみに汲々としていた面がなきにしもあらずだった。それが世の中の批判のもとになり、そこへ住専問題が吹き出したということでしょう。

世界の金融機関も、同じことをやってきました。70年代、世界の銀行は原油価格の大幅引き上げで潤った産油国の資金を発展途上国に融資するというオイルダラーのリサイクルに精を出しました。その結果は、いわゆる海外不良債権となったわけで、銀行はそれを反省した。80年代、そっちのほうは反省したんだけど、今度は不動産融資とか企業買収の資金融資に邁進しました。それで、またも不良債権を増やした。米国も欧州もかわりません。米国の不動産融資に不良債権が発生したとき、『日本は違う』と思ったわけですが、そうでなかったのは、周知の通りです。

いま、世界中の大手の銀行はデリバティブという新しい金融手法、それと企業買収の斡旋などをどんどん拡大しています。貸し出しで銀行の儲けが非常に小さくなったので、こういう手数料収入になるような仕事を増やそうというわけです。

われわれは途上国融資で苦労し、不動産融資で苦しみました。次にデリバティブで苦労しないよう、転ばぬ先の杖というか、リスク管理をきちんとしなくてはなりません。3度も、過ちを繰り返してはならない。まして日本の銀行は、国内でも外国の金融機関と対等に競争することになるビッグバンを控えているだけになおさらです。」

米銀は、1990年代前半までに激しいリストラを終え、収益力を回復させた。その後、欧米の有力な金融機関は国境を越えた再編を加速させ、ユニバーサルバンク（総合金融機関）に変身して世界市場を席巻する。その様子をみた邦銀は、欧米の金融機関を手本に、2000年前後から大型の金融再編に乗り出す。

ところが、2008年、サブプライムローン危機に端を発するリーマン・ショックが起きると、投資銀行業務を拡充していた欧米の金融機関は総崩れとなる。これに対し、バブル崩壊後のリストラで国際業務を縮小していた邦銀は、リーマン・ショックの影響が相対的に小さかった。

欧米の金融機関の貸し出し能力が低下する一方で、邦銀は欧米やアジアの企業との直接取引を拡充して収益を伸ばしてきた。大手銀行の国際業務による収益比率（業務粗利益ベース）の推移をみると、1990年代後半から2008年度までほぼ20～30%程度だったが、リーマン・ショック後、30～40%に上昇している。

「銀行とは、定期的にトラブルに巻き込まれるもの」

橋本の足跡を改めてたどってみよう。邦銀が日系企業を追いかけながら国際業務に乗り出したころから現在に至るまで、新たな国際業務の布石を打つ「イノベーター」としての役割を果たしてきたといえる。

抜群の英語力、外国人と対等にわたりあえる交渉力、新しい事業を生み出す着想力、そして世界を飛び回る体力。富士銀行が国際関連の新しいプロジェクトを立ち上げるとき、必ずと言ってよいほど橋本に声がかかり、結果を残してきた。


橋本のような人材が日本の金融界にもっとたくさんいれば、邦銀は国際業務を地に足の着いた事業として育てられたかもしれない。しかし、残念ながら、欧米の金融機関と対抗しながら国際業務を回していけるだけの人材の厚みが邦銀には欠けていた。

海外で投融資のブームが起きると、欧米の金融機関の後を追うのが常で、他の邦銀の様子を見ながら横並びで加わり、後に不良債権を抱え込む負のサイクルを繰り返すばかりだった。

大蔵省による「護送船団」行政が健在だった頃、邦銀は「後追い」と「横並び」の行動をとれば利益を確保できたが、大蔵省の支配が及ばない国際業務では通用しなかった。


クリスチャンとして自己抑制の感覚を持つ橋本は、「後追い」や「横並び」に走ろうとする同僚たちに危うさを感じ、しばしばブレーキをかけようとするが、銀行全体の流れはなかなか変えられなかった。

買収したヘラー社が抱えていた不良債権や、バブル期に積み上げた国内の不良債権を処理する役回りとなったのは運命としか言いようがないが、邦銀が次のステージに進むうえで誰かが担わなければならなかったのだろう。

橋本は、「銀行は定期的にトラブルに巻き込まれる性質を持っている」とみる。米プリンストン高等研究所の理事を務めていたとき、ドイツ銀行元頭取のウィルヘルム・グートが講演し、「世界の金融界は、10年ごとにトラブルに巻き込まれている」と語り、具体例を挙げた。

経済が順調だと銀行は競争に走り、行き過ぎとなる。そのうち景気が悪くなると不良債権が発生する。これが10年周期で起きているというのだ。

そこで、橋本はこう考える。

銀行の拠って立つところは信用であり、サウンドバンキング（健全な銀行）を堅持することがいつの時代でも大切である。大勢の個人から大切な資金を預金という形で預かり、それをもとに金融仲介や決済、信用創造をしているのが銀行である。

信用が基盤であり、それを維持・強化するためには、常にサウンドバンキングを心がけなければならない。

その意味では、自由化を基本としながらも、最小限の規制は必要だ。特に大きな銀行は、金融システムへの影響が大きく、仮に経営が破綻したらシステム不安が生じる。金融システムを保つための規制をかけざるを得ない。

ただ、規制を強化しすぎると、銀行の創意工夫がそがれかねない。自由な発想で新しいサービスを創造しづらくなるような規制は禁物だ。

政府系金融機関は、危機対応、投資業務といった民間ではカバーできない分野に注力するしかない。例えば、政投銀はリスクが高い融資、民間はもう少しリスクが低い融資を実行して補完し合う「リスクシェアリング」に取り組んでいる。

リーマン・ショック後、政投銀は政府から要請を受ける前に、被災企業のコマーシャルペーパー（CP）を購入して資金を提供した。環境格付融資にも民間が気づく前から取り組んできた。「民間だけでは満たされないサービスは何か」を常に考え、行動しなければならない。

フィンテック、マイナス金利に直面する銀行、生き残る道は？

リーマン・ショックで大きな痛手を被った欧米の金融機関に比べれば傷が浅かった日本の銀行は、海外市場では相対的に優位には立ったが、国内市場では逆に強い逆風を受けている。

3メガバンクは２０１７年11月、厳しい中間決算とともに、店舗や人員を削減する計画を明らかにした。

三菱ＵＦＪフィナンシャル・グループ（ＭＵＦＧ）は、傘下の三菱東京ＵＦＪ銀行（２０１８年4月から三菱ＵＦＪ銀行に行名変更）の業務量を９５００人分削減、社員の自然減６０００人程度、70～１００店を機械化（いずれも23年度末まで）、三井住友フィナンシャルグループは業務量を４０００人分削減（19年度末まで）、みずほフィナンシャルグループは社員を約1万９０００人削減（26年度末まで）、約１００店減（24年度末まで）と表現の仕方に違いはあるが、いずれも大規模なリストラ計画といえる。

背景にあるのは、日銀が２０１６年に導入したマイナス金利政策だ。日銀への預け金から金利収入を得られないうえに、企業や個人への貸出金利がさらに下がり、銀行の利ザヤが縮小している。メガバンクは、もはや大量の銀行員を抱えきれなくなっているのだ。

しかも、インターネットバンキングの普及で、多くの店舗を構える必要性が薄れている。金融とIT（情報技術）を融合した「フィンテック」が拡大すると、人手や設備が不要になっていく。

例えば、AI（人工知能）でローン審査ができるようになれば、融資担当者の仕事は大幅に減る。富裕層の資産運用のニーズに応えるサービスなどは今後も伸びが期待できるが、現在の人員を維持しなくても対応は可能だとメガバンクは判断している。

そこで、現在、改めて脚光を浴びているのが国際業務だ。

例えば、メガバンクトップの三菱UFJフィナンシャル・グループは、ベトナム・ヴィエティンバンクに出資（2012年）、タイ・アユタヤ銀行を買収（2013年）、フィリピン・セキュリティバンクに出資（2016年）、カンボジア・ハッタ・カクセカーを買収（2016年）、インドネシア・ダナモン銀行を買収（2017年に計画を表明）と、立て続けにアジアの銀行を傘下に収め、アジア戦略を強化している。

大手銀行は、長年の反省も踏まえて現地企業や金融機関との緊密な関係を築きつつ、地に足の着いたビジネスを展開しようと心がけている。先駆者の経験を今度こそ生かさなければ、大手銀行が生き残る道はない。

【参考文献】

13. 深澤賢治著、石川梅次郎監修『財政破綻を救う　山田方谷「理財論」』（小学館、2002）：34～37、118～120、152～153

14. 野島透『山田方谷に学ぶ改革成功の鍵』（明徳出版社、2009）：33～43

※以下は本書全体の参考文献

富士銀行調査部百年史編纂室『富士銀行の百年』（1980）
同『富士銀行百年史』（1982）
富士銀行従業員組合『五十年史』（1997）
富士銀行企画部120年史編纂室『富士銀行史1981―2000』（2002）
箭内昇『メガバンクの誤算』（中公新書、2002）
三井住友銀行総務部行史編纂室『三井住友銀行十年史』（2013）
みずほ総合研究所編著『ポスト金融危機の銀行経営』（金融財政事情研究会、2014）
前田裕之『ドキュメント　銀行』（ディスカヴァー・トゥエンティワン、2015）
金森久雄／大守隆編『日本経済読本（第20版）』（東洋経済新報社、2016）
宮川努／細野薫／細谷圭／川上淳之『日本経済論』（中央経済社、2017）

あとがき

新聞記者になって30年あまりが過ぎた。この間、多くの人に出会い、話を聞き、記事を書いてきた。

担当している間は濃密に付き合ったが、担当を離れた途端に疎遠になった人、その逆に担当を離れてからむしろ親しくなった人、1度だけ取材して終わった人など、取材先との関係は多種多様だ。取材する側と、される側との関係はどうあるべきか、試行錯誤を続けている。

本書の「主人公」といえる橋本徹氏に取材攻勢をかけたのは、今から20年以上前のことである。当時、住宅金融専門会社（住専）問題が世間の注目を集めていた。銀行は、バブル経済を象徴する住専問題を引き起こした戦犯であるとの見方が強まり、橋本氏は銀行界の代表として集中砲火を浴びた。

敬虔なクリスチャンで、それまで住専とは無縁の経歴を歩んできた人物だとは知っていたが、取材の手を緩めるわけにはいかなかった。

その後、担当を離れ、橋本氏との接点はなくなっていたが、２０１７年1月、取材する機会を得た。久しぶりに話を聞けるのは楽しみではあったが、年齢は80歳を超えており、面会の前は「しっかり話を聞けるだろうか」と少し心配した。

全くの杞憂であった。外見は以前とほとんど変わらない。ときおり「ハッハ」と豪快に笑ったり、冗談交じりに話したりする様子も同じだ。

そして何より驚いたのは、これも以前と変わらぬ明晰さだ。時間が止まっているのではないかと思えるほどだった。その橋本氏から、「今年で金融界に入って60年」という言葉を聞いたとき、本書の構想が浮かんだ。

銀行の役員やトップになれる人はごく少数で、たいていの銀行員は50歳を過ぎる頃には関係会社や取引先への出向や転籍を迫られる。銀行員人生は、長くても30年くらいで終わるのが普通である。

その意味では、橋本氏は極めて恵まれた金融マン人生を送ってきたとはいえるが、この60年間は、かつてない銀行の激動期である。とりわけ、富士銀行（現・みずほ銀行）の頭取を務めていたときの苦労は並大抵ではなかったはずだ。

歴史上の事件の本質、つまりその事件に参加した人々の全集団の行動に目を注ぎさえすれば、歴史上の英雄の意志が集団の行動を指導しているのでないばかりか、逆に、常にひきまわされていることがわかるはずである。

ボロジノ会戦、それにつづくモスクワ占領、そして新たな戦闘もなくフランス軍の退却、これは歴史上のもっとも教訓的な現象の一つである。消滅したのはロシアではなく、六十万の軍と、それにつづいてナポレオンのフランスなのである。

ナポレオンはロシア遠征を望み、そして実行した、とわれわれは言う。しかし実際には、われわれはナポレオンのすべての行動の中にこの意志の表現らしいものは何も見いだすことができず、きわめてさまざまに漠然と向けられた彼の命令ないしは意志の表現を見いだすだけである。

これはロシアの文豪、レフ・トルストイの『戦争と平和』（新潮文庫）からの抜粋である。日本語版の翻訳者、工藤精一郎氏の解説によると、トルストイは歴史について詳細に調査し、心理的分析を重ねるうちに、歴史を動かすのは偉人（ナポレオン・ボナパルト）ではなく、無数の人々の意志の融合、つまり無限に小なるものの集まりと確信した。

真の歴史は、子供を生み、育て、働き、苦しみ、喜び、善意や邪心、あらゆる美徳や悪徳をもつ数百万の民衆の生活から成り立つものである、という考えに達したという。

トルストイが指摘する通り、一握りの英雄や為政者が歴史を動かしたという歴史観は単純で分かりやすいが、現実を見誤るおそれがある。本書には主人公の橋本氏をはじめ、富士銀行の歴代頭取が登場する（そのうちの一人のニックネームはナポレオンだ）。

富士銀行は戦後から高度成長期が終わるまで預金量が日本で最も多く、バブル期には収益トップの座を他行と争った銀行である。頭取に大きな権限と影響力があったのは確かだが、銀行界に押し寄せる激流を正面から受け止めざるを得ない立場であり、歴史を動かしたというより、歴史に翻弄され、突き動かされたと表現するほうが実態に近いのではないか。

トルストイに倣ったわけではないが、彼らを英雄に祭り上げたり、戦犯扱いをしたりするのではなく、歴史の奔流の中でどのように行動したのかを、できるだけ客観的に描写した。この60年の間に日本はどう変化したのかを理解し、これからどこへ向かうのかを探るためのヒントを提供したつもりである。

謝辞

本書は、筆者の取材に時間を割いてくださった多くの方々との共同作業の産物である。お礼を申し上げる。また、橋本氏と再会する場を設定していただいた日本政策投資銀行経営企画部の矢端謙介さん、編集作業を担当されたディスカヴァー・トゥエンティワン編集部の林秀樹さん、三谷祐一さんにも深く感謝する。林さんと三谷さんには、本書の姉妹編ともいえる『ドキュメント　銀行』（2015年）の編集でもお世話になっており、信頼関係を深められたと思う。

そして、本書を執筆中の筆者を温かく見守ってくれた妻・量子と、執筆の進み具合を気にしてくれた娘・華奈にも感謝の気持ちを伝えたい。

2018年初春

前田裕之

実録・銀行 トップバンカーが見た興亡の60年史

発行日 2018年 2月25日 第1刷

Author 前田裕之

Book Designer 秦 浩司(hatagram)

Publication 株式会社ディスカヴァー・トゥエンティワン
〒102-0093 東京都千代田区平河町2-16-1 平河町森タワー11F
TEL 03-3237-8321(代表)
FAX 03-3237-8323
http://www.d21.co.jp

Publisher 千場弓子
Editor 林秀樹 三谷祐一

Marketing Group Staff 小田孝文 井筒浩 千葉潤子 飯田智樹 佐藤昌幸 谷口奈緒美 古矢薫 蛯原昇 安永智洋 鍋田匠伴 榊原僚 佐竹祐哉 廣内悠理 梅本翔太 田中姫菜 橋本莉奈 川島理 庄司知世 谷中卓 小田木もも

Productive Group Staff 藤田浩芳 千葉正幸 原典宏 大山聡子 大竹朝子 堀部直人 林拓馬 塔下太朗 松石悠 木下智尋 渡辺基志

E-Business Group Staff 松原史与志 中澤泰宏 西川なつか 伊東佑真 牧野類

Global & Public Relations Group Staff 郭迪 田中亜紀 杉田彰子 倉田華 李瑋玲 連苑如

Operations & Accounting Group Staff 山中麻吏 小関勝則 奥田千晶 池田望 福永友紀

Assistant Staff 俵敬子 町田加奈子 丸山香織 小林里美 井澤徳子 藤井多穂子 藤井かおり 葛目美枝子 伊藤香 常徳すみ 鈴木洋子 内山典子 石橋佐知子 伊藤由美 小川弘代 越野志絵良 小木曽礼丈 畑野衣見

Proofreader 株式会社鷗来堂
DTP 朝日メディアインターナショナル株式会社
Printing 日経印刷株式会社

・定価はカバーに表示してあります。本書の無断転載・複写は、著作権法上での例外を除き禁じられています。
インターネット、モバイル等の電子メディアにおける無断転載ならびに第三者によるスキャンやデジタル化もこれに準じます。
・乱丁・落丁本はお取り替えいたしますので、小社「不良品交換係」まで着払いにてお送りください。

ISBN978-4-7993-2233-8 ©Nikkei Inc., 2018, Printed in Japan.